U0154479

從價值差異到夥伴關係

政務官事務官的互動管理

黃東益 著

From value difference to partnership

the interactive management between political appointees and bureaucrats

自序

　　本書撰寫的動機反映了作者生命過程所經歷的政治環境變遷，以及不同求學階段所受的訓練。就前者而言，中學及大學在威權統治下接受教育，甫入社會，恰逢台灣面臨反對運動衝撞體制，個人有幸在立法院擔任助理，近身觀察政權轉型過程。在1998年歸國後不久，又恭逢華人首次及之後第二次的政黨輪替，在充滿期待之餘，卻目睹執政團隊的政務領導者與文官之間衝突不斷，政務官更換頻繁，治理績效不彰。這個政務事務衝突、無法建立夥伴關係的現象，使得作者思考過去在大學所受公共行政的訓練，以及在博士班階段政治學的訓練，兩個領域強調的不同價值以及民主制度設計的本質，再檢視兩個領域的研究，發現國內學界對於這個政黨輪替所產生的嶄新現象，投注的關注及理解都相當有限。作者再進一步回顧西方文獻，該領域雖然有豐富的研究，但理論化的程度仍相當不足。2008年，作者獲得國科會的補助，進行為期三年的研究，希望透過台灣這個華人社會中獨特的個案，不僅累積本土的治理知識，也能對於民主行政的相關理論有所貢獻。

　　本書的完成，首先要感謝31位受訪者，在百忙之中願意抽空接受作者訪談，不吝分享其參與政府治理的第一手經驗與智慧，讓本書得以跳脫單一個人的敘事，進行歸納及互相檢證，呈現集體及多元的見解及詮釋，這些豐富的訪談資料，成為本書主要的研究素材。作者也要感謝國科會三年研究案的補助計畫，使我有足夠的時間與資源，蒐集及分析各種資料。特別要感謝研究夥伴陳敦源教授，不僅長期在研究過程給我許多的啟發，作為這個研究案的共同主持人，慷慨地讓我使用研究案的資源及規畫研究

方向，並不時提供協助，以配合本書的撰寫及分析。另外，政治大學公共行政學系的同仁及學生，提供充滿學術氣息而友善的研究氛圍，特別是幾個研究團隊的老師及助理，過去幾年來所累積有形及無形的人際網絡和研究資產，都是作者研究過程取之不盡的泉源。我也要感謝世新大學行政管理學系，在我1998年初入學術界時，給予一個立足及不斷學習的優質環境，使作者在學界有一個好的開始。此外，學界先進在各種公開及私下場合對作者的指導及支持，讓作者有不斷反思及成長的機會，希望本書的完成對於學界的持續發展能有些微的貢獻。最後，要感謝家人在作者求學及工作的各個階段，都能夠體諒、寬容與無條件的支持，讓作者沒有後顧之憂地專注在研究與教學的工作，才能使本書順利付梓。

　　作者希望本書的完成不僅是對於學界、同事、學生及親友的回報，對於作者而言也是一個未來研究議程的設定，這只是一個開始，也期盼學界有志者能夠共襄盛舉，一起為這個民主治理的核心議題貢獻心力。

黃東益

目次

表目錄

圖目錄

第一章　緒　論

民主體制下，政治權力的施展大部分需要透過行政官僚的轉
介，才能讓政策達到實際的效果，……因此，政務人員及事務
人員之間的關係一直是政府績效良窳的關鍵

—Heclo (1977: 6)

政治任命人員在職期間過短，因此疲於「學習駕馭」（learning
the rope），而常任文官則經常忙於「教導（政治任命人員）如
何駕馭」（teaching the rope）。

—Ingraham (1987: 426)

在我上任後不久，一個誠實的部屬來找我說：「老實告訴你，
你沒辦法炒我魷魚，因為我是常任文官」，我馬上回他：「雖
然我沒辦法讓你走路，但是如果你做得太離譜的話，我可以把
你調到夏威夷或安克拉治」

—James Webb, NASA administrator[1]

隨著台灣民主化的進展，政黨輪替執政將逐漸成為治理的常態。
在我國現行半總統制的運作之下，讓民主持續鞏固（Huntington, 1991;
Linz & Stepan, 1996）的關鍵要素，除了國家主要行政首長必須持續經
由具公平且競爭性的選舉而更替外，更重要的是，執政團隊中強調民

---

[1]　轉引自Light（1987: 162）。

主回應（responsiveness, Levine et al., 1990）的政務官[2]，如何領導具專業背景與著重效率的事務官，並成為「治理夥伴」，共同展現政府治理的績效。這個在威權轉型後隨著政黨輪替而產生「生疏政府」（a Government of Strangers, Heclo, 1977）的現象[3]，以及其對文官體系產生的衝擊，不僅形成治理實務的挑戰，也為台灣公共行政學界提供了新的研究議程。因此，本書探索2000年台灣中央政府首次政黨輪替後，行政院轄下部會層級政務事務互動介面的體制、團隊、人員認知與互動歷程，希冀對於學術理論及治理實務有所貢獻。

本章第一節闡述本書的研究緣起；第二節鋪陳並梳理國內的相關研究，呈現我國相關學科領域的發展脈絡，藉以突顯本書的定位；第三節提出研究問題並說明本書在學術及實務的重要性。

第一節　研究緣起

在治理實務部分，「生疏政府」的現象所帶來的挑戰，至少展現在兩個部分：首先是政務官與事務官夥伴關係的問題，其次是政務官本身以及行政團隊磨合的問題。就前者而言，在2000年台灣歷經首次的政黨輪替之後，執政的民進黨就曾經飽受轉型期新舊人員磨合衝突的困擾。面對執政初期政策推動的困境，執政黨的國會議員與政務官指責文官與國民黨的深厚關係，導致洩漏政策資料給國民黨、消極或不配合政策，以及私下或公開扯政策後腿的情況[4]，此種所謂「被傳統

2　在本研究中將依不同脈絡及受訪者所使用名稱，交互使用「政治任命人員」、「政務人員」與「政務官」。

3　這個現象泛指在美國總統制的運作下，新任總統大量任命對華府運作生疏的政務官，而產生治理上的種種議題。

4　駕馭不動因素複雜，轉型尷尬期，新舊磨合苦難言（2001年3月22日）。**中國時報**。該報導引述了多位立委對於文官的不滿，如立委柯建銘指出，「經建會的局處長都是國民黨的，裡

官僚包圍」或「部長我在當、事情你來決定」[5]等無法駕馭的情形，更使得前行政院長張俊雄公開表示「沒效率的事務官不排除調職」[6]。政務官對於事務官的不信任，同樣發生在2008年政黨輪替之初，劉兆玄院長上任後各種狀況頻傳，2008年7月傳出行政院高層致電各部會，要求撤換所謂「舊思維」官員[7]。接著，行政院副秘書長陳美伶的調職，引發「撤換綠官」以及「殺雞儆猴」的討論。以上政權輪替初期政務官對於事務官的質疑，引起了常任文官的反彈，不僅認為政務官任用親信卡位、嚴重破壞文官體制，也指出新首長對權力的行使展現傲慢與偏見，以及政務操作技巧不純熟而導致外行領導內行等等問題[8]。

　　上述事務官對於政務官的指責，除了是政黨輪替以及執政團隊磨合不順所造成外，一部分的控訴是針對政務官本身的治理能力不足，導致外行領導內行所產生的衝突，形成政黨輪替對於治理實務的另一個挑戰。例如，在民進黨執政時期，經濟部長宗才怡任職三個月之後即下台，而有「誤闖叢林的小白兔」的挪揄。同樣地，在2008年第二次政黨輪替之後，衛生署長林芳郁也因為處理毒奶粉事件過程的失言風波，而在任職短短四個月後辭去署長的職位。這兩次政黨輪替初期生疏的執政團隊對於治理所帶來的衝擊與挑戰，再再影響到政權的穩定、政府的形象、政務官事務官間互信的建立，以及政策的推動等。

頭的開會內容與結論，隔天就立刻傳到國民黨的智庫裡了。」；蘇煥智則舉出國民年金的規劃為例，「第一個出來反對民進黨版國民年金法的不是在野立委，而是自認專業的經建會承辦幕僚。」一直守在教育委員會的立委陳景峻指出，曾志朗及多位次長為教改上山下海，但底下的事務官從不配合，也不願積極研擬方案，包括基本學力測驗等政策，都遭到嚴重誤解與非議。而長期待在外交委員會的民進黨立委張旭成同樣抱怨，田弘茂從一進入外交部就被外交部傳統官僚「包圍」，根本看不出民進黨執政後在外交政策上的具體成就。

5　九人小組批事務官，張俊雄：沒效率不排除調職（2001年3月22日）。**聯合報**，1版。此為該報導中指出，總統府九人小組會議中與會者對於事務官抱怨的用語。

6　事務官反彈情緒持續發酵（2001年3月23日）。**中國時報**。

7　內閣異動第一人　政院副秘書長將換人（2008年7月31日）。**聯合晚報**。

8　不配合？事務官：首長出現權力的傲慢（2001年3月22日）。**中時晚報**。

　　政務官及事務官如何成為治理夥伴的議題，不僅是治理實務上的挑戰，這些議題至少有規範以及實證兩個理論面向上的意涵。首先，從規範的角度而言，政務事務治理夥伴關係的建立基本上是政治與行政介面如何有效連結的問題，該議題一直是當代民主治理所必須面對的主要課題（Meier & O'Toole, 2006），不僅牽涉公共行政學界過去幾十年來，對Wilson於1887年所提出有關政治─行政分立的爭辯（politics-administration dichotomy, Wilson, 1887; Svara, 1985, 1998, 2006, 2008; Overeem, 2006），其爭論也將影響到民主政治制度運作「回應」（responsiveness）與「效率」（efficiency）等不同價值間的競值與融合，以及政務、事務人員為了達到這兩種不同價值各自著重的「控制」與「中立能力」間的拉扯，而政務官與事務官的互動正是政治與行政介面的關鍵連結（Peters, 1988; Pfiffner, 1987），也展現了不同價值競值的動態過程。

　　有關政治行政互動介面連結，以及不同價值間競逐的樣貌與原因的探討，前述我國行政院所轄各部會政務官與事務官在政黨輪替初期的互動情形，正可提供相當密集而豐富的資料，構成了Patton所謂「強度抽樣」的個案（陳向明，1999：141）。相對於西方民主國家，台灣的民主仍處於初步發展階段，特別是在1949-2000年期間，經過國民黨五十餘年的統治之後，台灣在2000年經歷首度的政黨輪替，由反對黨執政，在文官經過長期的黨化教育，而且文官中立體制建立還未完善，運作規範仍未成熟，在政權交接初期所呈現的政務官與事務官間的衝突與磨合，正可突顯政治與行政間在本質上的差異與融合，為一難得的研究個案。雖然過去台灣學界對於民主轉型、選舉以及憲政等政治議題投入頗多的心力，也累積了可觀的成果。不過，對於政黨在獲取政權之後，如何讓民選總統透過政務官領導事務官，以貫徹競選承諾的「治理」實務，以及其可能涉及的理論意涵，學界則鮮少有系

統性的研究。

　　政務官及事務官治理夥伴關係議題另一個理論上的意義是在實證方面的，對於該領域的相關議題，美國學界早在1960年代以及1970年代即已著手進行系統性的研究[9]，從1980年代開始，學者更透過跨國研究（Aberbach et al., 1981; Peters, 1988）嘗試研究政務事務人員背景差異、政治態度以及互動概況，並進而確認解釋互動結果的制度性及個人因素（Peters & Pierre, 2001），這些研究主要的解釋變項為國家體制，因此對於理解憲政體制以及政治文化等總體因素如何影響整體的互動樣貌有所助益，但是以國家為分析單位無法呈現微觀的面向，而且大部分研究對於解釋互動的因素以及因果連結的邏輯，也僅止於片段的論述，不僅顯得主觀而零散，也未有實證的支持，因此，到目前為止學術累積還是相當有限。由於這些問題具有高度複雜性，即便美國在這方面的研究已發展並累積了四十餘年，到晚近對於許多實證議題仍未有定論（Durant, 2009; DeSeve, 2009; Lewis, 2008）。雖然這些文獻對於台灣本土研究議題的聚焦與方法有所啟發，但畢竟台灣與美國政治與文化脈絡不同，如Fukuyama（2004: 43）所言，對於公共行政問題的解決往往有賴於在地的、特定脈絡的資訊（local, context-specific information），因此有必要從本土的脈絡出發，進行系統性的探討。特別是有關於政務事務夥伴關係的建立，牽涉到人際間隱微的

---

[9] 如Stanley等學者（Stanley et al 1967）在美國著名智庫Brookings Institution的贊助下，完成聯邦政府政治任命人員基本資料的蒐集與整理，並出版成書。除了基本資料的分析，對於政務人員態度以及行為的相關研究也累積了可觀成果，例如，美國國家公共行政學院（National Academy of Public Administration, NAPA）於1984及1985年，在數個著名基金會的贊助之下，委託Mackenzie等學者（1987）針對現任以及卸任的政務官，進行大規模的郵寄問卷調查研究，共完成536份問卷，其研究結果不僅集結成經典著作─【進出者─總統的任命人員以及華盛頓的過渡性政府】（*the In-and-Outers-Presidential Appointees and Transient Government in Washington*），其所蒐集的資料目前保存在美國密西根大學的ICPSR資料庫供大眾使用，成為後來許多重要著作分析的主要素材。

互動以及政治文化等因素，因此植基於本土的研究，對於目前公共行政以及相關學科的發展將有重要的意涵，而對於在民主轉型中所產生的治理議題，也將有其實務重要性。在探討其實務以及理論的重要性之前，有必要梳理我國研究現況，並檢視我國治理實務需求以及研究缺口，作為後續研究的奠基。

第二節　我國研究現況

根據Peters（1988）以及Peters & Pierre（2001）的跨國比較研究指出，體制結構、政務官與事務官個別的生涯特質與角色認知等，是影響政務事務夥伴關係的主要面向。以此來檢視台灣目前的相關研究，主要集中在政務官體制的探討、事務官的生涯特質及角色認知，對於兩者的互動實況，以及政務官的生涯及角色認知則較少觸及。

首先，在體制部分，過去主要是聚焦在政務官體制的探討，在威權時期，由於長期一黨獨大，政務官被視為統治者的恩賜，因此學界對於政務體制的討論主要聚焦在政務官的責任（梅麟高，1965）、政務官的範圍（龍名登，1968a，1968b；徐瑞雄，1974）以及懲戒問題（詹天性，1968；高旭輝，1970；劉俊三，1970；羅志淵，1970）。在1980年代，隨著政黨政治的逐漸成型，學者逐漸將焦點轉至政務體制的研究（陳尚澄，1997a，1997b；許南雄，1998a，1998b），特別是在1995年台北市首次由民進黨籍的候選人擔任市長，關於政務官任免、進退、行為規範、責任範圍以及權利義務等事項，逐漸受到學界以及實務界的重視。銓敘部亦開始擬定「政務人員法草案」，並於1997年4月經考試院會議審議通過，隨後並送請立法院進行審議。之後，對於該法案的討論逐漸成為研究的重點（李建良，1997）。

　　在這些對我國政務人員法制的研究中，黃臺生（1995）呈現了我國政務官制度沿革，從學理上區分政務官以及事務官，並比較各先進國家對於政務官範圍的界定，指出現制中政務／事務混淆不清的諸多問題，如內閣改組後常次隨著辭職的情形、政治責任與行政責任混淆不清、社會上視常務次長「升任」政務次長的錯誤觀念、常務次長及司處長赴立法院辯護政策立場等問題。該文也指出我國法制上有關政務官範圍的缺失，其針砭頗為深入，值得作為未來修法的參考。另外，施能傑（1996：107-108）分析歐美等國家的體制及運作經驗，從控制人事權的概念，建議我國增加政務職位人數與層次，以強化部會的國會聯絡、政策設計與管理以及預算規劃等政務，並學習法國「部長內閣」的概念，作為未來政務職位運用的參考。

　　以上文獻針砭1990年代我國政務體制的缺失並指出未來改革的方向，由於早期規範政務官的「政務官退職勞金給與條例」，已於2003年由「政務人員退職撫恤條例」所取代，而且在2000年後經歷了政黨輪替，政黨競爭更形激烈，因此當前政務官及事務官的問題本質已產生變化。劉昊洲（2002）清楚地整理目前政務人員在適用範圍、任免方式、服務獎懲、俸給待遇、保險福利、退職撫恤等事項，目前適用的各種法律，並指出當前法制上的問題。彭錦鵬（2002）從理論的觀點分析政治與行政之分際，比較各種模型後，提出「理想型」模式，嘗試作為各類公職人員政治介面間的行為分際以及各類行政機關政治行政分際。其將政治／行政分際視為一連續體的概念，對於公職人員的分類，有助於吾人釐清政務／事務的範圍，如果能從該規範性的探討中，釐清政務事務互動的規範，則將有助於兩者對於自我的角色認知及扮演。施能傑（2006）延續之前增加政務人員的主張，對於正在研擬中的「政務人員法」以及「政務人員俸給條例」，基於當前實務運作的需要，提出「政務人員法」的單一法案來統攝包含總統及副

總統等政務人員的規範，並具體地提出自訂的「政務人員法草案」版本。蔡良文（2006）對於政務人員法立法過程及內容進行剖析，並提出未來該法實施後的實務建議。以上研究呈現我國當前事務官體制的現況，並根據研究者的實務觀察與經驗，指出當前政務體制運作的問題，以及提出未來的規劃方向，對於我國政務體制的改革，有其實務的重要性。不過，這些研究較缺乏有系統的實證基礎，也無法呈現不同時期政務與事務人員的實際互動，並進而從互動的實務中發現當前體制的問題。

　　除了這些法制上的探討，我國學界對於影響政務事務互動的另外兩個重要變項，亦即政務官及事務官的生涯和角色認知，也有初步的研究累積。在政務官的部分，邱育琤和徐永明（2004）分析我國在2000年政黨輪替後民進黨執政菁英之形成，呈現包括政務以及事務菁英結構及事件的流動，以回答「新政府」「舊官僚」的問題。其研究發現政務菁英（行政院及其所屬一級機關之部長、政務次長）在年齡層上有世代交替的現象[10]，亦即過去國民黨執政偏好任用第一世代的菁英，第二世代次之，而最年輕者則被任用比例最低。該研究也指出政黨輪替後，民進黨政府則在第一個世代人員的任用減少，並在第二個世代上任用了更多的菁英，第三世代菁英的任用也有增加。兩黨政府在不同省籍菁英的任用概況上也有差異，國民黨政府較民進黨政府任用較多的外省籍政務人員，民進黨執政後則是一直在減少外省籍政務人員的任用。另外，民進黨政府在政務菁英的任用上也打破了過去政事務體系界線不明的情形，國民黨政府執政期間，政務人員大多經由資深的事務官晉升，而民進黨政府執政後則不循此內部管道，其提

10　該研究對三個世代的定義為：第一世代（五十五歲以上，是最年長的一輩）、第二世代（四十四歲到五十四歲）、第三世代（四十四歲以下）。

供了機會，讓更多來自其他社會領域的非文官體系菁英擔任政務人員
（邱育琤、徐永明，2004）。由以上發現可知，國、民兩黨在政務人
員的任用策略上確實大不相同。該研究呈現集體的概況，並分析我國
首次政黨輪替對於行政菁英的影響，有其重要貢獻，但該研究未觸及
個別層次的議題以及動態的治理藝術。

　　相對於政務官相關研究的不足，在事務官部分，文獻的累積則較
為豐富。賴維堯（1995）以問卷調查方式，研究我國司處長公務生涯
與任用取向，有助於理解政務事務互動介面其中一個角色的特質。胡
龍騰（2007）在對政黨輪替前後高階行政主管流動的比較中，發現
2000年政黨輪替後，高階行政主管的流動頻率為政黨輪替前之兩倍，
可見在2000年政黨輪替初期，民進黨新政府為快速掌握行政機關，便
大幅調動簡任高階文官。甚至在2004年民進黨第二次勝選連任後，高
階文官的流動頻率不僅較政黨輪替後之第一年為高，更是歷年來高階
行政主管異動最頻繁的一年。顯見執政團隊欲掌握官僚體系之期盼。
這些研究呈現高階文官集體的樣貌與特質，以及其在政黨輪替後的流
動頻率，不過所呈現者仍只是集體的情況，對於個別角色與認知的探
討，尚有不足之處。

　　除了以實證研究分析高階文官的特質，部分學者也藉由問卷調
查，探討文官的角色認知及其政治態度。賴維堯（1995）透過文官
政策角色理論，建構角色認知架構，並以問卷調查方式，訪問122位
司處長級的高階文官，發現我國司處長多數認同自己是事實提供者
以及利益平衡者，而較少是從屬執行者。另外，余致力（1999）以
郵寄問卷，探查行政院與考試院暨所屬主管機關內九職等以上之主管
（科長、組長、主任、司長、處長、局長等），瞭解其對訪問當時國
家重大議題的態度。該研究除了對議題的意見，同時也包含政治容
忍、精英主義以及計畫承諾等指標。以此資料為分析素材，Huang et

al.（2005）從比較的觀點來看，根據Gregory（1991）政治容忍指標及計畫承諾兩個面向，將台灣官僚的特質定位為：台灣公共管理者政治容忍指標偏低，而計畫承諾指標則偏高，可歸類為技術性官僚（technocrat）。作者認為造成台灣官僚政治態度與其他國家的差異主要在於：台灣受到儒家的影響深遠，加上長期威權統治，強調和諧、共識及對權威的遵從，較缺乏對於國家爭取權力以及容忍異見的傳統。以上的研究有助於吾人理解高階文官對於自我認知以及對於政務官的容忍度等影響互動的因素，不過這些研究仍為靜態的態度調查，無法了解動態的互動過程，且範圍並不包含政務官。

　　以上研究偏重在以次級資料，分析文官背景以及態度，提供吾人理解我國文官整體樣貌的素材，有重要貢獻。但隨著政黨輪替後政務官治理績效欠佳，政務事務衝突檯面化，部分學者已逐漸轉向政務事務互動以及如何建立夥伴關係的研究。陳敦源（2005）從新制度經濟學中統治成本角度，比較新舊政府治理成本的高低，並分析政務事務之間的信任關係，探討2000年政黨輪替之初所謂「新政府、舊官僚」的說法，並提出如何解決政務領導可信承諾的建議。同樣體認政務事務兩者信任關係的重要性，顏秋來（2006）從政務官與事務之體制劃分以及兩者的範圍、特性及責任歸屬談起，並引用國外文獻，分析兩者互動衝突的原因，包括意識形態、時間範圍以及忠誠度等，而更進一步建議兩者若能體認各自的角色、導向更高層次的社會關懷以及互相尊重，將能建立信任關係。

　　除了從學理的角度解析政務事務互動，熊忠勇（2009）描述過去兩次政黨輪替後政務及事務官衝突的現象，如民進黨執政後大幅撤換高階文官、文官政治化以及菁英入黨；國民黨二次政黨輪替後撤換所謂「舊思維」文官、立法院國民黨團侵犯行政權以及首長投鼠忌器的人事安排等，並剖析政務事務衝突背後的原因，在檢討衝突的原因之

後，作者借用EVL（Exit, Voice, and Loyalty, Hirschman, 1970）的理論，提出政務以及事務互動的倫理架構，並具體條列政務官與事務官當為及不當為之事。這些研究不僅引起學者對這方面議題的重視，對於學界及實務界理解政務事務互動的本質、兩者生涯特質的差異、衝突的原因及解決等議題，有其重要性。不過這些研究有的純從理論推演、缺乏實證，有的是從體制探討或從報章雜誌資料蒐集的歸納，缺乏更細緻的資料佐證，顯見該領域仍有填補的空間。

　　綜合以上文獻可見，相對於公共行政其他議題而言，台灣學界對於政黨在獲取政權之後，如何讓民選總統透過政務官領導事務官，以建立治理夥伴關係的研究議題，仍鮮少有系統性的研究。之所以產生這個民主治理研究的空缺，有下列三個因素：首先在於我國政治發展從威權轉型為民主，以及民主鞏固時期等不同階段對於治理實務上的不同需要。在過去國民黨準列寧式政黨（semi-Lennist Party, Cheng, 1989）的長期統治之下，黨政緊密連結，政務事務區分並不明顯，政務官無太大揮灑空間，較無前述「生疏政府」的問題。其次，在威權統治時期，研究此種高層領導以及政務事務互動等議題，被視為窺探深不可測的統治權威、並可能撼動政權的禁忌，學界較不願碰觸。其三，有關這個議題的本質，由於我國在體制上對於政務事務互動的規範甚少，首長對於內部角色分工權限頗大，兩者互動受到眾多複雜因素的影響，部分涉及隱私或人際之間恩怨情仇，研究不易，因此如何建立政務與事務官的夥伴關係的議題，成為民主治理待解的密碼。

第三節　研究問題與預期貢獻

由於「治理」概念的興起及其引起學界的關注（Peters & Pierre, 2001; Pierre & Peters, 2005; Bingham et al., 2005），跨部門之間的協力（collaboration）或夥伴（partnership）關係已成為學界及實務界關注的焦點（Stoker, 1992; Vigoda, 2002; O'leary & Bingham, 2009）。所謂的協力或夥伴關係，主要是指「為了解決某些共同的問題，促成多層次組織間來解決共同問題的過程，而這些問題通常是單一組織無法解決的」（O'leary et al., 2009: 3）。相對於傳統的合作（cooperation）或協調（coordination），協力或夥伴關係強調參與者之間的動態關係，以及彼此之間的互賴、處理差異的能力、共同決策以及為未來的夥伴關係負責（O'leary et al., 2009: 4-5）。

學界目前所指夥伴關係，通常是指公私部門之間（陳恆鈞，1998；陳敦源、張世杰，2010；曾冠球，2010）或不同政府或機關之間的協力關係（林水波，1998；李長晏、林煥笙，2009）。如同跨部門或跨組織間的協力夥伴關係對於解決公共問題重要性，政務官與事務官兩者在治理過程中的協力夥伴關係，對於政策的成敗具有關鍵性的影響（Will, 2007）。不過，兩者之間夥伴關係的建立，似乎較少為研究治理的學者所強調。

近年來，隨著台灣的民主化、政黨輪替以及社會的開放，對於政務事務夥伴關係建立的議題，在理論層次的討論之外，也逐漸有實證資料的蒐集與分析。本書奠基在這些研究的基礎上，在探討夥伴關係建立之前，先解析這個政務事務互動介面上的面向，從組織行為理論中，組織、團隊及個人三個不同層次，嘗試回答以下問題：

（一）政務與事務人員之間的互動，處在何種體制之下？這些體制如何制約兩者的互動？

（二）執政團隊領導採取何種策略控制政務及事務人員？不同團隊政務及事務人員各有何特質？這些差異對於政務事務互動有何影響？

（三）從個人層次而言，政務人員與事務人員彼此的角色認知為何？認知的異同如何影響兩者的互動？

（四）政務人員及事務人員的互動經歷哪些過程？衝突如何產生與解決？

　　本書將根據以上的問題進一步提出體制改革的建議以及如何建立夥伴關係的策略建議。為了回答以上問題，本書將以2000年政黨輪替之後[11]行政院所轄部會首長和副首長等政務官，以及常務副首長和主任秘書等高階事務官為主要研究對象[12]，透過文獻及理論的整理、相關法制的探討、次級資料分析，以及深度訪談等方法，探討我國體制的現況，呈現不同執政團隊政務領導策略以及政務官及事務官特質的差異，並探索政務事務互動的實況，進一步解析影響互動的因素，希冀對於政務事務互動的實務、政務事務體制的改革，以及政治行政關係理論之建構有所貢獻。

　　透過對於前述問題的解答，本書希冀在學術上以及實務上都能有所貢獻。在學術上，對於比較行政與政治、民主行政、政治管理以及公共政策等相關知識的累積，以及相關理論的建立與驗證，都將有其意涵（黃東益，2010）。首先，就比較行政的角度而言，在第三波

---

[11] 本文研究的時間範圍為2000年5月至2010年7月底，期間包括2000年5月至2008年5月陳水扁擔任兩任總統，以及2008年5月至2010年7月底馬英九仍擔任總統期間。由於馬英九總統任期還未結束，本書僅呈現部分資料，為本研究之限制。

[12] 雖然我國政務人員或政務官包含行政院以外以及地方政府各類不同人員（請參本書第四章），本書主要以行政院所屬部會為主要研究對象，主要基於其在政策過程的重要性，以及其隨政黨出入政府，具有典型政務官的特質。研究對象的事務官聚焦在常任副首長以及主秘，主要在於這兩類人員在政策推動和機關管理上的重要性，以及與政務人員互動的頻繁，構成政務事務互動的核心。

民主化的潮流下，許多轉型中的國家，如南非、南韓、蒙古以及台灣等，經歷了首次的政黨輪替，因此研究焦點逐漸從民主化移轉到國家建立（state-building, Fukuyama, 2004）。這些國家在政黨輪替後採行西方國家的民主制度，來達到民主的課責與回應。其中最核心的設計是「政治任命人員」與「事務官」的分野，這個移植自西方民主國家的制度設計，在強調權威（authority）且未具備民主文化及歷史根源的東方新興民主國家運作情形如何？台灣過去十餘年的經驗除可作為跨國家的比較，也可作為面臨轉型國家的參考。

其次，就民主行政的領域而言，過去的研究主要集中在靜態的理論探討（王輝煌，2000；陳敦源，2005）、體制設計的研究（顏秋來，2006；施能傑，2006；劉昊洲，2002a，2002b）、行政—立法關係（吳重禮，2002；盛杏湲，2003），或者是兩者個別的研究。政務任命人員與文官的互動過程，可說是一個鮮為人所碰觸的黑盒子，然而兩者的互動不僅牽涉到民主政治的落實、政權的穩定、政策的制定及資源的分配，更牽涉到政策的穩定及執行之良窳。對於該主題有系統的實證研究將可彌補民主行政領域中一個重要但脫落的環節。

其三，就政治管理（Starling, 2008；林水波，2010）的領域而言，作為公共管理者的高階文官，必須面對環繞在官僚體系的外在環境，對上必須面對立法部門以及政務任命人員（馬紹章，1998），對外必須處理與媒體（黃榮護，1998）、利益團體或政策利害關係人以及一般民眾的關係（陳敦源，1998），對內則必須與其他機關進行協調聯繫。而在政治管理的各種研究中，政務—事務關係的研究，相對於行政—立法關係、媒體公關與行銷、民意與公共政策以及跨域管理等領域比較起來，則是顯得較為少見。

最後，就公共政策的研究而言，雖然我國相關的教科書可說是汗牛充棟，學術研究論文也不在少數，但大部分集中在理論的探究（丘

昌泰，1999；吳得源，2006；林子倫、陳亮宇，2009），或者是政策分析的方法（陳恆鈞，2001；蔡允棟，2002），或特定政策個案的分析（劉宜君，2001；方凱弘、梁縮琪，2008），這些研究有其理論及實務的重要性，但是對於我國行政部門內部實際政策制定及執行的過程，特別是政務官以及事務官各自扮演的角色等問題，則較少觸及，本書希望藉由初探性研究，拋磚引玉，以引起學界更多的投入。

　　就實務而言，本研究也有其重要性，如Heclo（1977）所言，政治任命人員對於官僚的控制經常像是跳向黑暗的空間一般，難以預測，另外，Mackenzie（1987: xix）稱政治任命人員為「進出者」（The In-and-Outers），這些隨著政黨進進出出政府的任命人員，是政府效能的關鍵所在，台灣在民主化後，政黨輪替將成為常態，由人民賦予治理使命的政黨及總統將依據人民的授權訂定政策，並確保其實施。政務人員及高階事務官的互動則是處於這個關鍵環節的核心位置，更重要的是，對於官僚的有效控制，以及不阻礙其專業的發揮，將是一個重要的治理議題。因此，有必要透過系統性的研究，將政務—事務互動的樣貌、影響互動的體制、管理或政治因素，予以分析統整，作為國家治理知識傳承的主要內涵。

　　除了作為政務及事務人員互動策略的參考，本研究就政務事務體制的改革與設計也有其重要的意義，它也是討論民主治理（democratic governance）機制設計的關鍵之一。如前述文獻所示，我國對於政務官本身的任命、訓練、薪給、退休以及行為規範，以及政務官與事務官互動的準則，並未有完整的體制規範。考試院銓敘部所草擬通過的政務人員法草案，2011年初仍在立法院審查當中，過程並引起社會許多討論，該法何時能夠通過，仍在未定之天。在修法之前，有必要針對以上議題提供植基於實證資料的分析，做為修法的參考。過去學界或實務界對於政務官與高階事務官的體制有許多深入的探討（黃臺

生，1995；施能傑，1996，2006；蔡良文，2006），不過這些探討主要集中在法制面，或移植其他國家的體制，以學者個別的法理分析或經驗觀察為主，其興革主張較少建立在本土有系統的實證研究發現上。因此，也期待本書對於建立以證據為基礎（evidence-based, Pheffer & Sutton, 2006；陳敦源、呂佳瑩，2009）的公共行政，以及規劃中的政務體制改革方案將有參考價值。

　　本書第二章將梳理西方相關文獻以及理論化的嘗試，藉以鋪陳建立本書研究架構的理論；第三章建立在第二章的論理探討，呈現本書的研究架構，並說明各種不同資料蒐集方法的運用；第四章從組織層次，探討總統制及內閣制等主要政府下的政務事務體制，並說明我國政務事務體制；第五章從團隊層次探討不同執政團隊上層領導，包括總統及行政院長的領導風格與策略；第六章同樣從團隊層次角度，呈現不同團隊政務及事務人員特質，以及政務人員及事務人員在不同特質上的差異；第七章聚焦在個人層次，呈現政務官及事務官對於彼此的認知及差異；第八章探討描述政務官及事務官互動的動態過程，聚焦在政務官及事務官彼此磨合的過程、衝突的發生及其解決；第九章根據以上的研究以及綜合受訪者的經驗，對於政務官體制以及政務事務互動的策略提出實務上的建議，作為未來體制改革以及政務事務建立信任關係之參考；第十章總結本研究的發現，討論研究理論規範以及實證的意涵，並提出實務建議與未來研究建議。

第二章　理論基礎

　　政務事務夥伴關係建立的議題，其牽涉範圍複雜，首先，從規範的層面而言，涉及政治行政分立（Wilson, 1887）以及民主與官僚如何連結（Pfiffner, 1987）調適的問題。政治行政分立的爭論也衍生出民主如何控制官僚以及官僚政治化（Lewis, 2008）的研究，相對於強調政治控制的另一派觀點則是為官僚辯護（Goodsell, 1983; Meier, 1997）、維持官僚自主性的論述。以上規範性的論述，體現在制度設計、領導作為以及認知行為，部分學者進而探討體制及實際互動的議題（Heclo, 1977; Aberbach, et al., 1981），並嘗試從宏觀以及微觀的層次，找出影響互動的因素，而進行通則化（Peters, 1987, 1988）的努力，期能對於建立政務事務夥伴關係有所助益。這些文獻除了呈現公共行政學界對於相關議題的研究成果，也有助本研究釐清相關概念並聚焦核心議題，不過這些理論化的嘗試，仍處於初步的發展階段，有其侷限。因此，本研究將借用組織行為的分析層次，構築本書的研究架構。本章第一節回顧學界有關政治行政關係的辯論；第二節接續討論政治控制與官僚自主性的論述；第三節檢視政務事務互動的理論化嘗試；第四節整理組織行為理論的架構及內涵，以作為本書研究架構的基礎。

第一節　從「分立」到「互補」的政治行政關係

　　政務事務夥伴關係議題反映政治與行政之間糾結的本質，因為對於政治與行政範疇的釐清，不僅將決定政務官體制，也將成為政務官以及事務官的行為規範，而影響其各自的角色定位、兩者對於彼此的

期待以及其實際的互動關係。然而，對於政治行政關係的討論，被認為是公共行政領域百年來最核心卻也是最難捉摸的學術爭論（the most slippery intellectual debate, Svara, 2008: 46）。

　　政治行政關係的複雜難解主要根源於民主政治嘗試兼顧回應與效率的制度設計，正如Mosher（1968）對於代議制度下文官與直接民主漸趨遙遠的觀察與描述，Mosher（1968: 4-5）認為在代議民主體制之下，人民無法直接管理政府來落實民治的理想，而必須選出國會議員或行政首長代替人民行使權力，這是脫離直接民主的第一步。而國會議員或民選首長再指派官員並授予權力，這是脫離直接民主的第二步，而脫離民主的第三步則是文官制度的設計。相對於前兩者，文官的人數最多，也具備前兩者不熟悉的專業。由於官僚制度的強大，Etzioni-Harvey（1983）認為此種代議制度的設計，造成民主與官僚或政治與行政之間的緊張關係。因此，離直接民主三步之遙的文官如何與民主政治及人民的利益並行不悖，進而與政務官成為夥伴關係，發揮治理效能，是當代民主政治最核心的議題。

　　由於此種關係的複雜性，在公共行政學界很早就有許多努力嘗試去界定其範疇的研究，而這些嘗試不僅牽涉到公共行政學科的起源與發展，更是公共行政學科上的重要爭辯。其中，最重要的是「政治／行政分立」（politics/administration dichotomy）的主張，這個主張是由具有行政學之父美譽，而後成為美國第28任總統的Woodrow Wilson於1887年發表之《行政的研究》（*The Study of Administration*）一文所提出，這個主張認為「行政的領域就是事務的領域，它應該跳脫出政治的混亂與傾軋」[1]。Frank Goodnow於1900年重要著作《政治與行政》（*Politics and Administration*）贊同Wilson的觀點，進一步強調「政治

---

[1]　原文為「the field of administration is the field of business, it should removed from the hurry and the strife of politics.」請參Shafritz & Hyde (1992: 18)。

是政策或國家意志的展現，行政則是政策或國家意志的執行」[2]。此後，政治／行政分立的概念不僅對於公共行政學科的認同、行政制度的改革，以及學術研究都有重大的影響力，也不斷地被引用來作為政務事務互動的行為指引。

　　政治行政分立概念之所以對於實務及學界產生重大的影響，有其歷史背景以及特質。Rosenbloom（2008: 57-58）將此種主張置於美國政治發展的脈絡重新詮釋，認為在這個概念提出之前，美國的分贓制（spoils system）嚴重，使得正直及有能力的人被排除在公共服務的領域之外，因此政治行政分立概念的提出，其實有其促進政治改革的考量。更具體而言，如Lee & Raadschelers（2008）所指，政治行政分立的主要目的是要建立一個較少腐化而更具專業的文官體系，這個文官體系不該受到政治人物的直接影響，應讓具有知識及能力的人來出任公職，而非由政治人物的朋友或親人來擔任。從以上的論述可知，政治行政分立的主張主要是要維護文官的能力，避免受到政黨政治的影響，而背後更重要的目的是根本地改變美國早期盛行的分贓制度。除了美國政治及行政發展的歷史使然，對此議題素有研究的學者Svara（2001）認為政治行政分立論盛行的原因有三，首先是其概念便利又簡單，且可以避免民選政治人物將不受歡迎的政策推卸給行政人員；其次是嚴格的政治行政分立在強調分權制衡的美國有其歷史基礎；最後則是缺乏替代這個概念的模型。

　　隨著美國政治改革的推進，在二次戰後政治行政分立的論述不斷受到批評，例如Svara（1985: 221）指出，從1945年以來政治─行政分立的模型在規範上、概念上，以及在實證上都受到挑戰而幾近被摧

---

[2]　原文為「Politics has to do with the policies or expression of the state will, administration has to do with the executution of these policies.」請參Shafritz & Hyde (1992: 25)。

毀，Svara對於政治行政分立的批判也受到許多學者支持。在規範上，對於政治行政分立最大的挑戰主要來自以Waldo為主的新公共行政學派（New Public Administration），該學派主張民主行政已經從最早的科學崇拜與機械革命下的行政，發展到第二階段政治行政分立的行政；再到第三階段「揚棄政治行政分立」以及「拒絕以效率為中心」的階段。在這個階段，行政除了重視效率，更應重視價值。因此行政人員應該制定政策來實現一些較少被政治人物重視的價值。Waldo之後的論述則延續這個基調，主張政治行政分立的概念需要被拋棄，並指出公共行政面臨到認同危機以致於無所適從（Waldo, 1980: 67, 69）。

在概念上，政治行政分立受到的挑戰主要導因於政治行政分立中「政治」範疇的界定之改變，Rosenbloom（2008: 58-59）從美國歷史發展脈絡探討政治行政分立的演變，認為Wilson提出的政治行政分立中的「政治」是指政黨政治或選舉政治（partisan or electoral politics），提出此種觀點主要是要跳脫當時的恩惠制，為政府招募優秀人才，此種主張背後隱藏一種促使國家政治領導人根本改變的策略。但是在1930年代公共行政逐漸成為一個學科後，政治行政分立的意涵已經由早期「政黨政治」的意涵逐漸擴大到包含「公共政策」。當Rosenbloom進一步提出此種政治行政分立意涵的擴大解釋時，原本分立的主張逐漸脫離現實，因為公共行政有裁量權（discretion）來定義政策及法律中所蘊含的社會及經濟性的價值。

除了從美國歷史脈絡以及概念上對於政治行政分立進行詮釋，學者也由實證的角度對政治行政分立的說法提出挑戰，Huber（2007）指出官僚不僅能形塑政策，他們瀆職的威脅限制了管理者的政策選項，更甚者，他們所採取的行動將影響利益團體的策略和影響力，同時改變了環境。Dunn（1997: 161）研究澳洲聯邦官員的政策角色，基於Montjoy & Watson（1995）對「政治行政分立」以及「政策行政分

立」的論述，發現前者清楚界定民選官員以及文官的職責，後者則允許文官參與決策。研究結果確認以上作者的區分，也就是澳洲聯邦官員得以參與政策過程，但是他們又能夠不受政黨政治的影響及干預。另外，Demir & Nyhan（2008）對地方政府的實證研究也顯示，政治行政分立的假設無法準確預測其該有的結果。歸納各種不同的研究結果，Svara（2006）認為政治行政分立概念過度簡化，偏離了原生的概念，也沒有被辯護以及重新詮釋，以改善公共行政的實務，因此主張民選官員及行政人員之間是相互依賴的「互補」（complementarity）關係。

　　雖然在戰後政治行政分立的概念受到各方批判，但仍有學者為此種概念辯護，主要基於此概念在歷史發展脈絡所建立的堅實基礎，以及其對於公共行政實務的重要性。從該概念發展起源出發，Overeem & Rutgers（2003: 163-178），認為此種區分溯源自美國早期Wilson之前，在該學科領域中廣為流傳的「意志及行動」（willing and acting）分立的比喻；其次是著名社會學者韋伯（Max Weber）對於官僚權力不斷擴大，擔心危害社會，而有所提醒，進而主張對於政治領導人以及官僚之間角色有清楚的界定；第三是植基於美國憲法精神權力分立的概念。基於以上的脈絡，Overeem（2006: 143-144）認為政治行政分立就如同一個信條（doctrine），是屬於理想以及規範層面的，兩者之間實際並不存在互動、互賴或重疊。正如權力分立的概念，政治行政分立主要目的在限制政治人物以及行政人員的權力，以保障人民的自由。延續以上論述，Overeem（2005）從實務運作的角度，認為此種劃分對於公共行政中「政治中立」（political neutrality）的理論及實務具有劃時代的意義，因此主張政治行政分立仍有其價值。因此，Overeem（2006）回到政治行政分立的原始概念，主張政治行政分立的範圍應限縮在民選政府人物與行政人員不應該介入對方人員的

選取與招募，而且行政人員也不該介入政治的爭端。同時，Overeem（2006）也批評並反對Svara（2006）以「互補」來替代分立的概念，他認為這個概念比政治行政分立的概念更無法經得起歷史不確定性（historical uncertainty）的檢驗。

對於政治行政分立辯論似乎還未有定論，不過許多學者除了批評政治行政分立的不當外，也嘗試提出不同的替代方案，來釐清政治以及行政之間的關係。首先，相對於政治／行政分立，新公共行政的提倡者Waldo（1981）強調政治行政兩者的融合，尋求兩者之間更適當的連結，不過對於如何融合，Waldo並未進一步闡述。另外Huber（2007: 14）駁斥政治行政分立的說法，並認為該主張無法兼顧官僚權力以及政策決定，因此提出「策略性中立」（strategic neutrality）的概念，這個概念是指對於官僚上層無法直接控制的因素，以一致性的作法來執行，但同時允許在中央的命令之下，各機構的決策也能夠有所變通。雖然此概念有其新意，但作者對於在實務上如何運用，則未清楚說明。另外Svara（1985: 223-224）從地方政府的議員及官員的訪談資料中，比較政治—行政關係的各種模式，除了傳統的政治—行政分立，還包含「行政影響政策」、「政策影響行政」以及「議會—行政對等」的模式。而這些不同的模式在規範上、概念上以及實證上確有嚴重瑕疵，因此Svara（1985: 223-224）提出一個更細微的模型。有別於傳統模型將機關任務分立為政策與行政，Svara認為政治與行政兩者實為互相關聯（intertwined），而必須從政府過程重新拆解與詮釋。因此將政府過程分為四個面向，包含（一）機關的使命（mission）；（二）政策（policy）；（三）行政（administration）；（四）管理（management）。在這四個面向，政治與行政則各有所涉入，只是其程度不一，兩者無法截然分立。在此基礎上，Svara接續將此概念應用於美國地方政府的研究，並獲得可觀的成果。

　　雖然Svara的研究主要是針對地方議會與行政的關係，而且前述概念也受到Overeem（2006）的挑戰，不過Svara（2006: 121）認為除了Overeem所提到的面向外，政治行政關係還包含政治中立、專業主義、功能的分享與分工及特殊的手段。Svara（2006: 133）認為民選官員與行政人員的角色是有部分重疊，前者監督行政而後者則參與政策，兩者互相依賴而且互相影響，呈現一種動態關係。相對於傳統政治行政關係，Svara（2006: 125）從五個面向剖析及比較傳統的民選官員及行政人員，並提出對於兩者關係的改革方向，如表2-1所示，這五個面向包含：（一）民選官員及行政人員的選取：兩者互不干涉；（二）民選官員及行政人員的定位（orientation）：前者強調行政中立，後者重視政治中立；（三）各自不同的核心價值：行政人員的核心價值為專業主義，民選官員為理念與意識形態；（四）功能上的差異：行政人員為政策建議，民選官員為政策批准；（五）手段的不同：行政人員為理性、策略、抱負、承諾，民選官員為建立聯盟與共識、設想新的可能性以及排除政策與實務上的限制。Svara並指出傳統的政治行政分立適用於政府運作中較少見的契約外包關係。

　　Svara對於政治行政分立所提出的架構，跳脫傳統政治行政的粗略劃分，而能從行政部門運作過程進行更細膩的解析，有助於在規範上釐清政治行政之間的關係，而對於理解實務上政治行政運作的實況，也提供一個清楚的架構。對照我國公共行政學界有關政治行政關係的討論，現存文獻中對於政治行政分立的議題也多有探討與分析（彭錦鵬，2002；吳定，2007；陳敦源，2009；蔡良文，2006，2010），在現存文獻中，彭錦鵬（2002：199-200）深入探討政治行政分立的起源以及其侷限，同時將傳統政治行政「二分」視為一「連續體」的概念，並從「人」、「行政學」以及「政府組織型態」交叉分析其與政

表2-1　民選官員與行政人員關係的核心要素

	行政人員： 改革方向	民選官員： 改革方向	民選官員： 傳統或固有面向
選取	不干涉一 遠離選舉競爭	不干涉一 以功績作為選擇基礎	恩惠主義
公務員的定位	政治中立： • 公平地對待所有的政治監督上司；公平地提供法律與規章給監督者。 • 服從政治上司。 • 忠誠地對待政治上司，不要試圖顛覆政策。 • 對所有選項的評估，提供均衡的評估。	行政中立： • 不強迫—不隨意強加政策給行政人員。 • 不偏袒—不要試著從政策中獲取特別待遇。 • 尊重永業官僚所提供的忠告與資訊。	強加政策 施惠 特殊關係 不信任專家
核心價值	專業主義： • 自主 • 專業 • 公共利益的承諾 • 倫理 超越黨派 對民選官員與公眾的課責	信念與意識型態 促進整體社會美好事物的渴望 肯定與利用專業的承諾	促進自我／支持者／政黨／意識型態 特殊關係
功能	政策建議 行政 管理	政策批准 監督 職員評估	政策控制 介入行政與管理
手段	理性 策略 抱負 承諾	建立聯盟與共識 設想新的可能性—排除政策與實務上的限制	交換 權力 黨派關係

資料來源：Svara（2006: 126）

治行政連續體的關係。值得一提的是，在人的部分，跳脫早期只分為民選官員及常任文官的類型，而將相關職位依照政治性的高低，分為民選首長、政務官、高級文官或政治性文官、常任文官以及政署文官等，並指出各個職位的行為準則。在行為準則的部分，與以上Svara所提的五個面向可互相補充，而其對於職位部分更細緻的分類，更是其他文獻所不及，值得做為未來分析政務官以及事務官不同角色界定以

及其互動規範及實務的參考。

　　以上的討論顯示政治行政分立概念的提出，在美國有其特定的歷史背景，隨著此概念階段任務的達成，以及對於政治的擴大解釋，政治與行政的關係更顯得複雜，不僅需要從多面向去探討，更需要從實際的運作中去觀察其間之關係，而政務事務官的互動則是其中的一個核心範疇。我國學界對於政治行政分立的概念也逐漸重視，但目前主要在引介西方的文獻，並開始建構規範性的理論，學界所投注的心力開啟了一個新的研究方向，有其重要貢獻，但這些初步成果還有待實證的檢驗。在政治行政分立難以釐清的同時，強調政治回應與行政自主的兩種學派在不同的政治環境脈絡下產生，並累積了可觀的研究成果。

第二節　官僚政治控制與中立能力

　　由於學界對於政治行政分立的討論並未有定論，在爭辯的過程中，隨著政治發展以及回應現實政治上的需求，兩種不同的觀點應運而生。其中一派學者著重對於官僚的政治控制，以達到民主回應性，另一派學者則強調文官的自主性或是中立能力。這兩派不同的理論以及其對於實務的建議，豐富化公共行政研究以及文獻的內涵，也提供政務事務互動實務的指引。

　　主張加強官僚政治控制的學者主要是鑑於行政國（administrative state）的興起，官僚的影響力愈來愈大，為了避免官僚權力過大而導致代議政府的崩壞，因此主張對官僚的嚴格控制，以確保政黨的主張或民選首長的政策偏好能夠被實現（Lee & Raadschelers, 2008）。此種強調官僚控制的主張，特別風行於不同政黨執政的初期（Aberbach & Rockman, 1976），之所以如此，根據Pfiffner（1987）的說法，主要是

愈來愈多總統上任後就不信任他們的事務官，一方面，與事務官作對往往可以得到民眾的喝彩；另一方面，這些新任者認為前朝餘孽不僅無法認同他們的政策，更可能成為他們推動政策的絆腳石。延續此研究脈絡，近年來學者對於落實總統行政權（administrative presidency）的重視（Durant, 2009: 569; Lewis, 2008; Maranto, 1993, 2005），更使得政治控制以及落實政治控制的「官僚政治化」（politicization of bureaucracy）成為重要的研究議程[3]。

在強調對於官僚政治控制的同時，學界對於如何控制官僚的策略也有許多探討。雖然對於官僚的控制有正式以及非正式的制度設計，其來源也包含行政、立法以及司法等部門（Starling 2008: 174），但根據過去對於政治化的研究，在實務上仍以行政領導的控制最為有效（Daley, 1984: 483; Sabatier & Mazmanian, 1981: 229）。而行政領導主要的控制手段為政治任命、組織重組、政務人員領導行為等方式（Meier, 1993: 167-178; Heywood, 2002: 579-586）。由於政治任命人員是落實總統行政權的主要關鍵（Aberbach & Rockman, 2000; Lewis, 2008），因此在這些方式中最常見的就是增加政治任命人員，抑或透過不同的制度設計或策略來達到總統緊密控制之目的。

在政治任命部分，總統及部會首長有權可以增加政治任命人員，Phiffner（1987）指出，在1980年代，美國政務官的人數已達到空前的地步，例如1984年經過總統任命的就有527位，各部會另有其他派任的政務官，部會首長有權調動文官以及指派政務官。其次，總統或其所指派的政務官得以拔擢熱衷政治事務的資深官僚擔任政務官（Heywood, 2002: 579-586），藉由其對機關的熟悉來加強控制。其

3　所謂官僚政治化，是指「以政治的考量取代功績，作為選取、留用、獎賞以及懲處文官成員的標準」（Peters & Pierre, 2004: 2），而有別於低度發展國家將文官做為恩賜，在發展中國家這些做法主要是在控制政策以及執行。

三，總統得以任命與其理念相近的政務官，並且在重要的政策爭議上給予支持，以此影響官僚的行為（Meier, 1993: 169）。

　　除了增加政治任命人員來達到政治控制的目的之外，民選總統及其政治任命人員也透過種種制度設計或管理策略來協助政治人物或箝制官僚，最常見的作法是引進政治顧問或「局外人」制度（Heywood, 2002: 579-586）。例如，Pfiffner（1987）指出，為了避開行政人員在執行過程的牽絆，甘迺迪總統便成立了一些臨時編組來架空文官的權力。尼克遜總統指摘官僚盡全力在維護現有體制，因此他所指派的政務官與官僚不斷地進行游擊戰。雷根總統時期甚至透過其行政權將事務官排除在決策過程外。

　　第三個控制官僚的主要方法是領導策略的行使，總統或其任命的政務官除了透過設定機關目標以及提供激勵誘因等方法來確認官僚的服從（Meier, 1993: 177-178），還可以藉由其他管理策略來達到官僚控制的目的。例如，Pfiffner（1987）指出政務官為了將事務官排除在政策制定之外，只提供部分資訊給事務官，形成所謂「拼圖式的管理」（jigsaw puzzle management）。另外，政治任命人員為了獲得較為充足的資訊，通常也會在部屬之間製造衝突以及不確定性。這些政治控制的方法只會使得效率更低。雖然政治控制有這些後果，不過作者認為政治控制的強化似乎成為一個不歸路，很少有執政黨願意放棄此種權利。同樣地Ingraham（1987: 425-426）研究雷根政府時期政治任命人員以及官僚之間的關係，研究指出該時期雷根總統嘗試透過種種政治手段以及管理策略來強化總統對文官的控制，如大量運用政治人員，冒進地推動聯邦政府各項計畫，以貫徹政黨目標，並且在一些聯邦機構建立自己的人脈網絡，讓政治幕僚能跳過文官，進行直接控制。

　　上述種種政治控制的策略是否達到目標不得而知，但這些策略

很明顯地對於政府的績效產生一些負面的效果。Ingraham（1987: 425-426）的研究指出雷根政府時期濫用控制權力，政治任命人員全面滲透到政府部門的結果，造成政治任命人員在職期間極短，由於生疏的政治任命人員在位時間太短，對管理政府的準備不足。政務官不斷進出，以及時時處在不進入狀況的困境，發生前述政治任命人員疲於「學者駕馭」的困境，同時政治任命人員無法進入狀況，也連帶地使得常任文官必須經常性地忙於「教導駕馭」。因此政治任命人員從各個不同領域帶到政府的「新意」（fresh perspective），無法轉換成具體計劃。這些情形不僅造成總統無法有效的控制，對管理品質有極大的負面影響。同樣地，Lewis（2008: 205）晚近的研究結果也顯示，官僚政治化或增加政治任命人員雖然可強化政府對於官僚的控制，卻犧牲了政府的績效。因為增加政治任命人員的結果將使高階主管的流動增加，較難雇用及留住專業的常任文官，也減低了專業文官努力工作以及培養專業的誘因。Aberbach & Rockman（2009: 55-56）也指出總統經常運用任命政務官的過程，將會產生能力不足、不信任以及任命的延遲，不恰當的任命將會導致尷尬的事件，而最後都會以道德敗壞收場，整體而言，對其政府的品質有不利的影響。

從以上的分析可見官僚政治控制產生了許多對於政府治理負面的影響，Pfiffner（1987: 432）將這個結果歸結為以下因素的影響：首先是很難找到優秀的政務官，而且這些年輕而又缺經驗的政務官，他們只是來此過水獲得經驗，以追求其他職務；其次是狹隘的政黨忠誠測試，破壞了常任文官的技能以及動機；其三是阻斷文官往上爬升的機會；其四是任期過短往往只是在嘗試失敗，沒有足夠的時間從這些錯誤經驗學習；最後，將政治任命職位用於幕僚職，會減弱合法權威。

由於政治控制理論的風行，以及在70、80年代政黨交替執政之初，對於官僚政治化做法的粗糙，同時期，學界及實務界開始強調反

政府、削減政府的風潮，使得部分行政學者憂心此種趨勢將傷害政府的治理能力，因而開始為官僚辯護，最著名的是由Wamsley, Goodsell, Rohr, White以及Wolf等五位學者所草擬的黑堡宣言（Blacksburg Manifesto）[4]。該宣言主要提醒社會大眾過去美國行政部門的成就，並公開反對強調市場機能以及小而美政府的「新公共管理思潮」（New Public Management），並嘗試強化公共行政在民主治理過程的正當性，最主要是要強調文官應扮演下列的角色：扮演執行與捍衛憲法、人民受託者、賢明少數、平衡輪、分析者與教育者（余致力，2000）。

延續黑堡宣言的大聲疾呼，也是宣言發起人之一的Goodsell，在1983年出版《為官僚辯護：公共行政的論辯》（*The Case for Bureaucracy: A Public Administration Polemic*）一書，該書開宗明義即挑明其目的主要在「逆轉美國輿論界及學術界對於公共行政的誤解」，該書引用許多大眾對於官僚印象的問卷資料，來呈現政府給予民眾的良好形象，也指出對於官僚的錯誤印象可能導源於對於官僚不切實際的期待，另外，對於官僚的指責也是個人理想無法實現的出氣筒，以及社會上不同勢力彼此指責的代罪羔羊（pp. 168-170）。最後，Goodsell對於學界以及公務人員提出不同的建議，來改變此種對於官僚錯誤的觀念。Goodsell也期待公務員能夠把握任何機會與不同的利害關係團體互動，提供最好的服務，除此之外，文官應該能夠將自己當成是一個具有創意的藝匠（artisan），而非單純的雇員或專家，能夠在每一個小環節發揮影響力。最後則是每個文官都能夠持續不斷地改善文官體系。Goodsell的《為官僚辯護：公共行政的論辯》一書可說是嘗試扭轉官僚形象的力作，1983年出版後，分別於1985年及1994年

4　有關黑堡宣言撰寫的緣起與過程，請參余致力（2000）。

再版,可見其呼籲引起不少共鳴。

　　除了黑堡宣言的論述,同時期其他研究政治控制與官僚政治化的學者也支持文官在治理過程的關鍵角色,除了批評官僚政治化所造成的問題,同時指出文官的重要性,因為文官除了知道法律及命令的錯綜複雜性之外,他們也是組織記憶的貯存處(Meier, 1993)。Pfiffner(1987)主張雖然文官必須回應長官的要求,但必須在合法的範圍內。事務官不可以過度的服從(yes boss attitude),對於違法或窒礙難行的部分必須適時提醒,中立的能力必須是「表達不同意見的忠誠」(loyalty that argues back)。Light(1987)的研究指出事務官在政策過程不同時期扮演的重要角色,政策形成時期,高階文官扮演衝突利益的中介者或公共利益的守護者、在立法階段扮演總統消極的延伸,在計畫執行階段扮演總統積極的支持者,在政策評估階段則扮演公共利益的捍衛者。Light(1987)分析美國公共行政學院(National Academy of Public Administration)政務官訪談的實證資料發現,在常任文官的各項角色中,受訪的政治任命人員認為常任文官對其最有幫助的項目依序為:困難議題的技術分析、對特定政策細節的掌握能力、日常管理工作、與聯邦政府的聯絡工作、國會的聯絡、預知潛在問題的能力。這些為文官辯護的研究顯示官僚在治理過程的重要性,也指出事務官與政務官互動的行為規範。

　　Meier(1997: 196)延續並擴大以上維護官僚的論述,討論官僚與民主之間的關係,認為政治與官僚之間產生的衝突及危機,常常是因為選舉所產生的國會及總統等民主機制出了問題。首先,國會與總統往往無法解決政策目標之間的衝突而無法提出新的政策;其次,不管國會或總統在任期間必須要花費部分時間與精力在競選上面,而其拔擢的人才也以競選為主,而不是在於治理。最後,總統的幕僚雖然能夠通過對於總統個人忠誠的檢驗,但是欠缺對於該職位該扮演的角色

以及界限的認知與適當行為規範。另外，Meier & O'Toole（2006）批評近年來以委託人—代理人理論探討政務事務互動，認為該類分析只重視委託人而忽略了作為代理人的官僚在互動中的角色。作者並主張將官僚，特別是「官僚價值」，重新涵納在其解釋政治行為的變項之中。對於該議題，長期關注政務事務互動的Heclo（Calden & Pfiffner, 2007）也認為常任文官不應該只是被動地聽命令而已，如前述Pfiffner所強調，文官應該要有「表示不同意見的忠誠」（loyalty that argues back），也就是基於個人在政府部門行政與政策經驗所累積的專業判斷，對於其直屬的長官，提出最好的建議。不過，Heclo也同時提醒文官會冒著被處罰的風險，而且依他的觀察，這種情況似乎愈來愈多。

以上美國不同總統之執政時期，對文官所採取的控制策略及其對官僚體系運作以及整體治理效能所產生的影響，顯現政治與行政、或民主與官僚之間產生的治理困境。對於在民主政治體系之下政治行政複雜的關係，Etzioni-Halvey（1983: 90-98）曾傳神地指出，官僚給民主政治造成了一個兩難的困境，因為一個逐漸強大而獨立的官僚，可以預防民主過程本身產生的腐敗，因此它對民主政治是不可或缺的。但是官僚可能擺脫政治控制，反而成為國家宰制或壓迫人民的工具，成為民主政治的威脅。相同地，民主政治也給官僚造成了一個兩難的困境，亦即，人民期待它對內閣長官負責，又期望它對自己負責；既期待它參與政策制定，又期待它政治中立；期待同時政治化又非政治化。整體而言，官僚對民主政治是不可或缺的，同時它對於民主政治又是一個緊張、磨擦以及衝突的主要來源。

此種經常性的緊張、磨擦及衝突顯現在美國各任總統的治理經驗，如上所述，基於種種政治上的原因及算計，各執政團隊在上任初期，傾向於對文官採取敵對的態度，並隨著以各種任命及領導策略嘗試控制官僚，以施行政黨或總統的政策。但從種種政務以及事務人員

之間的案例可以得知，過度控制官僚往往對於治理產生不利的影響。
雖然台灣的政治體制與美國不盡相同，不過從過去兩次政黨輪替初期
政務官與事務官之間不同程度的衝突，可見台灣民主治理的過程也很
難倖免於此種困境。

第三節　政務事務夥伴關係理論化

本章第一節有關政治行政分立的討論，呈現政務官以及事務官在
不同面向角色規範的不同論述，第二節中有關政治化以及為官僚辯護
的相關主張，則反映政治與行政兩者之間或者強調民主回應與官僚專
業之間，在實際運作上的張力。這些討論有助於理解政務官以及事務
官在民主體制中的角色演變以及兩者衝突之樣貌，呈現政務事務在規
範層面的深層差異，及阻礙夥伴關係建立的規範性和策略性因素。不
過政治行政分立的規範性討論以及從政治控制及官僚自主性的論述，
對於政務以及事務的角色並未有明確的定論。除了這些規範性的討
論，部分學者從政務及事務人員特質的差異探討政務事務互動的實況
以及其衝突產生的原因，並提出建立夥伴關係之建議。這些有關政務
事務人員特質差異的探討，提供對於政務事務互動樣貌與衝突的重要
解釋變項，對於理論的建構有其重要性，在這些基礎上，學者從跨國
層次及個體層次，嘗試建立通則化的理論。不過，學界這些努力的初
步成果仍缺乏系統，且較少有嚴謹的實證資料支持。

一、政務事務職位的角色差異

為了建立政務事務夥伴關係，必須先探討兩者在各個面向上的差
異，並從差異中建立互信。部分學者指出，政務事務無法建立夥伴關

係主要是兩者特質上的差異，在早期政務事務關係論述的影響之下，普遍而言，在政府運作中，民選政治人物以及政治任命的政務人員可被視為「政治的」，而常任的事務官體系則可被視為「行政的」。從官僚的角度而言，Meier（1993, ch.3）指出官僚權力來自於外在的政治支持，利害關係團體（clientele）以及媒體、國會及其他行政部門的菁英，官僚權力也來自於其本身所具備的專業知識、內在凝聚力、以及行政機關的領導。在這些權力的基礎中，Ferrara & Ross（2005）特別重視事務官所代表的「制度記憶」，因為對政務官未來的利益而言，這種可以銜接前後政策圖像的能力是機關無價的資產。因此，政府有效的治理仰賴於政務官與事務官共同發展出一種健康而具生產力的工作關係。不過，Ferrara & Ross（2005）也指出，雖然他們共享對於公共服務的承諾，但他們對公共服務的概念卻有歧異。如表2-2所示，Ferrara & Ross（2005）從角色認知、黨派性、專業經歷、任期及時間認知等面向比較政務官與事務官的差異，這個比較架構大體上涵蓋了政務事務差異的主要面向。另外，Light（1987）從NAPA的問卷資料[5]，以及Maranto（2005）對於過往研究的整理以及深度訪談，都對於政務及事務的差異提出分析[6]。

　　歸納以上研究，除了前一節探討官僚政治控制的研究中，不同執政團隊的控制策略及領導風格可能引發兩者的衝突，影響政務事務互

---

[5]　Light（1987）分析NAPA的資料發現，兩者之間無法和平相處是在於以下因素：首先，常任文官有比較長期的觀點、擁有組織記憶、了解政府的一些限制、以及他們傾向於漸進主義，與新上任政府「打了馬上跑（hit-the-ground-running）」的短視心態有所扞格。其次，在資源有限的情況之下，如果新政府重新分配資源，不僅傷害其對於原本特定計畫所花費的心血及堅持，也將破壞其與利益團體及議會原來的鐵三角網絡。由於政治任命人員更換頻繁，任命之初將是兩者最緊張時期。其三，對於常任文官退休制度、待遇的改革、政治任命人員數量不斷增加及過度滲透基層、任命延遲造成部分位置懸缺，使常任文官人員因缺乏領導而無方向感，都是造成衝突的原因。

[6]　Maranto（2005: 38-55）從政務及事務人員技術專業性、孤立的文化、意識形態的差異、及時性、工作時間、個人風格與組織氣氛，以及不確定性等面向呈現政務與事務人員間的差異。

表2-2　政務官與事務官的比較

要素	政務官	事務官
角色認知	決定國家事務 聚焦於達成政策結果	執行國家事務 聚焦於確保公平、公開並健全的決策過程
黨派性	政黨成員 服務特定的總統	在工作上無黨派 服務不同的總統
專業經歷	經常是政府、學界或私部門的混合	政府是他們主要的照顧者
任期	上任又卸任 平均在位2年，在同一機關4年，公部門服務年資9年	長期 高階文官平均在位4年，在同一機關19年，公部門服務年資更大於25年
時間認知	傾向短期的觀點	傾向長遠的觀點

資料來源：Ferrara & Ross (2005: 43)

動的因素還有體制上的因素以及個人的因素。體制的因素主要是政務
事務兩者在民主制度下政策過程功能以及定位的差異，一個是強調回
應，是較常變動的，另一個重視專業及效率，是穩定的。這個差異不
僅展現在兩者任期的差異上，也將影響其對於成就的界定、時間的認
知以及對於政策推動的急迫感。另外，機關任務以及組織文化將影響
兩者互動的良窳。在個人層面，由於政黨政治的運作和總統或其他政
務人員任命的考量，使得政務官及事務官在意識形態上也有差異。其
他如專業程度、行事風格以及對於自我角色的認知等都是影響兩者互
動的重要變項。

　　政務事務雖然有一些特質上的基本差異，較少受到矚目的是兩者
之間也有共同的面向。Brewer & Maranto（2000）從實證上更進一步分
析兩者在組織行為方面的特質，他們的研究建立在Downs（1967: 88）
對文官的分類上[7]。基於政治任命人員與常任文官在政治意識形態，任

---

[7] Downs（1967: 88）將文官角色分為五個理想型：前兩個類型為往上爬升者（climbers）以及
保守者（conservers），兩者屬於自利型的官員（purely self-interest officer），往往只考慮到
個人的利益，而不顧機關或社會整體利益。往上爬升者將權力、收入、以及優勢視為最重要

命期間以及效忠對象的差異，Brewer & Maranto（2000）發現政治任命人員較偏向於向上爬升者以及熱衷者，常任文官對組織忠誠，則偏向於倡議者，兩者都傾向於扮演政治家的角色，兩者對於實踐公共利益有強烈的動機。此種對利益的承諾，將減低兩者可能的角色衝突，作者因此建議將所謂「公共利益」在政治任命人員以及常任文官之間建立共識。

　　鑑於角色認知對於政務事務互動的重要性，Abrason & Lawrence（2005: 4-5）認為要改善政務與事務關係，必須先使雙方相互尊重，並理解彼此的工作分際與角色差異：在文官的部分，其主要角色認知為：(1)透過文官體系為公眾的託付服務；(2)在組織的同僚中，提供「同儕的」（collegial）領導，用以發展組織的共享願景；(3)對組織福祉扮演監護者的角色；(4)對政務人員提供「部屬的」（subordinate）領導；(5)扮演組織內對進行中方案改善的催化劑。而在政治任命人員部分，必須有以下體認：(1)透過總統的政策和偏好次序為公眾託付服務；(2)理解、補充、闡明、強化組織的願景；(3)離開職務後，留下一個比原來更強健的組織；(4)向公眾溝通組織的社會價值；(5)支持文官尋求改進組織績效。

　　如上所述，適當的角色認知是政務事務良好互動的基礎，除此之外，政務官本身的投入也是影響兩者互動的重要因素。Light（1987）的研究特別強調政治任命人員有無時間準備其所需能力，是決定其能

的價值，保守者則視便利及安全感以及保障為優先價值。Downs所指的另三種文官類型，不僅考慮個人利益，還融入社會更大的價值。因此Downs指這三類型的人為混合動機（mixed motive）的官員，其中，熱衷者（zealots）是指忠於較狹隘及特定政策的官員，其追求權力的目標是要影響其所追求的政策。相對於熱衷者對於特定政策的忠誠，倡議者（advocates）則較忠於較大範圍的職能或組織，追求權力的目標也在此。政治家（statement）則忠於社會整體，因此其追求權力主要是要影響國家整體的政策與行動。雖然Downs的分類主要用來預測官像的行為，Brewer & Maranto（2000）則以此架構來比較美國聯邦政府中政治任命人員與文官的角色。

否有效運用常任文官的關鍵要素。從受訪者的協調能力、分析能力、溝通能力、國會關係、政策知識、對華盛頓政治了解能力、管理能力以及人際關係等八項政治能力的分析資料顯示，受訪政治任命人員愈自覺其準備周全，其認知常任文官具備回應性的比例也愈高。作者認為此種推論主要基於三種因素：首先，好的準備將有助於政治任命人員在短時間內有效動用資源；其次，提早準備讓政治任命人員了解機關的優勢與劣勢，並得以掌握關鍵的問題；第三，最重要的技能為人際技能，因為其研究資料顯示這些能力較高者也較能尊重部屬。

　　以上研究有的是描述性的、有的是分析性的，也有的是實務性的，雖非直接針對理論化而來，不過，其對於政務事務互動的理論化有其重要性，主要在於這些研究羅列了影響政務事務互動的核心變項，這些變項有的是體制層次的，有的是機構層次的，有的是個人層次的。只可惜以上研究並沒有針對這些變項以及其間的關係進一步的梳理。如以下所述，另有部分學者投注心力在理論建構的嘗試上。

二、政務事務互動的理論化嘗試

　　有關政務事務互動的理論化主要由美國學界發展，雖然在1970年代就有許多學者進行概念化與通則化的嘗試，由於這個議題牽涉複雜，加上與政務官及高階事務官的管道建立不易，實證研究所耗費的資源可觀或不易完成，因此投入者較為有限，致使理論發展仍未成熟。就此而言，作為全世界民主發展的領導者，美國卻也是先進民主國家中政務官與事務官關係最不和諧的國家（吳定等，2007：162），美國的政務官人數遠比其他民主國家來得多，政黨輪替時動輒有上千人失業，因此有關政務官與事務官的實證研究，以及兩者間的互動關係之研究也以美國發展較早，如Pfiffner（1987: 57）指出，大部分美國

的政務官都經過與文官調適的循環（a cycle of accommodation），故美國學界對於政務官與事務官互動研究的成果也最為豐富。

在早期的著作中，以Heclo（1977）的經典著作《生疏的政府：華盛頓的行政政治》（*A Government of Strangers: Executive Politics in Washington*）最具開創性，Heclo（1977: 6）認為政府績效可視為政務領導以及官僚權力互動下的產物，若政務人員和常任文官之間欠缺有效的工作關係，則通常會削減政府的績效。該研究為了更深入了解聯邦政府政治與行政的運作動態，透過政府檔案的分析，以及廣泛地訪談共和黨和民主黨的政治任命人員、退休及在任的高階事務官以及華府通達內情者，深刻描繪政務人員的選任過程與特質、高階文官的體制以及政務及事務人員兩者的互動關係，最後回歸到文官體制的改革。Heclo最後也提出一系列結構面的建議，其中之一為「聯邦文官」（Federal Service）的制度，用以改善政務事務關係。Heclo的著作可以說是學界對於政務事務互動的體制、兩者的生涯特質、互動的實況等進行深入描述與分析的重要著作。雖然著重在描述，而非建構理論，該著作引起學界及實務界對於政務事務互動議題的注意與重視，並激起學者相繼投入這個領域的研究。

延續Heclo的研究成果，Aberbach et al.（1981）對於國會議員、政務人員及高階事務人員進行有系統的大規模跨國（英、美、法、德、義、荷、瑞典）研究。該研究主要針對政務及事務人員的背景、政治態度以及彼此互動進行調查，有系統地呈現這些國家政治及行政精英的政治態度與互動概況。其建構出四種不同的互動形象，可說是政務與事務互動關係最早的理論化嘗試（Aberbach et al., 1981）。該研究所指的四種互動形象包括：(1)政策／行政關係（Policy/ Administration）：為行政學傳統上的分立理論，政治人物制定政策，高階文官執行政策。各國文官在此關係下為執行工具，願意並有效回

應政治領導；(2)利益／事實關係（Interests/Facts）：政治人物與高階文官係共同參與政策制定，前者引進利益與價值，後者則提供事實及知識。政治人物在政策制定上的優勢是其政治敏感度，重視對標的團體需求之回應，而高階文官的優勢在於其中立的專業知能，重視政策的技術與效能；(3)衝勁／平衡關係（Energy/Equilibrium）：政治人物負責表達廣泛、雜亂的利益，故政治人物的特質是充滿熱情、黨派運作、理想遠大，帶有意識形態，習慣於公開問題，講求創新，為政策系統注入動力。而高階文官則行事謹慎、居中運作、現實取向，傾向於默默做事，漸進調整，注重政策系統中各方利益的平衡；(4)純然混合關係（Pure Hybrid）：政治人物與高階文官在此模式下都要扮演結合實質專業與政治承諾的混合角色。在此模式中，人事制度上雖有政務官與事務官之差異，但彼此在政策制定的角色上並無區別，雙方均能制定政策並代表各方利益，均需發揮專業功能與政治功能。

以上研究主要在建構理想的類目，並進行描述與比較，並未解釋不同國家之間的變異。Aberbach & Rockman（2006: 984）從體制面檢視政務與事務的互動問題，在比較美國和德國的文官與其環境互動後指出，不同的政治體系將影響到政務事務人員的互動關係，例如立法部門權力愈大的國家，文官所能進行的賽局將更趨多元，因此民主治理機制的設計問題，以及政務人員的養成與訓練問題愈來愈重要。

同樣從跨國的比較著手，Peters（1988）以及Peters & Piere（2001）更試圖從實際運作上分類，並找出解釋政務事務互動的因素。首先，Peters（1987）基於認為政務官與事務官互動的夥伴關係將影響到民主政治能否有效運作，將過去的相關研究加以整合，進一步將兩者的互動關係加以建構出探索性的五種模式：(1)正式模式（the formal model）：源自Wilson式的政治／行政分立途徑，強調文官為服從執行性的角色政策制定權由政務官掌握，事務官只能遵命辦事；

(2)村落生活模式（village life model）：形容此模式係藉由社會化及甄補，整合兩者的價值，因此政務官與事務官具有相當接近的價值與目標，且會聯合對抗外部的干涉；(3)功能模式（functional model）：為村落生活模式的延伸，其差異在於村落生活模式是指政務官與事務官菁英基於上層職位的水平層級整合，功能模式則是相同功能領域垂直的整合，在這種模式下，某特定政策領域的政務官與高階文官，會聯合起來與其他政治領域的菁英競爭，目的在使其所屬之機構及其政策主張能夠勝出；(4)敵對模式（the adversarial model）：與村落生活模式相反，此模式下政務官與事務官是權力以及政策控制競爭對手，事務官經常對不遵從政務官的命令，或是不發一語但仍私下按自己的意志行事；(5)行政國模式（the administrative state model）：由於現代政府職能的擴張與複雜性之增加，使得事務官實際上對政策制定具有重大影響力。行政國模型與敵對模型之差異雖極些微，卻有其重要性。

　　在建構互動樣態的類型之後，Peters（1988）進一步從議題性質、政務官以及事務官三個面向，嘗試對政務與事務官互動不同樣態提出解釋。首先，就議題而言，愈涉及專業的議題，通常文官的權力就愈大，因為資訊的控制對於政府決策具有決定性的影響，故政務與事務互動的方式會趨向於行政國模式。其次，就政務官而言，內閣制的制度安排和集體責任制，比起其他政府形式，更可能使政務官對文官採取較為敵對的立場，作者認為此種政府體制下選民的選擇和政府執政之間具有緊密連結。其三，就事務官而言，通才的訓練模式傾向於形成村落生活模式，因為這種訓練模式增進了文官與政務官之間的各種接觸，同時也降低文官涉入任何政策領域的機會。不管政務官或事務官，除了Peters所指出的招募與生涯發展等因素外，角色認知（role conception）是影響兩者互動的共同因素。奠基於前述的研究，Peters & Pierre（2001）從角色理論以及結構關係等角度談探討政務事務互

動，前者指政務官及事務官在政策過程自我角色的界定，後者則呼應了Peters（1988）對於政務官及事務官體制的重視。

相對於Aberbach et al.（1981）、Peters（1988）以及Peters & Pierre（2001）的跨國比較研究將分析單位置於國家，Michaels（1995）則聚焦在美國，並以政治任命人員個人為分析單位。該研究透過量化的調查方法，研究布希總統時期經國會同意所任命的政務官，作者主要整理過去對於政務事務關係的相關分類，如Heclo（1977）強調所謂「有條件的合作」以及「你幫我抓背，我就幫忙抓你背」的一種「交換關係」，以及Heclo、Maranto及Lorentzen等學者使用的「被俘虜」（capture）、「征服」（conquest）以及「禮讓」（comity）等三種關係。不過該研究除了做此種分類外，並未進一步建構理論模型，找出解釋不同關係的因素。而其針對政治任命人員所進行的郵寄問卷調查，主要聚焦在受訪者的工作經驗、工作滿意度及工作壓力等面向進行了解，可惜並未蒐集有關政務事務互動關係的實證資料。

從學界對於政務事務互動理論化的投入以及初步的成果來看，整體而言，雖然這些研究起步頗早，但是其理論化的程度仍在初步發展階段，甚至面臨停滯的困境。這個研究困境的產生主要有幾種因素。首先是Green-Pedersen（2004）所提出的「依變項的問題」（the dependent variable problem），政務事務夥伴關係的研究，缺乏理論的視角，因此對於所關切的結果變項，不管是政務事務互動本身或者其所造成的政府整體的績效或者其他後果，難以界定及測量。其次是政務事務互動類型化的困難，例如Aberbach et al.（1981）的跨國研究雖然受到後續研究者頗高的評價，不過Lee & Raadschelers（2008: 428）指出他們作品中對於政務事務關係的分類將理論建構與實證結果混淆，因此產生嚴重的瑕疵，Lee & Raadschelers（2008: 428）也指出Peters（1988）的分類同樣有類似的問題。由於主要依變項類型化的

問題，使得理論的發展遲滯不前。第二個產生困境的原因是資料蒐集上的困難，政治任命人員及高階事務官接觸不易，進行大規模的量化研究耗時耗力，即使完成問卷，其資料效度也受到資料蒐集方法及過程的影響。Lee & Raadschelders（2008: 428）也批評Aberbach et al.的研究對於其訪談以及問卷的方法語焉不詳，缺乏嚴謹性。所以整體而言Aberbach et al.（1981）的內容很難稱得上是理論，而只能說是一種「探照燈」（searchlights）。另外，Peters（1988）以及Peters & Pierre（2001）對於政務事務互動影響因素的主要論述，提供其長期進行跨國研究及實務觀察的洞見，指出研究者可以著墨的幾個方向，可惜並未建立系統化的模型，更遑論以實證資料進行檢證。

西方學界對於政務事務互動分類以及因果關係建立的嘗試，是理論化的起步，更進一步的突破有待系統性的研究。不過由於目前的分類仍基於理想型，有些類目在現實中不見得存在，或類目間不容易分別、或運作化程度仍不足，因此仍難進一步建立因果模型。而對照台灣的研究，如第一章對於國內文獻回顧所示，目前學界相關研究主要以靜態介紹體制為主。對於政務事務互動少數的研究中，余致力（2002）研究台灣第一次政黨輪替後，文官所面臨的衝擊，描述在該階段政務官與事務官的衝突及新政府與舊官僚的分立對立，指出這些現象是公共行政研究的新課題，使得該主題引起學界的注目。陳敦源（2005）從賽局理論角度探討政務事務關係，聚焦在賽局兩造個人層次效用函數的計算，並從理論推演提出政務事務互信的策略建議。另外，熊忠勇（2009）從報章雜誌報導整理的事件分析，嘗試描述2000年及2008年不同政黨輪替政務事務衝突的原因，主要聚焦在控制策略的差異，該研究也提出政務事務互動策略建議。

這些研究對於初步理解台灣政務事務互動現象靜態，有其重要性。但有的研究聚焦在理論建構，未有實證的支持，有的則以次級資

料作為分析主要素材，其效度有待檢驗。如果要能從實證資料中歸納共通元素，以進行理論化的工作，則有必要進一步蒐集政務事務互動的第一手資料，並從比較多元的面向探討影響兩者互動的因素。如Heclo（1977）所言，政務官對於官僚體系的控制經常像是跳入黑暗之中一般，難以預測。然而，基於這個互動介面對於治理的重要性，為了解這個政務事務互動的黑洞，以提升治理知識，有必要跳脫過去靜態體制的研究或純粹理論化的嘗試，特別是在這個黑洞中有哪些「潛規則」存在，值得透過分析此互動介面的政務官及事務官的親身體驗，累積相關知識，在過去理論化的基礎上往前推進，並作為治理實務的參考。由於以上的嘗試並未建構出一個理論架構，本章下節將整理組織行為理論，作為本書分析架構的參考。

第四節　組織行為理論

　　歸納以上理論文獻的論述，影響政務事務互動的因素大體上包括體制的因素、執政團隊的因素以及個人差異的因素。這些從政務事務互動相關文獻所歸納的因素，與一般組織理論及公部門組織行為理論所著重於解釋組織行為的因素若合符節。Denhardt et al.（2002: 5-6）指出，「組織行為」是組織層次、團隊過程以及個人一般行為及價值等因素互動的結果。可見，組織行為受到多層次因素的影響，而且這些層次間的因素也互相交雜。不過現存學界研究大都以單一層次的因素去解釋兩者互動，僅能呈現部分樣貌，迄未有系統化的努力，透過整合性的架構探討政務事務互動。

　　為了提供一個整合性的架構，作為資料蒐集及分析的指引，本書運用在私部門發展已久，近年來也逐漸被用來解釋公部門行為的組織

行為理論。組織行為主要是關於組織中的個人如何行動、他們的動機以及他們如何與其他成員互動。對於組織行為，管理學界對於私部門組織的研究已經有一段歷史，而其發展的理論模型也逐漸成熟，在私部門的組織行為模型中，至少包含個人層次、團隊層次以及組織層次等三個層次，作為解釋組織產出的主要因素（Deyoung 2002; McShane & von Gilnow 2001; Robbins & Judge, 2007）。如圖2-1所示，Robbins & Judge（2007: 26-27）建構出組織行為初步的模型，在這個模型中，團隊的層次是建立在個人層次的基礎上，而組織層次的結構限制了團隊及個人的行為，因此如圖2-1所示，組織層次與團隊層次及個人層次有某種程度的重疊。

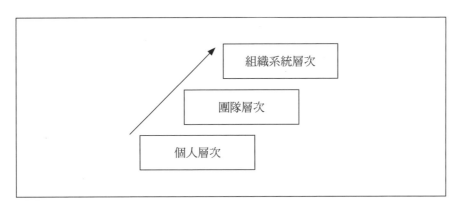

圖2-1　組織行為模式

資料來源：Robbins & Judge (2007: 27).

在私部門組織行為研究中，學者也羅列以上各層次所包含的因素，以及梳理出各不同層次間的關係，呈現出組織理論複雜的內涵及豐富的研究成果。以上的分析模式已在學界被廣為採用，對於各個不同層次所包含的因素，不同學者也逐漸有共識。根據Robbins & Judge（2007: 33）針對以上初步架構所建構的模型，在組織的層次，主要包

含組織的結構和設計、人力資源政策及組織文化等。在團隊的層次，主要的因素通常指領導、溝通、決策、衝突、權力及政治。在個人的層次則包含人口背景、個性、價值和態度、認知、動機、學習以及個人決策等背景及心理因素。而各層間部分的因素也互相影響，如組織層次中的組織結構因素與團隊中的領導和信任互相影響，而團隊因素中的溝通與個人層次中的認知也會互相影響。

　　私部門的組織行為研究中能夠有豐碩的研究成果及成熟的模型，主要在於私部門組織的研究，有清楚的依變項。與私部門比較，公部門在組織行為研究的發展則相對較為不足。Flander & Utterback（1985）嘗試運用上述模型的三個分析層次架構，羅列優質管理效能在各不同層次的重要特質與個人能力，主要從個人能力出發，是屬於規範性的運用，較無法呈現各項通則性的因素。同樣包含以上三個層次的分析，Denhardt et al.（2002）在公共組織以及非營利組織行為的架構中，除了以上三個層次外，基於公部門及非營利組織的公共性特質，如圖2-2所示，其架構中再加上「公共利益」的層次。

圖2-2　公部門組織行為模式

資料來源：Denhardt et al. (2002: 7).

　　在這個具有公組織規範性及實務性的架構中，個人層次包含如何管理自己、促進創意、管理壓力、決策及激勵等項目，團隊層次有領導、權力、組織政治、溝通、團隊以及衝突管理等，在組織層次主要聚焦在組織變革以及團體的代表性。該著作將私領域的分析層次引進到公共組織，並加上公共組織的特性，有其貢獻，而在三個層次的項目中，針對當前公部門所欠缺之處，提出其著重的焦點，對於公部門組織行為架構的建立及未來理論的建構有其重要性，不過對於公共利益的部分仍屬規範性的期待，在實證運作及研究上有其困難。另外，在圖2-2中，各層次之間並無任何關聯，相對於前述私部門所發展的架構，Denhardt et al.（2002）並未關注各層次之間關係的議題。

　　在國內有關公共組織的著作中，徐仁輝等（2005：13）從個人、群體、組織以及環境等四個層次分析組織行為。該著作並羅列各層次的不同因素，個人層次包括行為學習與塑造、知覺認知與決策、價值觀與工作態度、個性與情緒、激勵等因素，團隊因素包含人際關係與社會心理、群體行為與團隊建立、組織溝通與網絡、領導與參與管理、權力政治與衝突管理；在組織層次則包括組織結構、組織文化、組織變革與發展等項目。環境層次則指民意機關、中央、地方政府及其所屬機關、國際政府與組織及政治、經濟、社會事件等，不過在該書中並未以特別篇章介紹環境層次的因素。如同Denhardt et al.（2002）也未討論層次間因素的問題。

　　綜合以上私部門及公部門組織行為理論所提的架構，以及各層次所包含的分析項目，雖然各架構有些微差異，但在主要文獻中有共同的三個分析層次，分別為個人、團體及組織層次，而其項目整理如表2-3：

表2-3　組織行為分析層次表

作者	個人層次	團隊層次	組織層次
Robins and Judge (2007)	・人口背景 ・個性 ・價值和態度 ・認知 ・動機 ・學習 ・個人決策	・領導 ・溝通 ・決策 ・衝突 ・權力及政治	・組織結構和設計 ・人力資源政策 ・組織文化
Denhardt et al. (2002)	・如何管理自己 ・促進創意 ・管理壓力 ・決策 ・激勵	・領導 ・權力和組織政治 ・溝通 ・衝突管理	・組織變革 ・團體的代表性
徐仁輝等（2005）	・行為學習與塑造 ・知覺認知與決策 ・價值觀與工作態度 ・個性與情緒 ・激勵	・人際關係與社會心理 ・群體行為與團隊建立 ・組織溝通與網絡 ・領導與參與管理 ・權力政治與衝突管理	・組織結構 ・組織文化 ・組織變革與發展

資料來源：作者自行彙整

第五節　小　結

　　本章回顧Wilson所提出的政治行政分立在學界發展的歷史脈絡，描述官僚政治控制及中立能力的論辯內涵及背景，並檢討政務事務互動理論化的努力成果。初步的回顧顯示政務事務互動的規範論述仍是各有主張，莫衷一是。實證方面的嘗試則面臨類型建構以及資料蒐集方面的困境。儘管如此，學界先前有關政務事務互動的規範性討論以及因果模型建立的努力仍有重要價值，這些研究共同指出影響政務事務互動的核心因素，提供學界進一步理論化的參考依據。

　　首先，政治行政分立的討論以及其所牽涉民主與官僚的兩難困境，呈現政務事務之間的複雜關係，這些規範性討論反映不同政務事

務體制背後所蘊含的價值，同時也將反映或引導政務及事務人員的角色認知，進而影響其夥伴關係的建立。其次，從政治行政分立所衍生出對於官僚的政治控制及文官中立能力的相關論辯，除了有規範性的意涵，也顯現不同執政團隊的政治控制策略如何影響政務事務互動關係。其三，政務及事務人員背景及生涯特徵差異的分析，呈現個人層面的影響因素。最後，跨國研究的理論化嘗試，則指出制度因素以及個人認知等因素對於解釋政務事務互動的重要性。

　　由於政務事務互動理論發展的侷限，至今仍缺乏理論模型，因此本書嘗試結合學界過去對於政務事務互動研究累積的成果，以及組織行為理論的架構，作為研究台灣政務事務互動資料蒐集方向以及分析的導引。下一章將把該分析架構置於台灣行政院所屬部會政務事務互動介面的脈絡，並說明本書的研究方法及主要用來分析的資料。

第三章　研究架構與研究方法

本章植基於前章的文獻回顧，並結合組織行為理論，以及衡酌台灣的體制脈絡，提出本研究分析架構，並在這個架構下，規劃針對不同議題的資料蒐集及分析方法。第一節將發展並詳述本文的分析架構，第二節說明深度訪談的對象選取及訪談進行過程。第三節則介紹本書所使用的各種次級資料，包括人事資料庫以及問卷調查資料。

第一節　研究架構

從前章所檢閱的文獻中，作者歸納出影響政務事務互動的核心因素，這些學界所重視的因素與組織行為理論不同層次所涵蓋的變項雷同，因此本章將政務事務互動介面置於一個憲政體制下執政團隊領導下的脈絡，將行政部門視為一個大的組織，整合一般組織行為（McShane & Gilnow, 2001; Robbins & Judge, 2007）及公部門組織行為的架構（Denhardt et al., 2002），從三個層次探討可能影響政務事務的互動：組織層次（organization-level）、團隊層次（group-level）以及個人層次（individual-level）。本書基於質化研究探索性及描述性的邏輯，將個別描述這些不同層次的因素，並嘗試呈現不同因素間的關係，以及不同因素對政務事務夥伴關係建立的可能關係。如圖3-1所示，本研究依此提出一個初步的架構，其目的不在於驗證假設，而在於提供研究方向、蒐集資料以逐漸形成主題及建立假設[1]。

由於不同層次所包含因素廣泛，本書囿於篇幅所限，不一一探

---

[1]　有關質化研究是否適合預設理論架構或假設的相關討論，請參劉仲冬（1996:133）。

究，而在各層次有所聚焦。就組織層次的因素而言，本書主要的焦點在政治行政互動體制，政治行政關係體制是影響政務事務互動的重要因素（Peters & Pierre, 2001: 4），政治行政關係正式制度的設計是平衡正式領導與官僚權力的主要機制（Heclo, 1977: 34）。這個制度設計的核心在於行政與立法機關之間的融合或分立，在內閣制國家，國會議員得以兼任閣員，立法與行政融合，國會議員在擔任閣員之前對於該部會業務已有相當的接觸與了解。相對地，在總統制或半總統制國家則強調政治與行政分立，國會議員不得兼任部會首長，行政首長的來源較為多元，接任準備時間短而所需磨合時間較長，兩者如何影響政務事務互動？從比較的角度而言，我國現有的體制如何運作？其影響又如何？是組織層次要聚焦的議題。

在組織的層次，除了憲政體制面向的行政立法關係，政務事務在各部會下各層級的人力配置與分工，將呈現民主體制中政治涉入的程度，例如在美國聯邦政府中，總統任命的人數上達數千人，在各種不同層級中，政務官與事務官混雜（Heclo, 1977; Lewis, 2008）。但是在英國的內閣中，只有少數一百多位的政治任命人員，在日本甚至只有數十位，我國人力配置如何？又如何影響政務事務互動？第三個體制上的因素是分工的規範，我國目前對於政務官及事務官如何分工？這個議題不僅可能影響政務事務互動，也牽涉到政治行政分立的理論爭辯。到底是如Wilson及Goodnow等傳統行政學者所說的政治行政截然分立，還是如Svara等學者所提出，政治行政關係是在各個不同層面上的互補關係？

在團隊層次的部分，本書將聚焦在執政團隊的領導，特別是民選行政首長任命權的運用及領導風格，以及其所任命的政務官和事務官所呈現的特質。在執政團隊的層次，領導及任命的運用呈現出兩者不同的思維，一個是要落實民主回應性而思考如何控制官僚以及官僚政

治化（Lewis, 2008）的策略，相對於強調政治控制的觀點則是為官僚辯護（Goodsell, 1983; Meier, 1997），以及維持官僚自主性的相對應論述。在台灣的脈絡之下，除了總統的因素外，行政院長的領導風格，以及各部會首長的領導策略等，也都是本書觀察的變項。

　　另外，在團隊層次的部分，由於領導及任命的因素形塑政務官以及事務官的生涯特性，這些特性上的差異形成另一個影響政務事務互動的因素，如前所述，在民主政治的制度設計上，由於政務官與事務官在本質上的差異，其任期、角色認知、黨派性及專業經歷等都將有所差別，這些差異將影響政務事務的互動。台灣的政務官及事務官在這些面向上所呈現的樣貌如何？將是團隊層次的分析所涵蓋的主題之一。

　　在個人層次部分，前述學者提到政務官及事務官的角色認知落差等個人層面因素（Aberbach et al., 1981; Peters, 1995），是影響兩者互動的主要因素。此種說法也受到組織行為理論的支持，Denhardt et al.（2002: 333）在有關組織衝突產生原因的討論中，引述系統理論，指出行動者認知個人在系統所應扮演角色的差異，是造成衝突的重要因素，因此角色認知是個人層次重要的觀察變項。由於本書主要範圍是部會層級政務事務互動，部會首長個人的領導行為也將決定部會內的分工及角色認知，本書將一併進行討論。

　　接續有關於體制、上層領導策略、團隊特質以及部會領導、分工與認知等因素的探索，本研究將呈現政務官從政生涯與事務官夥伴關係建立的動態過程，從政務官被任命、接任前的準備、接任後與事務官的首次接觸、彼此測試與磨合到互動的結果等過程，探索政務官事務官互動的動態，呈現西方學者所謂「調適的週期」（cycle of accommodation, Heclo, 1977）的本土內涵，並試圖找出影響兩者衝突以及其他互動結果的因素。基於以上對於政務事務互動體制、團隊層

次因素、個人因素以及互動動態的探討，本書將對於政務官事務官互動體制以及互動策略提出建議，以期能使兩者建立夥伴關係，展現治理績效。

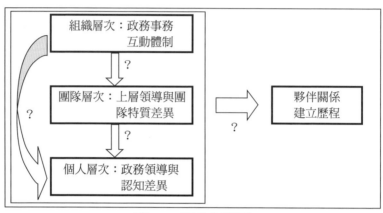

圖3-1　研究架構圖

資料來源：作者自行彙整

　　為了回答這些討論的議題，本書除了整理國內外相關文獻、媒體和網路報導，主要將以質化深度訪談資料為主，並輔以人事檔案資料以及問卷調查資料。各項議題的主要內容、其所分析的資料以及對應的篇章如表3-1所示。在第四至九章的分析中，除了第四章有關體制的分析採用研究文獻外，其他各章都以深度訪談為主，次級資料分析為輔。因此，本章第二、三節將分別說明深度訪談的步驟，以及各項次級資料的來源及內容。

表3-1　研究議題、研究方法與主要章節對照表

分析層次／討論議題	內容概要	主要分析資料	對應篇章
組織層次	總統制及內閣制政務事務互動體制 我國政務事務互動體制	研究文獻 檔案法律資料	第四章
團隊層次	上層領導與任命政務事務人員特質及認知	深度訪談 人事檔案資料 問卷調查資料	第五章 第六章

分析層次／討論議題	內容概要	主要分析資料	對應篇章
個人層次	部會領導與分工角色認知	深度訪談	第七章
夥伴關係建立歷程	準備、測試、磨合與衝突	深度訪談 報紙資料分析	第八章
體制及互動實務	體制改革議題 互動策略建議	研究文獻 深度訪談	第九章

資料來源：作者自行彙整

第二節　深度訪談

　　本研究主要探討政務事務互動介面的各項因素，包括體制、互動行為，以及角色認知等，屬於探索性的研究。考量親身參與觀察的難度，本研究針對卸任及現任的政務官及事務官，進行深度訪談。透過其現有及過去經歷的描述與回憶，從多重角度了解受訪者行為、價值觀念，以及對於研究現象的描述與詮釋（陳向明，2002：227-228），呈現政治及其互動過程的複雜性（Beamer, 2002: 86）。

　　為了善用質化訪談具有彈性以及得以追問的優勢，本研究採取半結構式訪談（陳向明，2002；潘淑滿，2002）。作者先根據文獻檢閱，發展本研究的問題，規畫初步訪談大綱，在試訪兩位作者熟悉的政務官及事務官後，修改訪談大綱。作者在正式訪談前，根據不同受訪者特質微調訪談大綱。在部分受訪資料飽和後，在訪談後期修改或刪除部分問題。主要訪談問題及對應的研究問題如表3-2所示。

　　在受訪者部分，本書聚焦在現任或卸任政務官（行政院所屬部會政務首長、副首長）以及高階事務官（常務副首長及主任秘書）之間的互動，另外，由於過去媒體資料顯示，在政黨輪替初期政務事務互動衝突較為明顯，因此本書主要研究對象以2000年及2008年兩次政黨

表3-2　訪談問題與分析層次對應表

分析層次／ 討論議題	政務官	事務官
團隊層次／ 上層領導與任命 政務事務人員特質 及認知	• 依照您過去行政經歷中，各部會首長、政務次長、常務次長以及主秘主要是由誰決定？有哪些主要的考量因素？ • 請問您認為部會正副首長、常務副首長以及主秘這些不同的職位需要具備哪些重要的能力或特質？	• 依照您過去行政經歷中，各部會首長、政務次長、常務次長以及主秘主要是由誰決定？有哪些主要的考量因素？不同政黨執政時期的考量是否會有差異？ • 請問您認為部會正副首長、常務副首長以及主秘這些不同的職位需要具備哪些重要的能力或特質？
個人層次／ 部會領導與分工角 色認知	• 您擔任部會首長的時候，如何界定自己的角色？對於當時的部會副首長、政務次長、常務次長、主任秘書有怎樣的期待跟想法？如何與他們分工？ • 就您的了解，在政策過程中，政務官及事務官各扮演哪些角色？擔任不同的角色是否會有不同的考量？	• 您擔任常務副首長（或主秘）的時候，如何界定自己的角色？對於當時的部會副首長、政務次長、常務次長、主任秘書有怎樣的期待跟想法？以及如何與他們分工？ • 就您的了解，在政策過程中，政務官及事務官各扮演哪些角色？擔任不同的角色是否會有不同的考量？
互動歷程／ 準備、測試、磨合 與衝突	• 當你初到一個機關時，採取怎樣的策略去熟悉環境、了解業務？彼此的磨合期需要多久？ • 當面臨政策方向與事務官的建議發生衝突時，您如何取捨或如何與事務官溝通？互動情形好壞會否影響政策推動？ • 就您的觀察，在部會層級，過去政務官和事務官的互動有哪些問題？有什麼因素會影響高階文官與政務官互動的好壞？	• 就您過去的經驗，一個新任政務官需花多少時間才能熟悉單位內的業務，以及單位的組織生態？在這段期間常務副首長（或主任秘書）扮演什麼樣的角色？ • 當面臨專業認知與政務官提出的政策方向衝突時，您如何取捨或如何與政務官溝通？ • 就您的觀察，在部會層級，過去政務官和事務官的互動有哪些問題？有什麼因素會影響高階文官與政務官互動的好壞？
體制及互動實務／ 體制改革議題 互動策略建議	• 整體而言，您覺得我國政務事務互動體制有哪些問題？對於我國政務事務互動體制有何建議？ • 對於政務官如何有效領導事務官有何建議？對於事務官如何扮演好自己的角色有何建議？如何建立兩者的信任關係？	• 整體而言，您覺得我國政務事務互動體制有哪些問題？ • 對於我國政務事務互動體制有何建議？對於政務官如何有效領導事務官有何建議？對於事務官如何扮演好自己的角色有何建議？如何建立兩者的信任關係？

資料來源：作者自行彙整

輪替之後的政務官及高階事務官為主。透過作者的個人網絡，先行以電話聯繫受訪者，說明訪談目的、訪談方式、確保匿名性及資料保密性，並徵求同意後，再發出邀請函及訪談大綱。約定時間及地點後，由作者親自前往訪談，並由一至兩位助理陪同協助錄音及記錄。在邀訪的過程中，只有一位受邀者以該議題過於敏感而拒絕接受訪問。在作者所訪問的31位受訪者的訪談中，每位受訪者皆接受錄音，每次訪談大約在一個半小時至三個小時之間。每份訪談資料皆經過轉錄成為逐字稿，並由作者與陪同訪談助理討論後，針對研究主要概念進行整理。

　　如表3-3所示，本研究在民國2009年11月26日至2010年9月10日期間共進行了32次訪談，其中A18接受兩次訪談。在31位受訪者中，包含18位政務官、8位事務官以及5位由事務官轉任之政務官。在31位受訪者中，有22位只在陳水扁政府期間任職，有5位在馬英九政府期間任職，另外有4位是曾經在陳水扁政府期間服務、在受訪時也正在馬英九政府服務之政務或事務官。受訪者中，有24位為男性，7位為女性；受訪者任職時教育程度為大專（學）者有6位，碩士學位者有8位，具博士學位者有17位。受訪者平均任職年齡為52.5歲，最高年齡為68歲，最小年齡為35歲。

2　受訪者編號中，A類表示政務官、B類表示事務官（包含常務副首長與主任秘書）、C類表示由事務官轉任政務官。

表3-3　受訪者資料一覽表

編號[2]	政府別	性別	教育程度	訪談時間	編號	政府別	性別	教育程度	訪談時間
A01	扁政府	男	博士	2009年11月	A17	扁政府	男	碩士	2010年8月
A02	扁政府	男	博士	2009年12月	A18-1	扁政府	男	碩士	2010年9月
A03	扁政府	男	博士	2009年12月	A18-2	扁政府	男	碩士	2010年9月
A04	扁政府	男	博士	2010年1月	B01	扁政府	男	博士	2010年1月
A05	扁政府	男	碩士	2010年2月	B02	扁政府	男	大學	2010年3月
A06	扁政府	男	博士	2010年4月	B03	扁+馬	男	大學	2010年3月
A07	扁政府	女	碩士	2010年4月	B04	馬政府	男	碩士	2010年4月
A08	扁政府	男	大學	2010年4月	B05	扁政府	男	碩士	2010年5月
A09	扁政府	女	大學	2010年5月	B06	扁+馬	男	大學	2010年6月
A10	扁政府	男	碩士	2010年5月	B06	扁政府	女	博士	2010年8月
A11	扁政府	女	博士	2010年6月	B07	扁+馬	男	博士	2010年8月
A12	扁政府	女	博士	2010年7月	C01	扁政府	男	博士	2009年11月
A13	馬政府	女	博士	2010年7月	C02	馬政府	男	博士	2010年6月
A14	馬政府	男	博士	2010年7月	C03	扁政府	男	碩士	2010年6月
A15	扁政府	男	博士	2010年7月	C04	扁+馬	男	博士	2010年7月
A16	馬政府	男	博士	2010年8月	C05	扁政府	女	大學	2010年8月

資料來源：作者自行彙整

第三節　次級資料分析

　　除了透過研究文獻探討體制議題，以及深度訪談蒐集政務官及事務官角色認知及互動的相關資料，本研究也以人事檔案資料呈現不同執政團隊政務事務的基本差異，以及透過不同時間高階事務官問卷資料分析，呈現其對於事務官以及兩者互動的基本態度。以下分別說明人事資料庫及問卷資料庫的來源、主要內容以及本研究如何運用該等資料庫。

一、人事資料庫

　　本書所分析之政務官與事務官人事資料，係整併行政院所屬各政府機關職員錄、中央研究院「行政首長暨官僚資料庫」、總統令、各機關網站資料以及電話訪問所取得之資料，透過各種方式交互校正各來源之檔案，期以建立較完整正確之政務官與事務官人事資料庫。以下分述各項資料之內容及在本研究之用途。

　　在政務官部分，本書最主要是以中央研究院所建立之「行政首長暨官僚資料庫[3]」，該資料庫彙整1984至2011年間政府首長之背景資料，包含服務時間、服務機關、性別、最高學歷及出生年等，本書使用2000年5月20日至2011年7月31日期間之資料。

　　政務副首長與事務官部分，則是整併歷年來行政院所屬各政府機關職員錄為主要架構。然而，職員錄的編制無法詳細記載，期間因人事異動所產生的闕漏。為了彌補政務副首長與事務官資料之不足，有關其他事務官的資料，因其屬性特殊，在網路上搜尋不易，本書使用總統府網站所頒布的「總統令」資料庫，以補全各機關之常務副首長及主任秘書之人事資料。使用方式是從總統令找尋人事令中各機關之常務副首長及主任秘書名單，再從網路上及其他檔案資料中找尋該員之基本資料，以補資料庫之闕漏。

　　最後，經過大量的網路及資料庫蒐尋後，研究範圍期間內之常務副首長及主任秘書等之資料仍有許多闕漏，故作者再透過電話洽詢所闕漏機關之人事單位，取得該期間內所任職之常務副首長及主任秘書的名單與基本背景。

　　本書所彙整而成之政務官與事務官人事資料庫，主要用來分析研

---

[3]　中央研究院「行政首長暨官傲資料庫」http://www.rchss.sinica.edu.tw/cibs_air/database3/index_1.htm

究範圍期間整體政務官與事務官之基本資料以及其流動情況，期以了解不同總統及不同行政院長所任用各機關之政務首長、政務副首長、常務副首長及主任秘書其背景屬性之特徵，以及政務事務流動情況，作為理解政務官與事務官互動界面的基礎。

二、問卷調查資料庫

本研究所使用的兩個問卷資料庫為作者協同參與蒐集的兩份問卷資料，分別於2008年初針對全國一般行政機關公務人員執行的「台灣文官調查資料庫」（Taiwan Government Bureaucrats Survey Database，以下簡稱為TGBS）[4]，以及2009年底針對高階文官執行的「台灣高階文官調查」[5]，前者為國科會補助，後者為蔣經國基金會所補助。在本書中，主要透過TGBS資料中99位中央級簡任事務官的政治容忍度及方案承諾的分析，呈現2008年政黨輪替前高階文官對於政務事務分際以及方案承諾的看法，並從國際比較角度，對於我國文官進行歸類。另外，本書也透過「台灣高階文官調查」資料，分析其中47位常務副首長以及主任秘書與政務官互動的情況。以下簡要說明這兩個資料庫的主要內容及執行過程。

（一）「台灣文官調查資料庫」

該調查主要針對整個政府體制在行政與政治互動的相關價值競衡、組織結構、人員互動與領導認知等議題，針對一般行政機關人員

---

[4] 該計畫名稱為「台灣民主治理機制鞏固之研究之子計劃一：權力轉換與文官中立：態度、可信承諾、與政務／事務人員關係」，編號：NSC-96-2414-H-004-037-SS2。計畫主持人為陳敦源教授，作者為共同主持人。

[5] 該計畫名稱為「亞洲民主政體官僚人員及政治官員態度行為比較研究」，編號：RG003-D-06，計畫主持人為詹中原教授，作者為共同主持人。

進行訪問。該研究之母體為考試院建立「全國公務人力資料庫」所界定的行政機關（不含軍職人員），排除警政人員公營事業（生產、交通、金融）機構、衛生醫療機關以及公立學校之公務人力共計130,559人，皆具備簡任、簡派、薦任、薦派、委任、委派官等之公務人員。研究依據政府層級（中央、地方政府）、官等（簡任簡派、薦任薦派、委任委派）兩個分層，進行分層隨機抽樣，選出2,000位預定有效樣本。該研究調查之執行有別於一般面訪，而是採「調查人員遞送暨受訪者自填」之方式。共完成1,962份有效樣本，其抽樣設計及執行結果如表3-4所示。本研究從其中篩選出中央政府簡任級受訪者的資料進行分析。

表3-4　「台灣民主治理機制鞏固之研究」抽樣設計表

	政府層級	簡任簡派	薦任薦派	委任委派	總計
母體人數	中央政府	6,843	38,747	22,962	68,552
	地方政府	1,226	32,973	27,808	62,007
	總計	8,069	71,720	50,770	130,559
回收有效樣本數	中央政府	99	573	355	1,027
	地方政府	20	487	428	935
	總計	119	1,060	783	1,962

資料來源：陳敦源、黃東益（2008）

（二）「臺灣高階文官意見調查」

　　本書使用的第二份問卷調查資料為「台灣高階文官意見調查」，此次調查訪問關注焦點在「政策過程」中政務首長與高階行政人員間的互動、對政策的理解、整體政策環境對於政策過程的運作狀態、政策產出的良窳與否等議題。該研究對象為行政院所轄39個部會中，與政務人員可能直接接觸的高階文官職位，諸如行政院本部之各處室主

任、二級單位之常務次長、主任秘書、三級單位之局、處長，合計總
母體數為604筆。依據與政務首長接觸的密切程度及業務性質，將母
體區分為四層[6]。調查採用「調查人員遞送暨受訪者自填」之方式，成
功樣本355份，成功率58.8%，各層母體及成功樣本數及比例如表3-5所
示。本研究從第一層成功樣本中，篩選出部會常務次長及主任秘書共
47位受訪者（扣除行政院本部之各處室主任）的資料進行分析。

表3-5　母體層別次數分配表

層別	母體數	成功樣本數
一	94(15.6)	58(16.3)
二	103(17.1)	48(13.5)
三	211(35.0)	113(31.8)
四	195(32.3)	136(38.3)
總計	604(100.0)	355(100.0)

資料來源：詹中原等（2010）

第四節　小　結

　　本章整合政務事務互動的文獻以及組織行為理論，提出一個初步
的分析架構，聚焦在組織、團隊及個人等三個層次的因素，作為資料
蒐集的指引。基於該研究領域發展現況，分析架構主要在描述三個層
次的因素，以及政務事務互動歷程，並探索不同層次因素之間可能的
關係。

---

[6] 第一層為部會之常務副首長、主任秘書、行政院本部之各處室主任。第二層為獨立機關首
　　長，例如：中央氣象局局長、台灣鐵路管理局局長等。第三層為業務性質之三級單位司、處
　　長，例如人事行政局給與處處長、內政部民政司司長。第四層為輔助性業務之三級單位處
　　長、主任，例如勞委會人事室、文建會政風室主任。

　　配合研究架構，本章也詳述針對不同問題所採用的方法及資料來源，包括深度訪談對象的選取、訪談和資料處理過程，以及次級資料的來源。作者在本研究中所作的深度訪談，為近年來首次針對該議題的菁英訪談，除了對於研究議題本身能夠有所貢獻，也希望從這個訪談的經驗中，累積更多未來公共行政研究質化方法方面的知識。

　　在本次研究方法較為不足的是次級資料分析的內容。人事資料庫的部分，少數個案闕漏不全。另外，問卷資料庫因非針對本研究問題所設計，所以在研究的內容上、資料樣本的大小及問題效度上，都呈現一般研究者在使用次級資料上可能遇到的限制（Frankfort-Nachmias & Nachmias，潘明宏、陳志瑋譯，2003：379）。

第四章　組織層次：政務事務體制

　　本書將政務事務互動介面置於國家憲政運作的脈絡之下，從組織行為架構中的組織層次來看，憲政體制是一個最核心的組織層次因素。不同憲政制度下的政務事務相關體制，不僅反映政治行政分立或互補的關係，也必然影響到政務事務的互動。因此，Heclo（1977）在其經典著作中，特別以一專章探討這個體制上的議題。政務官體制的確立，始於英國1701年通過的「吏治澄清法」（Act of Settlement），正式將政務官及事務官做區分（吳定等，2007：159），兩者在任用資格、身分保障以及退職待遇上，各有不同的制度，但最大的差異仍在於政務官需隨政黨進退，或為政策成敗負起政治責任。

　　就政務事務體制而言，施能傑（1996：82）針對美國、英國、加拿大、德國、法國及日本等六個國家的高級主管職位（政務職位及高階文官職位）設計進行檢視，指出除採行總統制（presidential system）的美國外，各國政府在體制上均呈現政務職位侷限化的特色，亦即僅將部會首長和少數協助部會首長的職位歸為政務職位，其餘的高級主管職位則為事務職位，因此將政務事務體制劃分為總統制以及內閣制（parliamentary system）兩大類。

　　依循以上的分類，本章第一節說明美國總統制下的政務事務系統，第二節探討英國及日本等兩個內閣制國家、並同時討論法國半總統制國家的政務事務體制，第三節則說明我國的政務事務互動介面。對於我國體制，本章將著重在政務官和高級文官的職務設置、規模及特色。

第一節　總統制下的政務事務系統

美國為典型的總統制國家，在三權分立的設計下，將國家權力劃分為行政權、立法權與司法權，彼此互不隸屬且相互制衡（checks and balances）。象徵行政權的總統由人民直選，並有固定任期和連任限制，除了身兼國家元首以及行政首長外，亦為三軍統率和首席外交官。

美國的政務官是指政治任命的政府與行政首長，廣義的政治任命人員約五千餘人，其中約1,000人為特任特派的行政首長層級（Executive Service, ES），需總統提名再經參議院三分之二以上同意後任命，屬於核心政務官，其餘屬於各委員會委員、C類職位（Schedule C，屬於有關機密性、政策性和機要性工作的非競爭性職位）約3,000人，以及白宮幕僚等政治性任命人員（許南雄，2010：176）。這些政治任命人員，作為一種對官僚的內部控制途徑，存在於部會中的各個等級，層層穿插在部長和常任文官之間（Hague et al., 2001: 262）。相較之下，英國每個中央部會除了部長或大臣之外，只有為數甚少的政治任命職位（Peters, 2008: 107）。

美國政務事務系統的連結處即1978年經由文官改革法（the Civil Service Reform Act, CSRA）開始實施的高級文官體制（Senior Executive Service, SES），其包括絕大多數行政部門的高層政策與管理職位，扮演了高級政治任命人員和聯邦常任文官聯繫的關鍵角色，此一制度屬於Koh（1989）所謂的「開放競爭模式」（open competitive model），亦即初仕者透過不同層級的甄試，可擔任不同階層的政府公職，而同階層公務人員理論上均有同等被升遷的機會（彭錦鵬，1998：335-336、345）。美國高級文官體制近年來的規模約在8,000人左右，這是一種沒有職等的制度，薪資高低取決於個人績效，而非職

位。在聯邦的最高層級約有17%是由總統進行政治任命，其餘仍由常任文官出任（European Institute of Public Administration，銓敘部譯，2005：91-92）。彭錦鵬（1998：346）指出，高級文官體制混合了政治任命人員與常任高級文官的精神，用意在藉由高級文官讓聯邦文官體制同時達到「改變」（政治任命人員的特色）與「延續」（常任高級文官的特色）的雙重目標。具體而言，美國中央各部會內部包括六種政務官（施能傑，1996：87；許南雄，2010：405）：

一、部長（Secretary）。[1]

二、副部長（Deputy Secretary）。

三、政務次長（Under Secretary）。

四、副政務次長（Deputy Under Secretary）。

五、助理次長（Assistant Secretary）。

六、副助理次長（Deputy Assistant Secretary）。

　　美國的政務官分為一到五級（Executive Schedule, I-V），其俸表亦根據此一行政首長層級而定（許濱松，2000：339；許南雄，2010：390）：

一、第一級：部長。

二、第二級：副部長。

三、第三級：直屬機關副首長、低一層級的機關首長。

四、第四級：低一層級的機關副首長。

五、第五級：各委員會委員。

　　根據最新的美國政府手冊（U.S. Government Manual 2009/2010）顯示（參見表4-1），僅有助理次長一職是每個部會皆有設置，其他三類次長則不一定，例如商務部並無副政務次長及副助理次長，而國防

1　惟司法部長稱Attorney General。

部則是四類次長皆有設置；此外，各部會部長及副部長皆設置1人，但其下各類次長的人數設置，各部亦呈現極大差異，例如國務院就有高達24位的助理次長，而農業部僅有3位。顯見美國對於聯邦各部會政務官職位的設置並無統一規定，具有相當的彈性，且可概略為三種模式：模式一以農業部為例，政務次長人數較多，無副政務次長及副助理次長；模式二以住房與城市發展部為例，無政務次長及副政務次長；模式三以財政部為例，無副政務次長，副助理次長人數多（參見圖4-1至圖4-3）。

表4-1　美國聯邦政府各部副助理次長以上之政務職位及人數（2009）[2]

職位 部別	部長 (secretary)	副部長 (deputy secretary)	政務次長 (under secretary)	副政務次長 (deputy under secretary)	助理次長 (assistant secretary)	副助理次長 (deputy assistant secretary)
農業部	1	1	7		3	
商務部	1	1	5		9	
國防部	1	1	4	13	4	2
教育部	1	1	1		9	
能源部	1	1	3	1	7	
衛生與公眾服務部	1	1	6		9	
國土安全部	1	1	3	2	7	1
住房與城市發展部	1	1			8	1
內政部	1	1			5	11
司法部	1	1	1		12	
勞工部	1	1		1	11	
國務院	1	1	6		24	1
運輸部	1	1	1		5	
財政部	1	1	2		9	30
退伍軍人事務部	1	1	3	4	7	20

單位：人

資料來源：整理自U.S. Government Manual (2009/2010)

---

[2]　表格欄位參考自施能傑（1996: 89）。

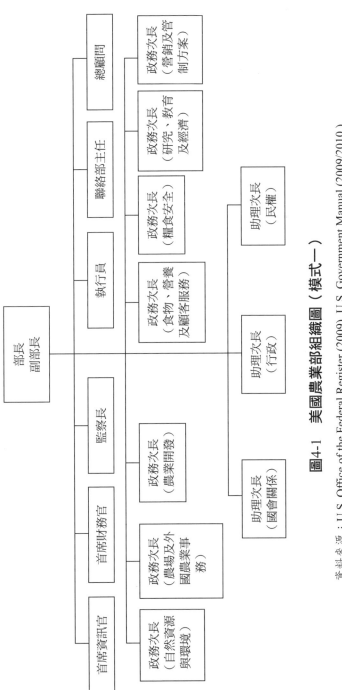

圖4-1 美國農業部組織圖（模式一）

資料來源：U.S. Office of the Federal Register (2009), U.S. Government Manual (2009/2010.)

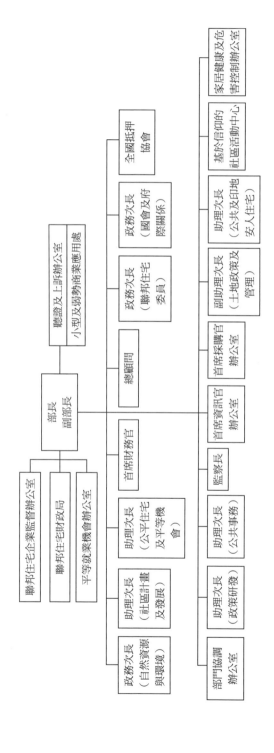

圖4-2 美國住房與城市發展部組織圖（模式二）

資料來源：U.S. Office of the Federal Register (2009), U.S. Government Manual (2009/2010.)

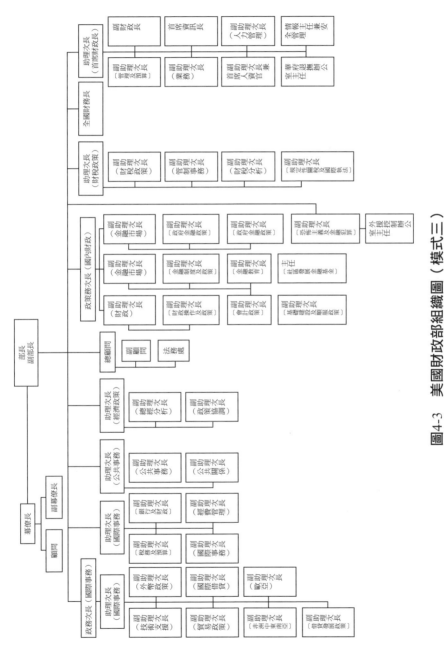

圖4-3　美國財政部組織圖（模式三）

資料來源：U.S. Office of the Federal Register (2009), U.S. Government Manual (2009/2010.)

　　以上總統制中政務事務體制的變化，某種程度印證施能傑（1996：87-90）就美國的政務官體制進行詳細檢視後所歸納出的四個特色：

一、範圍廣：美國總統有權對聯邦政府所有類型的機構進行政治任命，包括獨立機構和管制機構，也有權任命駐外大使，並在司法部門各級法官出缺時有權任命法官和檢察官。

二、層次深：內閣制國家政治任命層級通常僅限於部的最高層級，而美國副助理次長以上的職位均為政務職位。此外，美國又有高級文官制以及C類職位等兩種途徑可讓總統進行政治任命，使得政治任命可滲透至機關內更低層次的主管和非主管職位。

三、變異性大：由於總統和部長可運用高級文官制和C類職位進行政治任命，因此各機關如何將職位劃為政治任命職位就不盡相同。

四、參議院介入：根據美國憲法規定，參議員對於部長等重要的總統任命職位具有同意權，此一行使同意權的過程也日趨複雜化，若是在分立政府（divided government）的情形下，參議院對於不同政黨總統所謂之政治任命便會更積極地介入行使同意權。

第二節　內閣制及半總統制下的政務事務體制

　　本節將探討英國及日本等兩個內閣制國家的政務事務體制，由於法國的政務事務體制較接近內閣制國家（施能傑，1998），雖然其憲政體制屬於半總統制，本章將其歸類在本節中一併討論。

一、英國

　　英國是實施君主立憲的內閣制國家，英王為不具實權的虛位元

首，行政權以及立法權實際上集中在向國會負集體責任的內閣手上，因此由英王任命國會（平民院）多數黨黨魁兼任的首相才是行政首長。由於國會可藉由不信任投票要求內閣下台，內閣有解散國會進行改選的權利，所以首相並無固定任期。

　　作為行政首長的首相有權任命百餘位的政府官員，其中約有20位左右為國會議員兼任的內閣官員，其餘的80多名官員則是次長級的部會政務官（黃琛瑜，2000：66-67）。根據英國內閣祕書處（Cabinet Office）2010年的資料，目前英國的內閣官員及部會政務官共有118人（Cabinet Office, 2010）。英國今日所稱政務官，涵義為具「黨政取向」的決策者，依內閣制慣例，由具有國會議員身分之首相及較資深之執政黨議員出任政務官，如下所列（許南雄，2010：402）：

（一）首相兼財政部第一大臣暨文官大臣（Prime Minister, First Lord of the Treasury and Minister for the Civil Service）。

（二）副首相（兼樞密院主席暨眾議院議長）（Deputy Prime Minister and Lord President of the Council, and Leader of the Commons）。

（三）部長（Secretary of State, Chancellor of the Exchequer）。

（四）不管部部長（Minister without Portfolio, the Chancellor of Duchy of Lancaster, the Lord Privy Seal, the Paymaster General）。

（五）司法大臣、最高司法行政官、司法次長（The Lord Chancellor and the Law Officer, Lord Chancellor, Attorney General, Solicitor General）。

（六）財政部次級大臣（Chief Secretary to the Treasury）。

（七）副部長（Minister of State, Junior Minister）。

（八）政務次長（Parliamentary Secretary, Parliamentary Under Secretary of State）、政治顧問。

（九）各部在國會的（執政黨）黨鞭（The Government Whip）。

各部部長的名稱除財政部長稱為Chancellor of the Exchequer，其他主要部長均稱為Secretary of State；次長則有兩級，副部長（Minister of State）及政務次長（Parliamentary或Parliamentary under Secretary）（雷飛龍，2010：351）。

英國政務官體制最大的特色就是多數部會在部長（Minister）下除了副部長外，另置有幾位政務次長用以輔助部長與副部長，掌理特定法案等事項，並負有就其所管業務在執政黨內從事積極聯繫協調等任務（施能傑，1996：82；施嘉明，1998：3）。此外尚設有1名由首相基於部長意見而任命的常務次長（Permanent Secretary）作為文官長，扮演政務領導者與行政領導者之間的連結橋樑，負責指揮所屬人員研擬政策並督導政策執行，對局長以下的人事具有絕對任用權，經費會計亦由其全權督導執行（Peters, 2008：107；施嘉明，1998：3；劉昊洲，2001a：3）。至於常務次長之下還有設置1名或1名以上的副次長，則負責協助常務次長督導若干司的業務（黃臺生，2003：38）。英國對於部會的數目並沒有法律限制，一個部會內應設置多少個政務職位也無硬性規定，不過各部通常是5至7位左右（趙永茂等，2009：64）。依照內閣祕書處的資料（Cabinet Office, 2010）和部會官方網站資料顯示，英國教育部（Department for Education）以及內政部（Home Office）在部長之下，皆設有副部長3人及政務次長2人，可見各部會在次長層級的人數安排上不盡相同。根據Coxall等人（2003，轉引自雷飛龍，2010：351）的分析，各部會的政務官及事務官結構可概示如圖4-4。

英國於1996年建立了高級文官團（Senior Civil Service, SCS）制度，包括中央政府最高的5個階層約3,300個職位（常務次長、副次長、司處長、執行長、副司處長），以內升制兼採外補制進行公開延攬，每一個常務次長作為部的負責人，有權以他自己認為適合的方式

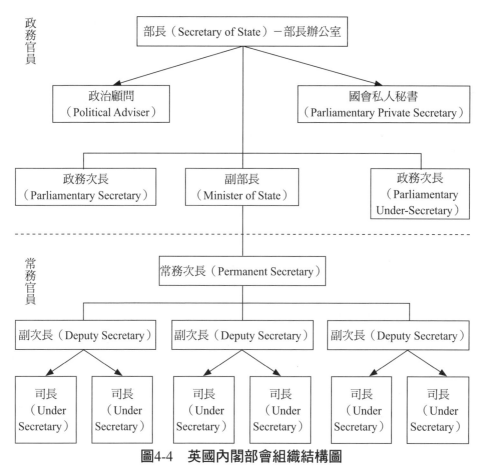

圖4-4　英國內閣部會組織結構圖

資料來源：Bill Coxall, Lynton Robins & Robert Leach（2003，轉引自雷飛龍，2010: 351）

來組織他的高級文官團（European Institute of Public Administration，銓敘部譯，2005：86-87；黃榮源，2009：92-93）。具體來說，英國的文官體系在進用上可分為上層的開放級（open structure）及下層的封閉級（closed structure），開放級指科長以上的職位，可進用別機關別種類之人員；而封閉級則指科長級以下的職位，出缺時僅能從本機關同性質人員中升任，不得進用其他機關或不同職類人員（彭錦鵬，

1998：344）。英國對於高級文官著重於行政通才的培養，期望高級
文官能採取較為廣泛的政策觀點，而不偏頗於某一政黨（黃臺生，
2003：114）。

　　內閣閣員的任命通常會考慮黨內不同政治背景的平衡，有的是望
重一時的黨內資深領袖，有些則是才華洋溢、廣受矚目的年輕新秀。
因此，一般而言，部長人選的個人專長如何並不太重要，有些人甚至
從不甚了了的部長，有如跳槽般地轉任各部部長（李國雄，2010：
71）。至於政務次長的任命通常是由首相主導，個別部門的部長對所
屬政務次長的人選決定影響力不一，首相也曾有未知會部長逕行任命
該部次長的案例，也因之部長和次長間的工作關係未必是和諧的，次
長的真正權力常因部長的信賴和授權與否而異。首相任命次長的主要
考量因素常是這些後排議員在議會中的表現或其他政治代表性因素，
而非其專業知能和管理能力，首相希望藉由次長的任命來進行有效的
黨內整合與管理，但是部長有時偏好以其私人的國會秘書和私人的特
別顧問，作為政策議題的諮商對象，削弱了次長的政治性角色（施能
傑，1996：82-84）。

二、日本

　　日本是君主立憲的內閣制國家，天皇為不具實權的虛位元首，戰
後新憲法明定國會是國家最高權力機關，故內閣首相由國會選舉產
生，內閣必須向國會（眾議院）負責（李國雄，2010：315）。採取
「象徵天皇制」（日本國憲法第一條，1946）的日本內閣制度雖與英
國的議院內閣制相似，但各部會運作的實務卻長期由事務官掌控。因
此在實質上可稱為「官僚內閣制」，這個現象其來有自。明治維新之
際，首先在1869年成立二官六省制度，爾後在1885年才創立內閣制

度，而帝國議會的開設，則要等到1890年。也就是說，在內閣、議會等組織形成之前，以事務官為中心掌管國家事務的官僚組織制度已行之有年，甚至到後來演變成由軍部官僚來掌管國家大權。即便戰後，由GHQ（美軍占領機構）主導，具國民主權思想的新日本國憲法實行後，也難以改變這種政治型態（菅直人，2009：31-32）。而在1999年國家行政組織法修正，增加政務官人數及確立分工，才企圖提昇勢單力薄的政務機能。2009年民主黨於國會選舉大勝，結束自民黨長期一黨獨大的政治之後，擺脫官僚體制，以庶民觀點出發的行政改革如火如荼展開，但其成效為何，仍有待評判。

　　日本國家公務員法第2條與第3條規定國家公務員分為「一般職」與非常任文官的「特別職」，國家公務員法並以明文列舉了十六個職位，其中屬於需隨內閣進退的政務官共有內閣總理大臣、國務大臣、副大臣、大臣政務官、官房長官、政務的官房副長官、總理大臣補佐官等特別職，人數約400人上下（趙永茂等，2009；張世賢、陳恆鈞，2010）。單就名稱上而言，現今日本所稱之「政務官」實為「大臣政務官」之略稱，其由內閣直接挑選資深國會議員擔任，隨內閣而進退。根據國家行政組織法第17條第3項，大臣政務官的職務為：「協助該省大臣，參與特定的政策及企劃，處理政務。」

　　在1999年「國會審議活性化及政治主導的政策決定系統之確立關連法律」制定之前，負責部會政務工作的只有大臣及「政務次官」。但是政務次官的權限小且定位不明，曾在1996年出任厚生大臣的日本現任總理菅直人表示：「在任期中我幾乎沒有跟政務次官有任何交流。辦公室雖在同一樓層卻從不見面」（菅直人，2009：182）。此外，在國會則有「政府委員制度」。「政府委員」由內閣任命各部會局長級職員擔任，總數約300人，負責在國會代替各部會大臣答辯（國會法第69條）。此一制度使大臣不去學習政務，造成官僚坐大的現

象。1999年的新法制定後,廢除「政務次官」及「政府委員制度」。設立副大臣與大臣政務官協助政務處理。根據眾議院規則第45條之3以及參議院規則第42條之3,在國會答辯時,僅能由大臣、副大臣、大臣政務官以及特別允許的政府參考人負責回答。

在政務官配置結構方面,根據日本首相官邸網頁[3]的資料,國會於國會議員中指定一位內閣總理大臣,形式上由天皇任命(憲法第68條1項、第7條5號)內閣總理大臣,而由其來任命14位以內的國務大臣,並可視情形增加到17位(內閣法第2條第2項)。一般有總務大臣、法務大臣、財務大臣、文部科學大臣、厚生勞動大臣、農林水產大臣、經濟產業大臣、國土交通大臣、環境大臣、防衛大臣等職位,大部分由國會議員選出。目前日本內閣各部會政務人員之編制如表4-2所示,各省[4]均設置大臣1人,副大臣約1至2人,大臣政務官約1至3人。也就是說,各省最高決策階層的政務官(包括大臣)人數約是3至6人。圖4-5為日本環境省組織圖表。

在各大臣之下設置副大臣、大臣政務官,而事務次官之權限在政務官之下。1999年修訂之國家行政組織法第16、17條,廢政務次官,另立副大臣與大臣政務官,並明訂事務官權限在政務官以下,以期能提昇政務體系之機能。該法第16、17條之相關內容如下:

(一)副大臣之要務:「聽命於該省大臣,思考政策及企劃,處理
    政務,並在該省大臣不在時,經過大臣許可後代行其職務。」
    (國家行政組織法第16條第3項)

(二)大臣政務官之要務:「協助該省大臣,參與特定的政策及企
    劃,處理政務。」(國家行政組織法第17條第3項)

3　資料來源:首相官邸。2010年10月6日取自http://www.kantei.go.jp/jp/rekidai/1-2-1.html
4　省即我國的「部」。

（三）事務次官之職務為：「協助大臣處理並監督部會內事務。」
　　　（國家行政組織法第18條第2項）

　　由以上三項法令可知政務是由副大臣（必要時可替代大臣）以及大臣政務官負責，事務次官則只負責事務。另外，大臣政務官則是由人民選出的國會議員擔任，代表民意，事務次官則屬通過國家考試的一般公務員。日本高級文官的甄補向來屬於封閉性的精英管道，初仕者的考試類別決定了其升遷之速度（彭錦鵬，1998：340）。就高級文官而言，其主要來源為機關內部升遷且為國家公務員I種（大學程度人員應考）考試及格者，其自分發任用後即開始接受一系列有系統之文官訓練及高級文官能力啟發（潘麗雲，2005：150、153）。日本近年推動國家公務員制度改革，計畫將實施已久且以考試為主的人才採用

表4-2　日本內閣各部會政務職位及數目

職稱 部會名	大臣	副大臣	大臣政務官
內閣官房	1（官房長官）	3（副長官）	5（總理大臣輔佐官）
內閣府	1（總理大臣）	3	3
總務省	1	2	3
法務省	1	1	1
外務省	1	2	3
財務省	1	2	2
文部科學省	1	2	2
厚生勞動省	1	2	2
農林水產省	1	2	2
經濟產業省	1	2	2
國土交通省	1	2	3
環境省	1	2	3
防衛省	1	1	2
總計	13	26	33

註：參閱日本內閣各部會組織圖，實際計算2010年10月各部會實際政務官人數後製表。
參考資料：http://search.e-gov.go.jp/servlet/Organization 瀏覽日期：2010年10月9日。

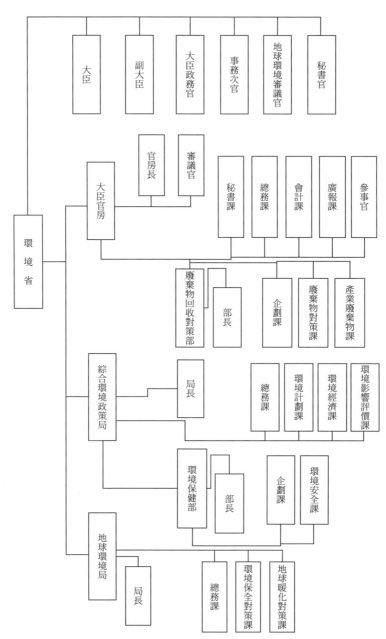

圖4-5　日本內閣行政組織示意圖（以環境省為例）

資料來源：http://search.e-gov.go.jp/servlet/Organization?class=1020&objcd=100195，瀏覽日期：2010年10月6日。

系統轉化為多元的進用途徑，高級文官的進用管道也將從現行以內部升任為主的人才晉用模式，改採由「內部育成」與「外部進用」雙向途徑的方向發展（施能傑、曾瑞泰、蔡秀涓，2009：32）。

　　內閣官房（Cabinet Secretariat）可說是首相的親衛隊，直接輔佐首相國政，不僅是內閣的代言人，時常在媒體代表內閣發表談話，甚至在必要時能代替總理大臣職務。2009年民主黨執政後著手進行下列改革：

（一）於內閣官房設置「國家戰略室」[5]

　　一個直屬於總理的機關，設置目的在嚴格把關國家預算的編列，防止預算浮濫。工作人員由官、民組成[6]。主要具體工作為計劃國家經濟、財政、預算編成的基本方針。組織構成上設有國家戰略局長（由擔任政務的內閣官房副長官3人中指定一人為局長）、國家戰略官（設置大臣政務官級官員一人於局長之下）、內閣政務參事，以及內閣政務調查官。

（二）於內閣府（Cabinet Office）設立「行政革新會議」[7]

　　內閣府的設置，是為強化內閣機能，協助總理大臣處理各項重要政策。總理大臣並可在內閣府設立「特別擔當大臣」，以處理較特殊國政。現在內閣府內設有「少子化政策大臣」、「行政革新大臣」等特別大臣。

5　資料來源：2010年10月6日取自國家戰略局 HP：http://www.npu.go.jp/
6　至2010年7月止，官僚出身19名，民間出身13名。
7　資料來源：2010年10月6日取自內閣府行政革新會議 http://www.cao.go.jp/sasshin/index.html

三、法國

　　法國在第三、第四共和時期原為內閣制,但由於多黨體系造成內閣動盪、政府不穩,在戴高樂(de Gaulle)主導下於1958年通過第五共和憲法,強化行政權和總統角色,建立出混合了內閣制及總統制特徵的雙首長制(dual-executive system),或稱半總統制(semi-presidential system)。在此憲政體制下由全民直選的總統和負責領導內閣的總理各具有部分職權。根據法國憲法第8條,總理由總統任命,不需國會同意,然而國會可以對總理提出不信任案,故總統實際上必須任命國會最多數黨所支持的人選出任總理,當國會多數與總統皆屬同政黨時,總統便能主導政府運作;若為不同政黨時,便會形成不同政黨的領袖分別擔任總統以及總理,稱之為「左右共治」(cohabitation),此時由總理主導施政,但總統仍享有憲法規定專屬於總統的國防及外交權(楊日青,2010:193)。

　　法國中央部會首長的任命方式也規定於法國憲法第8條,總統應基於總理之提議對政府部長進行任免。惟此任命應以何者之意見為主,或是當總理之提議不為總統所接受時,總統是否可以拒絕任命或免職,憲法並無明文規定,Safran(1998:14)指出,總理的任命權僅是理論上的,實際上部長人選仍多由總統決定。劉嘉甯(1990:47)則認為從工作關係以及法律形式之要求而言,在實際運作上總統確實有權可以否決總理對政府部長任免之提議,反之若總理未提議,則總統就不可僭越此一前提而自行任免部長,所以有關部長的任免權,總統與總理應互相配合。另外,根據徐正戎(2002:212)的分析,在左右共治時期,總統對總理的提議人選並不會主動干涉,唯有屬於總統權限密切相關的國防及外交事務,總統多早有口袋人選,總理也會尊重。此外,法國憲法第23條規定國會議員不得兼任政府閣員,且總理

需對國會負責，故彭錦鵬（2002：102）指出，法國部會政務官的決定權實取決於在國會內擁有多數席次的政黨或政黨聯合。

根據法國文官法之規定，其公務人員的等級分為Ａ、Ｂ、Ｃ、Ｄ四大類，以及在Ａ類之上的超類（hauts functionaires，或譯為優級職位），係指司處長以上的高階政治任命文官以及政務官，政府可以自由任命而不受考銓資格之限制（許南雄，2010：407）。除總理外，內閣成員的頭銜主要分為以下四個等級，可謂是法國的核心政務官（Safran, 1998; Stevens, 2003；陳淳文，2005；趙永茂等，2009）：

（一）國家部長（ministre d'état）：僅次於總理、具有榮譽性職稱的優位性順位部長，其薪資較一般部長為高。此種職位之授與，有時候象徵著該部長與總統或總理的特殊關係，通常是地位較重要、較資深的部長，或是在聯合內閣組成時，授給不同政黨的內閣成員，以示尊重。目前菲隆（François Fillon）內閣中的國家部長為能源、生態與國土長期發展國家部長，以及法務部長。**8**

（二）部長（ministre）：即一般意義的內閣首長，與我國的部長相似。法國對於政府部會的數目及業務職掌並無法律明文規定，視內閣的政策方向而定，因此每隔幾年都會有些調整。菲隆內閣自2010年3月改組後，由15部增為16部，較改組前多增設了青年部。

（三）委派部長（ministre délégué，或譯為部長代表、權理部長）：相當於副部長，並非國務會議的當然成員，通常有與其業務相關之議程時，他才會列席國務會議。委派部長具有兩種職能：

8　資料來源：http://www.gouvernement.fr/gouvernement/composition-du-gouvernement，檢閱日期2010年9月10日。

有時是扮演總理的代表，負責協助統合，其職權範圍由授權之
部長決定，功能上近似於該部會的國家祕書，只是官職上仍為
部會首長之職級；有時則有特定的職掌，具有行政上的自主決
策權力。目前菲隆內閣置有4位委派部長，其中2位隸屬於總
理，分別負責議會關係以及經濟復甦計畫，其他2位則分屬於經
濟部以及內政部。

（四）國家祕書（secretaires d'êtat）：性質類似我國的政務次長，有時
是次要部會的首長（如文化部），有時直接隸屬於總理之下，
襄贊總理業務（如政府發言人），有時則在較重要的大部會
中，專責特定業務。儘管部會地位僅屬命令位階，且部會亦變
動不居，但有些基本部會，諸如國防部、教育部或內政部等，
相對而言是頗為固定的。目前菲隆內閣置有9位國家祕書。

　　至於內閣成員以外的政務人員，則包括由總理或部長以政治任命
之官員，例如高級政治參與官、政務參與官及政治助理等；特命全權
大使、公使；相當或比照政務官之職位，例如大學區總長、警察廳長
官、殖民地總督、殖民地統治官、行政監察長官、最高法院與行政法
院院長等（許濱松，2000：551-552；許南雄，2010：407）。

　　在法國內閣的組成上，Safran（1998: 191）指出，知識份子入閣
在美國是非常少見的，然而法國自第三共和以來，內閣閣員便有很大
一部分是來自學術界，第五共和的內閣更是充斥了學歷顯赫的知識精
英。此外，法國政務官體制尚有一個特色，就是各部部長偏好從國家
行政學院（Ecole Nationale d'Administration, ENA）畢業的高階文官
中，挑選人員進入「部長內閣」（Ministerial Cabinet）作為部長的幕
僚，具備政治領導及行政管理的功能（Stevens, 2003: 117；施能傑，
1996：85）。由於部長內閣的成員充斥著高階文官，Rouban（彭錦鵬
譯，2007：111）便稱部長內閣形成了真正的政治性文官體。待部長離

職後，這些來自文官體系的部長內閣成員，即回到原本的文官單位繼續任職，這也是與美國政治顧問制度的不同之處（Hague et al., 2001: 263）。Peters（任雲楠譯，2008：108）認為法國的部長內閣其實也和美國一樣是一個大量運用政治任命人員的體制，只不過其職位並非直接安插進各部會組織，而是以個人辦公室的形式為部長提供政策建議。目前各部的部長內閣中，以內閣辦公室主任（directeur du cabinet）為首，其下包括副主任、顧問、助理等職位，各部人數不一，但多在20人以上。總理也有自己的內閣辦公室，人數更多達5、60人。

　　自第五共和以來，法國內閣的部長人數（包括國家部長至國家秘書）大約都在35人至55人之間，比英國內閣團隊可達100多人還要少（Stevens, 2003: 106），目前菲隆內閣的部長人數為37人[9]。除了人數時常變動外，法國的政務官職位編制亦呈現相當的彈性，例如法國經濟、工業與就業部，在部長之下另設置1位委派部長，以及3位職責不同的國家秘書，1位負責就業業務，1位負責外貿業務，另1位則負責貿易、中小企業、旅遊等業務（請參見圖4-6），法國教育部則無設置國家秘書（請參見圖4-7）。顯見法國中央部會的政務職位設置比起英國要有彈性，但是人數上的變異幅度就不似美國那麼大。

　　若將美國、英國及法國三個國家一起比較，可以發現法國政務官的人數和英國一樣並不多，權力來源也是單一的，而非像美國是來自多種的交叉壓力（彭錦鵬，2002：102）。所以法國的政務官體制也是相當侷限化，人數和職位數都不算多，施能傑（1996）在針對幾個先進國家政務職位的研究中，便將法國的政務官體制歸類於內閣制國家。

9　資料來源同前註。

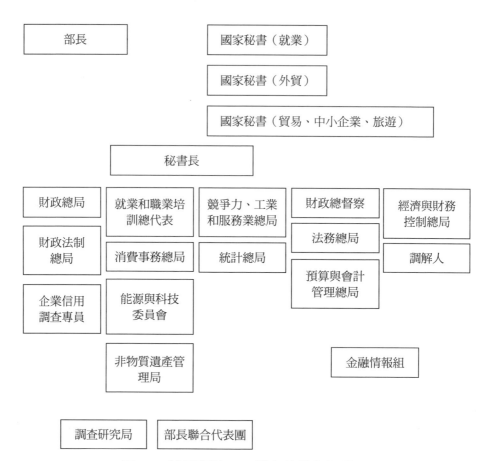

圖4-6　法國經濟、工業與就業部組織圖

資料來源：取自http://www.economie.gouv.fr/ministere_finances/organigramme.htm 瀏覽日
期：2010年10月1日。

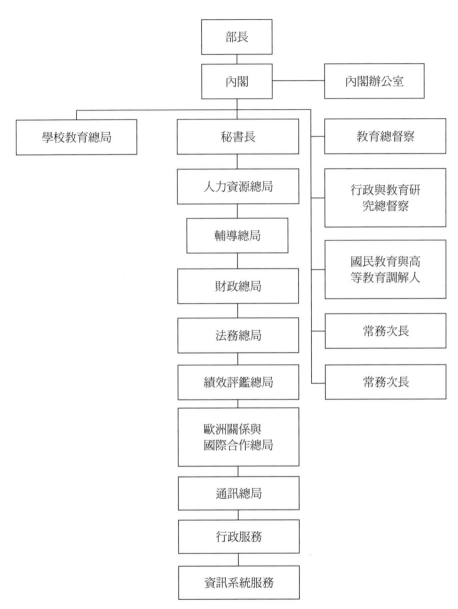

圖4-7　法國教育部組織圖

資料來源：取自http://www.education.gouv.fr/cid928/organigramme-administration-centrale.
　　　　　html 瀏覽日期：2010年10月1日。

第三節　我國中央政府政務事務互動體制

在呈現總統制以及內閣制等兩種不同的政務事務體制後，本節分析我國政務事務互動體制。

一、我國有關總統、行政院長職權及政務官任免權的相關規定

1997年第四次修憲後，確立了總統任命閣揆無需國會同意，而國會擁有倒閣權之規定，有關我國現行憲政體制之名稱，基於不同之定義或觀察點，有稱之為「半總統制」（semi-presidential system）、「雙首長制」（dual-executive system）或是「混合制」（hybrid systems），亦有其他更為細膩的分類及名稱。但不論名稱為何，其本質上都屬於內閣制和總統制以外，當代民主國家第三種主要的憲政體制。就憲法本文及增修條文，可觀察到我國的憲政體制的確混合了內閣制及總統制的部分特徵：

（一）具有總統制之特徵

1.總統由人民直選（憲法第2條第1項）。
2.總統具有軍事、外交、戒嚴、緊急命令等相當實權（憲法第36條、第38條、第39條、第43條）。
3.立法委員不得兼任官吏（憲法第57條）。
4.行政院對立法院議決之法案有覆議權（憲法增修條文第3條第2項第3款）。

（二）具有內閣制之特徵

1.行政院長由總統任命，對立法院負責（憲法增修條文第3條第1

項、第3條第2項）。

2.行政院為國家最高行政機關，總統公布法律、發布命令，需經行政院長及各部會首長副署（憲法第53條、憲法第37條）。

3.行政院有向立法院提出施政方針及施政報告之責（憲法增修條文第57條第1項）。

4.立法院得經全體立法委員三分之一以上連署，對行政院長提出不信任案（憲法增修條文第57條第3項）。

在1997年第四次修憲前，多數學者認為我國的憲政體制依憲法起草人張君勱先生之見解是「修正式的內閣制」，因為總統既非實質元首，也非行政首長，且行政權在行政院，基於權責應相符的民主原則，憲法規定行政院對立法院負責，只是缺乏倒閣與解散國會的配套制度，負責方式不夠徹底；然而過去在實際運作上偏向總統制，這是由於過去憲政上處於動員戡亂時期並實施戒嚴，政黨制度上則為一黨獨大且總統身兼黨魁，使得總統得以黨魁身分，透過嚴格黨紀與黨政運作，在實際上控制政府各部門（楊日青，2010：192）。修憲後總統職權擴大，對行政院長具有絕對的任命權，行政院長之角色也重新定位，除軍事、外交、戒嚴、緊急命令等專屬於國家元首之職權外，兩者在行政方面各有部分實權（參見表4-3）。

表4-3　總統及行政院長之職權

總統	
權限	內容
閣揆任命權	任命行政院長（憲法增修條文第3條第1項）
其他人事權	司法院、考試院和監察院之人事提名權（憲法增修條文第5條第1項、第6條第2項、第7條第2項） 副總統之補提名（憲法增修條文第2條第7項）
發表咨文權	向立法院進行國情報告（憲法增修條文第4條第3項）
主持會議	主持國家安全會議（憲法增修條文第2條第4項）

調節權	院際爭執解決權（憲法第44條） 核可覆議權（憲法增修條文第3條第2項）
行政院長	

權限	內容
代行總統職權	總統、副總統均不能視事時，由行政院長代行其職權（憲法第49條） 總統於任滿之日解職，如屆期次任總統尚未選出，或選出後總統、副總統均未就職時，由行政院長代行總統職權（憲法第50條）
副署總統公布之法律或命令權	總統依法公布法律，發布命令，須經行政院院長之副署，或行政院院長及有關部會首長之副署。
參加總統院際調解	總統對於院與院間之爭執，除憲法有規定者外，得召集有關各院院長會商解決之（憲法第44條）
任命權	行政院副院長、各部會首長及不管部會之政務委員，由行政院長提請總統任命之（憲法第56條）
呈請總統解散立法院	如經全體立法委員二分之一以上通過不信任案，行政院長應於十日內提出辭職，並得同時呈請總統解散立法院（憲法增修條文第3條第2項第3款）
擔任行政院會議主席	行政院設行政院會議，由行政院院長、副院長、各部會首長及不管部會之政務委員組織之，以院長為主席（憲法第58條第1項）
綜理院務並監督所屬機關	行政院院長綜理院務，並監督所屬機關（行政院組織法第7條）

資料來源：整理自呂炳寬等（2007）。

在政務官任命程序方面，憲法第41條規定「總統依法任免文武官員」，不過目前我國法律並未對政務人員任命方式加以統一規定，依個別法規或慣例，實際的任命、權責及程序可區分為下列六種（劉昊洲，2001；2002a, 2002b；趙永茂等，2009）：

（一）由總統直接任命者

行政院院長（憲法增修條文第3條第1項）。

（二）由院評議會就院士中選舉產生，報請總統任命之

中央研究院正副院長（中央研究院組織法第3條第2項）。

（三）由總統提名，經立法院同意任命者

1.司法院正副院長、大法官（憲法增修條文第5條第1項）、最高
法院檢察署檢察總長（法院組織法第66條）。
2.考試院正副院長、考試委員（憲法增修條文第6條第2項）。
3.監察院正副院長、監察委員（憲法增修條文第7條第2項）。
4.監察院審計長（憲法第104條）。

（四）由行政院長提名，經立法院同意任命者

獨立機關之首長、副首長及其合議制之成員，相當二級機關者，
由一級機關首長提名經立法院同意後任命之，例如國家通訊傳播委員
會之委員（中央行政機關組織基準法第21條第1項[10]）。

（五）由行政院報請總統派充之

中央銀行理事及總裁（中央銀行法第5條、第9條）。

（六）由主管院院長提請總統任命者

1.行政院副院長、各部會首長及不管部會之政務委員（憲法第56
條）。
2.省政府主席、委員、諮議員（憲法增修條文第9條第1項、第2

---

[10] 該條已於99年2月3日修正通過為「獨立機關合議制之成員，均應明定其任職期限、任命程
序、停職、免職之規定及程序。但相當二級機關之獨立機關，其合議制成員中屬專任者，應
先經立法院同意後任命之；其他獨立機關合議制成員由一級機關首長任命之。」

項）。

3.五院秘書長及行政院以外各部會首長（依慣例）。

4.中央政府比照簡任十四、十三職等職務之人員，例如行政院公
平交易委員會正副主委、委員；行政院國科會所屬之科學園區
管理局局長；公務人員保障暨培訓委員會正副主委、專任委員
（依各機關組織法）。

　　上列人員除獨立機關外，在形式上皆需經由總統提名或任命。而
中央研究院、中央銀行、獨立機關、司法院、考試院及監察院之人
員均有固定任期，僅有並為司法院院長、副院長之大法官不受任期保
障。行政院長及其提請總統任命者並無固定任期，辭職時機從憲法以
及大法官解釋上來看有三種：第一種是根據憲法增修條文第3條第2項
第3款，立法院通過不信任案；第二種是司法院釋字第387號基於當時
行政院長之任命仍須經由立法院同意，認為行政院長在立法委員上任
前應義務性辭職；第三種則是在司法院釋字第419號指出，在每屆總
統就職前所提出之總辭為禮貌性辭職，非其憲法上之義務。呂炳寬等
（2007：257）認為在我國修憲改採雙首長制後，行政院長似乎可以不
用在上述兩號釋字之情形下總辭，惟過去幾任行政院長均在新任立法
委員就任前提出總辭，往後可能成為我國憲政慣例。但是2008年第七
屆立法委員選舉國民黨贏得逾七成的席次，行政院長張俊雄亦依過去
慣例提出總辭案，陳總統欲建立新的憲政慣例而退回，其主要理由是
「2005年修憲，立委任期已改為四年，與總統任期一致，但立委與總
統就職任期相隔三個多月，其中若院長必須總辭兩次，勢必影響政務
推動與政局安定[11]。」可見2005年修憲將立法委員選舉改制並將任期
改為四年後，造成立委選舉與總統大選時程過於接近，衍生出閣揆是

---

[11]　扁五點裁示 今退回總辭案（2008年1月28日）。**自由時報**。

否應總辭的問題。呂炳寬（2008：13）指出，在此情形下會形成兩難的局面，亦即閣揆如果不總辭，表示內閣將進入長達三個多月的看守內閣，造成政務推動上的阻礙；反之如果總辭，則在五月又將總辭一次，徒增困擾。

　　至於總統是否可免除行政院長之職務，憲法並無明定，李憲榮（2006：15）認為根據增修條文第2條第4項規定，「總統發布行政院院長與依憲法經國民大會或立法院同意任命人員之任免命令及解散立法院之命令，無須行政院院長之副署」，以及增修條文第3條第1項規定，「行政院院長由總統任命之」，無須經立法院同意，足見總統對行政院院長之「任」與「免」理論上皆可任意為之，有將行政院長納為屬官之意，行政院院長之行政權已逐漸被總統所吸收，不過至少目前根據憲法第53條，形式上行政院仍為國家最高行政機關。

二、我國政務官之界定

　　政務官於我國法制上之正式名稱為政務人員，2004年6月23日中央行政機關組織基準法公布施行後，中央行政機關置政務職務者，其職稱、官職等及員額均應於其機關組織法規中明定，因此，於憲法規定有特別任命程序者，亦應於機關組織法律中明定其職稱及政務級別，始得稱為政務人員（蔡良文，2006：29）。

　　依據顏秋來（2006：25-26）對於政務官的界定，廣義之政務官其職務不必然具有政治性，只要是「依政治性任命程序之政府機關高級文官」皆屬政務官；狹義之政務官指「政府行政機關中必須隨政黨更替、政策需要或政治責任而進退之高級文官」；至於最狹義之政務官則專指「行政院會議之出席人員[12]」。不過我國政務人員之人事法

---

[12] 根據憲法第58條，行政院設行政院會議，由行政院院長、副院長、各部會首長及不管部會之

制，迄無統一完整之法律規範，有關政務人員之範圍、任免、行為規範、權利與義務等事項，或尚付闕如或散見於相關法令中，而現行政務人員之範圍，法有明文規定者，僅有政務人員退職酬勞金給與條例一種（吳容明，2004：6）。根據政務人員退職撫卹條例第2條第1項，政務人員之範圍包括：

> 一、依憲法規定由總統任命之人員及特任、特派之人員。
> 二、依憲法規定由總統提名，經立法院同意任命之人員。
> 三、依憲法規定由行政院院長提請總統任命之人員。
> 四、其他依法律規定之中央或地方政府比照簡任第十二職等
> 　　以上職務之人員。

尚未通過立法的政務人員法草案企圖將政務人員之範圍、任免、行為規範、權利與義務等事項統一規範，該草案第2條中對政務人員做出如下定義：

> 本法所稱政務人員，指各級政府機關依據憲法、中央機關組
> 織法律或地方制度法規定進用之下列政治性任命人員：
> 一、依政治考量而定進退之人員。
> 二、依憲法或法律定有任期及任命程序獨立行使職權之人
> 　　員。
> 前項各款人員，不包括法官。

我國銓敘統計年報將政務人員之範圍界定在簡任第十二職等以上，以及特派、特任之人員。2009年全國政務人員共有383人，按機關層級區分，中央各機關213人，占55.61%；地方各機關170人，占

政務委員組織之，以院長為主席。

44.39%（銓敘部，2010：4）。如表4-4所示，近年來我國的政務人員總數並不算多，自92年至98年，中央及地方各機關總共約在三、四百人之譜。

表4-4　近年全國政務人員人數

單位：人

項目別	總計	特任	特派	比照簡任第十四職等	比照簡任第十三職等	比照簡任第十二職等
92年底	299	128	23	50	71	27
93年底	304	134	18	49	77	26
94年底	278	107	23	46	77	25
95年底	285	107	22	54	102	－
96年底	297	94	20	56	95	32
97年底	403	127	9	55	117	95
98年底	383	129	10	55	111	78
男性	321	105	9	50	98	59
女性	62	24	1	5	13	19

資料來源：銓敘部（2010：4）。

依政務人員退職撫卹條例第2條第1項規定，我國之政務官包括適用固定任期者（例如公平交易委員會委員），以及司法官（例如大法官、最高法院院長等）（吳志光，2010：139）。吳庚（2010：229-231）認為在我國法制規範和學理上，對於政務官範圍之定義並不一致，就學理上而言，政務官乃參與國家大政方針之決策並隨政黨選舉成敗或政策改變而進退之公務員，但我國法制鑑於政治結構及文官甄補管道之特殊設計，擴張了學理對於政務官的範圍。此一特殊設計亦即蔡良文（1998：4）指出的，以往威權政府將常務人員的升遷管道接通於政務人員系統，表現優異或黨性特別強者，均可獲致轉任為地位、待遇、配備均較為優的政務人員，以便執政黨指揮。

另外值得注意的是，司法院釋字第357號對我國法制模糊政務官與事務官之分野表達了非難之意，本號解釋針對審計部組織法就審計長任期之規定是否違憲的問題，認為審計長雖由總統提名，經立法院同意任命，但本質上並非政務官，其解釋理由書指出：

> ……現行審計部組織法亦於第3條規定：「審計長任期為六年」，以確保審計首長職位之安定，俾能在一定任期中，超然獨立行使職權而無所瞻顧。是審計長職務之性質，自與應隨執政黨更迭或政策變更而進退之政務官不同。至於現行法規將審計長或其他原非政務官而地位與之相當人員之待遇、退職酬勞及財產申報等事項與政務官合併規定，乃為法規制定上之便宜措施，於其非屬應隨執政黨更迭或政策變更而進退之政務官身分不生影響。……

根據黃臺生（1995：16-17）、蔡良文（1998：48）的觀察，除法制上的模糊外，過去在實際運作上政務官與事務官的區分係以威權體制之運作與制約，兩者界限及分工不甚明確以致常見到下列事例：

一、行政院或內閣改組，往往看到屬於常任文官的常務次長、署長、司（處）長等也隨同辭職。

二、政治責任與行政責任混淆不清，如發生純粹的行政事故時，竟然是部長遞辭呈，既已遞辭呈，又常有慰留之故事情結。

三、大眾傳播媒體與社會上普遍存在下列錯誤的觀念：諸如常務次長「升任」政務次長、政務次長的職位「高於」常務次長，以及政務次長是常務次長的「長官」等。

四、涉及政務官的政策事項，事務官不僅在解釋也在辯護；而涉及事務官執行的事項，也由政務官詳為仔細地說明，似乎政務官也在負責執行政策，兩者的角色各自混淆不清而無分際。

五、常務次長和司（處）長常被看成是政務官，經常赴立法院各委員
　　會備詢，表達各該部會的政策立場，然而立法委員質詢他們的語
　　調，卻宛如是在質詢真正的政務官。

　　我國政務官之法制過於零散、未臻完備且不符學理，但根據我國
現行法制，政務官和事務官仍有區別實益，如表4-5所示：

表4-5　我國政務官和事務官之區別

項目	政務官	事務官
性質	參與國家大政方針之決策並隨政黨選舉成敗或政策改變而進退之公務員（須獨立行使職權者不在此限）。	以執行政策為任務或依法執行職務在各級政府機關組織法規中，定有職稱及官等之常任公務員。
任用資格	不須銓敘（大法官、考試委員、監察委員有任有資格限制，係屬例外）。	須具備法定任用資格，經銓敘後始得任用。
身分保障	無，隨政策及民意之向背而進退（有固定任期，須獨立行使職權者，則不在此限）。	非依法不得免職或懲處。
職等	特任、簡任。[13]	簡任、薦任、委任。
任用程序	無統一規定，依照個別法規任用。	依公務人員任用法規定。
待遇	準用公務人員撫卹法、保險法，不適用公務人員俸給、考績、退休等法律。另適用政務人員退職酬勞金給與條例。	適用有關公務人員任用、俸給、退休、撫卹等法律。
懲戒處分	僅有撤職、申誡兩種。	共有撤職、休職、降職、減俸、記過、申誡六種。

資料來源：吳志光（2010：140）。

三、我國的高級文官體制

　　我國現行人事制度並無就高級文官做單獨規範，亦未就其所涵括

---

[13] 依作者理解，政務官的任用並無職等的概念，通常以特任或比照簡任13或14職等任命。

之範圍加以界定，一般概念上係將簡任第十二職等以上之職務視為高級文官，而依現行中央及地方機關組織法規所定，大部分列簡任第十二職等之職務多分布於中央三級以上機關（周秋玲，2005：21）。我國的文官體系過去的運作模式比較接近於美國的自由競爭模式，在高級文官的來源上，主要有內部晉升簡任官等、甲等特考[14]，以及上校以上軍官轉任公務人員考試三種途徑（彭錦鵬，1998：352）。隨著甲等特考廢除後，我國高階文官之考選與任用，除經由國家公務員高等考試或相當等級之考試及格外，必須經歷相當年資之職務歷練且經升簡任官等訓練合格，方能取得簡任官等任用資格（潘麗雲，2005：171）。

我國過去對於高級文官的培訓並無建立完善、整體的配套體系，各時期均訂定不同的訓練辦法，欠缺一貫性而缺乏系統規劃（彭錦鵬，1998：355）。過去負責各種公務人員訓練事項的「國家文官培訓所」在立法三讀通過後改制為「國家文官學院」，已於2010年4月16日揭牌運作，不僅掌理文官培訓事項，尤其是高級文官中長期培訓之研究及執行事項（國家文官學院組織法第2條第1款）已明定在組織法中。

四、研究範圍中各部會的相關配置

政務官的界定，可分為廣義、狹義至最狹義，本研究將研究範圍界定在行政院所屬部會行署局院層級的首長、政務副首長，雖然與其頻繁接觸的文官包含常務副首長、主任秘書、三級機關首長、司處長

---

14 甲等特考自民國57年開辦，至77年停辦共錄取503人，考取者以簡任十職等任用，民國84年修正公務人員考試法以高考一級考試取代之，考取者以薦任九職等任用（彭錦鵬，1998：353-354）。

以及參事，但在這些接觸中，仍以常務副首長及主秘的互動對於政策
的推動最為關鍵。

　　有關各部會政務首長及副首長主要在各部會的組織法或組織條例
中規定，每個部會基本上設有首長、主秘，首長為特任官，主秘為
十二職等事務官，得以機要任用，但每個部會對於副首長的規定則不
一。如表4-6所示，就2011年2月各部會實際人力配置而言，除了蒙藏
委員會現有副首長配置與組織法規定有落差外，其餘皆與組織法一
致。在各部會副首長的人力配置中，有四個機關沒有配置副首長，有
五個機關僅有常務副首長，有八個機關僅有政務副首長，有二十七個
機關兼有政務及常務副首長。其中，政務常務各一的有八個，政務多
於常務的五個，政務少於常務的則有九個。由此可見，行政院各部會
在政務副首長及常任副首長的人力配置上並無統一規定，從法規上也
無法了解其人力配置背後的邏輯究竟為何。

表4-6　行政院所屬機關副首長人力配置[15]

現行類型	部會數	部會名稱	法律規定（政務，常務）	備註
一、無副首長	4	蒙藏委員會	(0,2)	
		北美事務協調委員會、消費者保護委員會、飛航安全委員會	(0,0)	
二、僅有常務	5			
一位常務	1	青年輔導委員會	(0,1)	
兩位常務	4	中央銀行、主計處、新聞局、國軍退除役官兵輔導委員會	(0,2)	主計處：1或2位常務副主計長

15 行政院組織法通過後，未來每個部會將配置兩位政務副首長及一位常任副首長。每個部會將
配置兩位政務副首長及一位常任副首長。每個部會將配置兩位政務副首長及一位常任副首
長。

現行類型	部會數	部會名稱	法律規定（政務，常務）	備註
三、僅有政務	9			
一位政務	3	公平交易委員會、中央選舉委員會、國家通訊傳播委員會	(1,0)	
兩位政務	2	研究發展考核委員會、公共工程委員會	(2,0)	
三位政務	4	經濟建設委員會、國家科學委員會、大陸委員會、僑務委員會	(3,0)	經建會：1至3位政務副主任委員。國科會：2至3位政務副主任委員。僑委會：2至3位政務副主任委員。
四、政務常務各一	8	人事行政局、環境保護署、國立故宮博物院、金融監督管理委員會、文化建設委員會、勞工委員會、原子能委員會、客家委員會	(1,1)	
	1	體育委員會	(2,1)	體委會：1或2位政務副主任委員。
五、政務長務各二	1	國防部	(2,2)	
六、政務多於常務 兩位政務 一位常務	2	衛生署、農業委員會	(2,1)	
七、政務少於常務 一位政務 兩位常務	9	內政部、外交部、財政部、教育部、法務部、經濟部、交通部、原住民族委員會、海岸巡防署	(1,2)	外交部：1或2位常務次長。財政部：1或2位常務次長。海巡署：1或2位常務副署長。

表格整理時間：2011年2月1日止。

資料來源：作者整理自中華民國法規資料庫及各機關網站。

五、行政院所定分層辦法以及部會內政務事務行為規範

　　各機關組織法，僅規定政務副首長和常務副首長的職權為「輔助部長處理部務」。而政務事務互動介面各項人員的職權，雖然在行政院所頒布的「行政機關分層負責實施要項」中對於首長職權有簡單規定[16]，各機關也基於此法再訂定各機關內部分層負責辦法，但這些法規對於副首長以及主秘的規定並不明確，如行政機關分層負責實施要項第9條中規定「行政機關置有副首長者，副首長襄助首長處理第一層公務，副首長在二人以上者，得劃分其襄助公務之範圍。」又例如行政院農業委員會分層負責明細表說明的第2項規定：

　　本表按本會組織系統分為3層，第1層為主任委員，第2層為各處室主管，第3層為科長。副主任委員及主任秘書襄助主任委員處理第1層公務，其範圍由主任委員另行劃分，不在本表之列；惟上開授權由副主任委員及主任秘書負責決定之公文，除應於公文稿簽名外，並作判發之批示。

　　而在交通部分層負責辦法中，則定第一層為部次長，主任秘書負責秘書室業務的第二層（參見表4-7）。

16　依據該要項第6條規定：下列性質之公務，由行政機關首長決定：
　（一）關於施政方針、政策性事項及重大措施、方案、總綱、綱領、計畫。（二）關於法規制（訂）定、修正、廢止及重大疑義之核釋事項。（三）關於年度概算之籌劃及編製事項。（四）關於年度進行中申請動支預備金及辦理追加預算特別預算事項。（五）關於組織編制、員額、職務歸系及全盤人力調配運用事項。（六）關於人事任免、遷調、考績、獎懲及其他重要人事管理事項。（七）關於對民意機關報告及答復事項。（八）關於向上級機關建議、請示及報告事項。（九）關於對所屬機關重要措施及中心工作之指示及督促事項。（十）其他關係重要事項。

表4-7　交通部分層負責明細表－秘書室（節錄）

工作項目	權責劃分			備　考
	第3層	第2層	第1層	
	科長或承辦人	司處室主　管	部次長	
壹、核稿及文書				第2層在秘書室為主任秘書、第3層為秘書或承辦人
一、各單位簽陳及所擬部稿之審核	審核	審核	核定	
二、施政報告				
（一）院長向立法院施政報告資料之提供	擬辦	審核	核定	
（二）部長向立法院報告資料之彙整	擬辦	審核	核定	
（三）部長在立法院口頭答覆速記紀錄	擬辦	審核	核定	
三、部務會報				
（一）議程及議事資料之準備	擬辦	核定		
（二）會報之紀錄	擬辦	審核	核定	
四、政績清查				
（一）資料之蒐集	擬辦	核定		
（二）全案之整理與彙編	擬辦	審核	核定	
五、機密公文處理（公文登錄及分辦）	審核或核定	核定		「機密」等級以上公文由第2層核定，「密」等級公文由第3層核定
六、部次長指示交辦事項或函牘文件之交辦	擬辦	審核	核定	

資料來源：交通部（2009）。交通部分層負責明細表（98年8月28日交秘字第0980007908號函修訂），取自：www.motc.gov.tw/mocwebGIP/wSite/public/Data/f1251430396289.doc 瀏覽日期：2010年11月5日。

　　因此我國組織法及分層負責明細表上，對於政務副首長及常務副首長分工規範並不清楚，尤其分層負責明細表多定第一層為首長、副首長甚至主祕，其間如何分工授權主要由首長決定，各機關副首長人

數不一，首長領導風格也各有差異，可想見政務事務互動過程將因首長而異並呈現不同樣貌。

第四節　小　結

如本書第二章所述，國家發展路徑的差異將決定憲政體制中行政立法的分立或連結，同時也影響政務事務互動體制的設計（Derlien 1996, 150）。從以美國為主的總統制及其他傾向於內閣制國家的制度設計來看，美國民主發展於先而官僚發展在後，因此強調對於官僚的控制。相對地，如英法等歐陸國家及日本則以官僚為主的行政體制發展較早，因此，從政務官的人數以及其職權等體制設計來看，政治行政劃分較為清楚，也較強調官僚的自主性。就形式上來看，雖然我國體制上總統是由人民直接選舉，但是我國官僚體制發展於民主化之前（余致力，2001），該時期我國憲政體制主要立基於內閣制的精神。但是，隨著憲政體制的政變，在政務事務互動介面的人事及職權上並未相對應調整。整體而言，我國政務事務體制則較傾向內閣制，政務官的人數較少，而且對於官僚自主性方面的保護較多。

以上五個國家政務體制的設計顯示，美國及法國是在體制上較具有彈性及變異的國家，相對於內閣制國家，美國憲政體制的設計使得行政改革需要有立法的基礎，因此顯得較無彈性（彭錦鵬，2005），但是立法部門授予美國行政部門在整體人員任命的數量以及各部會政務人員數量有較大彈性空間，因此在不同部會之間，政務事務互動樣貌變異較大。加上美國強調政治行政分立以及官僚控制的基本思維，因此政務事務互動的議題成為學界的焦點。雖然法國是在新部會的設置上具備相當的彈性，但由於該國也較強調官僚的自主性，對於政務

事務份際劃分清楚,因此政務事務互動的衝突也不明顯。相對於以上兩個國家,英國及日本等國家的政務人員人數及部會數目都較缺乏彈性,除非有較大的憲政改革,否則將維持目前體制。因此,在英日等國家,政務事務間的互動在實務上比較少有公開衝突的問題,或其衝突是內隱的,學界也較少有這方面的探討。此研究結果印證林水波(1999:18)討論內閣制相對於其他體制較少衝突的觀察。

　　就我國而言,由於憲政變遷的結果,在體制上逐漸由內閣制轉向總統制,在權力的行使上,雖然行政院長仍是最高行政首長,但總統有任命行政院長,不需經立法院同意的權限,但憲法對於兩者的職權並未劃分清楚。到底行政院長是總統的執行長,其政策作為或人員的任命都必須完全聽命於民選的總統?或是行政院院長有其政策推動或人事任命的自主權?這個議題不僅牽涉到憲政運作以及民主回應性的問題,基於憲政體制規範上的模糊,不同執政團隊的民選總統與行政院長的互動,其採取的控制策略都將呈現不同的樣貌,也將影響到政務事務的衝突及夥伴關係能否建立。

　　除了憲政層級的組織因素,我國體制上各部會政務人員及高階常務副首長人數配置不一,從前述法規面的分析可以得知,在部會層級有關首長、政務副首長及常務副首長之間的權責劃分並不清楚。整體而言,不管憲政層級或部會層級規範的模糊,使得不同執政團隊的民選總統、行政院長以及部會首長個別的因素以及三者之間的互動關係,都將對政務事務互動產生一定的影響,這些不同執政團隊的因素以及其如何影響政務事務互動是本書下一章討論的主題。

第五章 團隊層次一：府院領導與部會主要職位任命

前章探討台灣政務事務互動體制，屬於組織層次的因素，牽涉到憲法規範以及政府組織結構的調整，變動不易。由於既定的憲政規範與政府組織對於政務官事務官之間的權責劃分不清，因此，本章轉向探討團隊層次中的因素。從本書第二章組織行為模式的分析中可見，領導是組織層次中最被學者重視的因素之一（Robbins & Judge, 2007; Denhardt, 2002；徐仁輝等，2005）。第二章有關官僚控制的相關文獻也顯示，不同總統對於官僚有不同的控制策略與任命（Pfiffner, 1987; Lewis, 2008），因此本章將探討不同執政團隊領導者的領導風格與任命行為。本章第一節將從訪談記錄以及相關書籍文件的分析，歸納不同總統及行政院長的領導風格。第二節探討總統及行政院長如何任命部會首長及其行使任命的主要考量因素。第三節將討論在政務事務互動介面上其他職位的任命行使以及任命考量。

第一節 總統及院長個人領導

如前文獻所述，美國不同總統的領導風格，特別是對於官僚控制的策略及任命，是影響政務事務互動及衝突的重要因素。由於台灣與美國體制上的差異，除了總統領導風格之外，行政院長有部會首長提名權，在形式上為全國最高行政首長，負責主要政策制定及推動，因此其領導風格如何影響部會的政務領導以及政務事務互動，也值得探討。本節將呈現受訪者對於不同總統及行政院長的領導策略。

一、不同時期的總統之領導

> 其實民進黨執政五年多來，幾乎沒有一件值得喝采、讚揚的
> 行政措施，原因雖然不少，但總統與行政院長之互動未依憲
> 法規定確實實施，致使行政系統紊亂，部會首長不知何所適
> 從，應屬重要原因之一。（林義雄 06/21/2006）[1]

> 他應該是站高山看馬相踢，不是去下面做馬去跟別人相踢，
> 你聽懂我的意思嗎？他應該是站高山看馬相踢的人，不是去
> 下面做馬去跟別人相踢……。（B01訪談記錄）

　　由於部分受訪者曾經經歷過不同總統及行政院長的領導，筆者從
訪談內容嘗試歸納出不同領導者之間的差異。根據訪談記錄顯示，〇
〇〇（人名）是一位強勢而能掌握重點的總統，不只對於國家層面的
政策方向有個人強烈的主張以及優先順序的安排，對於其認定的優先
政策，會主動採取行動，甚至不顧體制，積極並強勢地影響政策推動
方向與執行。而在掌握大方向後，細節的部分則授權交由各部會執
行。同樣地A03表示〇〇〇（人名）對某些政策很堅持，對於欲推動
的政策方向不只清楚而且強力推展，但對於細節較無特別意見。

> 總統假如是very aggressive，像〇〇〇（人名）對有些政策
> 的問題，他非常的堅持，譬如說他對〇〇〇（政策名稱）問
> 題，他很堅持，所以……總統府的領導，就比較重要。有
> 些是比較牽涉到細節的問題，總統府就沒有太大的意見。
> 這個判斷……我想跟這個複雜性有關係。假如不是很複雜

1　請參林義雄，2006，「總統與行政院長應遵行的互動方式」，http://myweb.nutn.edu.tw/
　~hycheng/5paper/20060121Lin.htm，瀏覽日期01/31/2011.

的話，……總統府就比較會判斷。但是假如是很複雜，……
choice不大的話，……這個總統府也不會太堅持。（A03訪談
記錄）

　　A10的訪談內容也印證了以上強勢總統的形象，特別是在遇到國
家重大危機或緊急事件，總統將施展更大的領導權威，並動員各部會
支援，A10指出：「譬如說像○○○（事件名稱），除了在院裡面開
會，總統府那邊也會開會，當然院長、副院長、政務委員還有相關部
會都會列席。」另外，總統為了貫徹其意志，在某些情況下也會跳脫
既有的體制，A10以「○○○（政策名稱）」的實際例子，描述了○
○○（人名）總統在政策決策及推動上的主導權：

　　當天中午我就接到○○○（人名）的電話，他說總統要舉辦
　　○○○（政策名稱）了，我說總統早上才準備要考慮辦理而
　　已，他說總統現在在○○○（地點名稱）說要○○○（政策
　　名稱），現在電視正在直播。（A10訪談記錄）

　　由於我國體制上有關總統及院長在政策權責上之規範相當模糊，
對於○○○（人名）總統較為強勢的作風，前民進黨主席林義雄曾在
2006年6月發表一封公開信，題為「總統與行政院長應遵行的互動方
式」，該文批評民進黨執政以來，「幾乎沒有一件值得喝采、讚揚的
行政措施」，而林義雄將這個治理績效不彰原因歸咎於「總統與行政
院長之互動未依憲法規定確實實施，致使行政系統紊亂，部會首長不
知何所適從。」林義雄更進一步具體提醒總統以及其親人或幕僚，不
應該直接私下召見或指示部會首長以及其以下的官員，另一方面則建
議「行政院長應有最高行政首長之擔當及魄力」，並禁止屬下在未經
院長同意下，擅自進出總統府，越級向總統報告任何主管之事務。

　　相對於○○○（人名）較為掌握重點以及時而不顧體制的強勢宏

觀領導，○○○（人名）總統則是較為授權、尊重體制，偏向微觀領
導的典型。在授權領導的部分，A13提到○○○（人名）總統「文人
性格」蠻強的，即使已經有既定的政見，但在與專業部會討論之後，
如果部會認為有窒礙難行以及需再調整處，○○○（人名）則會尊重
行政團隊的想法，A13提到：

> 一些即使是本來寫在總統什麼○○○（政策名稱）白皮書裡
> 頭，那個另外有人執筆的，那理論上是他的政見，那麼就要
> 執行，假如我們覺得不是很妥當，跟他談，他也都欣然接
> 受，就覺得說這個當然是可以調整的……對於自己的行政團
> 隊會相當尊重（A13訪談記錄）

雖然○○○（人名）總統尊重專業部屬的意見，對於其所屬職權
的細節，則要求甚嚴，曾與該總統共事的B02表示，○○○（人名）
總統個人風格是待己與待人同樣嚴謹、鉅細靡遺，有時候親自打電話
給部屬，展現其微觀領導細膩的一面。B02指出：

> 電話不能關機，連晚上睡覺都不能關機，○○○（人名）隨
> 時會打電話找人，他自己對自己要求很嚴，對部下盯的很
> 緊，還會改公文，挑錯字，我看過他改公文。……本來看個
> 公文簽一簽就好了，他是一個字一個字看。……所以他想到
> 什麼事情就會打電話給他……。我心裡想，這點小事情你都
> 還打電話來，這麼細膩。（B02訪談記錄）

對於此種細緻微觀領導風格，部分受訪者並不認同，曾擔任常務
次長的B01對於○○○（人名）總統的領導風格頗有微詞，認為總統
應該有其領導高度，身為一個總統不應該管到太細微末節的管理面事
務，應著重政策大方向的研擬。擔任政務官的A03以及曾擔任常務副

首長的B01都認為，○○○（人名）政府在政策決策高度上不夠高，應該站在一個願景型塑的高度，而非低階的管理細節。對於總統的願景型塑，A03認為：「○○○（人名）政府講不太出來，……知道有些具體的事情這樣做，但是這個vision要高層次的articulate。現在對這個policy articulate……還有vision articulate，他們都沒有。」

所謂上行下效，總統的領導風格也將影響到總統所任命的行政院長以及院長以下的部會首長，這些不同層級領導者的領導風格將是決定政務及常務互動的一重要因素，B01認為○○○（人名）總統的領導風格也直接影響部長的領導，而此種過於微觀的領導將直接影響與事務官的互動，B1針對○○○（人名）執政團隊中某部會首長的微觀管理作風指出：

> 有的人管得很細，我問過那個部長，他管到連科員的事他都在管，管得很細，那你說現在○○○（人名）總統也差不多是這樣子，……對不對他連這些事情也在管，所以叫他○○○（人名）科長、○○○（人名）區長就是這個概念？那就是他的風格嘛，他有時候管到那麼細，……那個常次……把很多事情看掉了，他就會不高興，說為什麼不給他看，可是你如果給他看，他會準死的，他會看不完。（B01訪談記錄）

不同總統呈現出差異頗大的領導風格，此種差異的因素頗多，從其生涯發展而言，○○○（人名）總統過去從事反對運動，擔任民意代表，因此其較重視民意的回應性，因此較強勢地去推動其競選承諾。相對地，○○○（人名）總統長期在官僚體制中，習慣於體系的遊戲規則，不逾越體制規範，重視細節，兩者的生涯發展某種程度解釋此種差異。

雖然兩者在領導風格上有以上的差別，但兩者有一共通點，從過

去的新聞報導與本次的訪談可以得知，兩位總統在擔任總統前不久的時間，皆曾任職台北市市長，而該兩位總統在擔任市府的執政團隊，與後來擔任總統的執政內閣有著一定的關連性，顯現兩位總統在任命的主導性。

> 行政院院長是○○○（人名），他就打電話問我要不要來，我就覺得說可不可以不要去，他要我二十四小時內要回覆他，我就去問幾個仁兄仁弟，就想說要不然就試看看，我就去了。我不是很知道，但就我的了解是總統，因為我們是特任官，應該要總統同意。我跟總統的淵源，是在台北市……，他是台北市市長，應該是這樣子。（A07訪談記錄）

　　如表5-1及表5-2所示，在不同總統時期，各有相當數量的部會首長曾在不同總統擔任台北市市長時任職該府的局處首長。這些任命呈現

表5-1　曾任職台北市政府的中央政府官員（2000年5月～2008年5月）

人名	市政府職位	中央政府職位
李逸洋	民政局局長	內政部政務次長、行政院人事行政局局長、內政部長
陳師孟	副市長、教育局長	中央銀行副總裁、總統府秘書長
林嘉誠	副市長、研考會副主委	考試院考選部部長、行政院研究發展考核委員會主任委員
馬永成	副秘書長	總統府副秘書長
張富美	訴願委員會主委	僑委會委員長
林全	財政局長	行政院主計長、財政部長
涂醒哲	衛生局長	衛生署長
林俊義	環保局長	環保署長
陳菊	社會局長	勞委會主委
陳明通	研考會約聘研究員	陸委會副主委、陸委會主委
林陵三	副秘書長	行政院公共工程委員會副主任委員、交通部政務次長、交通部部長
郭瑤琪	國民住宅處處長	總統府公共事務室主任、行政院政務委員、交通部部長

人名	市政府職位	中央政府職位
羅文嘉	新聞處處長	行政院文化建設委員會副主任委員、行政院客家委員會主委
劉世芳	政府環境保護局局長	行政院秘書長

資料來源：整理自訪談內容及新聞、網路資料

表5-2　曾任職台北市政府之中央政府官員（2008年5月～2010年7月）

馬英九		
人　名	市政府職位	中央政府職位
王如玄	市政顧問	勞委會主委
范良銹	秘書長、工程局長	行政院公共工程委員會主任委員
葉金川	衛生局長、副市長	總統府副秘書長、行政院衛生署署長
李述德	財政局長、秘書長	財政部部長
石素梅	主計處長	主計長
王進旺	警察局長	海巡署署長
沈世宏	環境保護局局長	環保署署長
陳裕璋	副市長、秘書長	金管會主委
王卓鈞	臺北市政府警察局局長	內政部警政署署長
陳清秀	台北市政府法規會主委	行政院人事行政局局長

資料來源：整理自訪談內容及新聞、網路資料

了兩個趨勢：首先，過去在台北市政府若曾擔任市長的左右手，即副市長、秘書長，相對在執政內閣時期也常擔任總統府如總統府正副秘書長等重要職位，如2000～2008年時期的陳師孟、馬永成，2008～2010年時期的葉金川。另一個趨勢是，市政府小內閣與中央內閣之間的專業延續性，過去在台北市政府與執政內閣的職位是相互對應的，如2000～2008年時期的林嘉誠、林全、林俊義，2008～2010年時期的范良銹、葉金川、李述德、石素梅、沈世宏、王卓鈞，此一現象在2008～2010年時期更顯鮮明。

對於這種小內閣成為中央大內閣的現象，C03認為：「很多都是地

方首長，一躍成為就為重要的部會首長。那個大概他們所考慮的方式或因素，是取決於信任度與政治性的考量。」除此之外，也顯現總統而非行政院長，在部會首長任命過程所扮演的關鍵角色。雖然不同總統呈現出兩種差異頗大的領導風格，其在用人部分則有共同的特質。

二、不同院長的領導

> 每一個院長的風格都不一樣，每兩個人的溝通也都是獨一無二的，……你問我什麼樣的風格是最好的，我想以我的觀察，沒有一個定論，就要看彼此之間的配合是怎麼樣，這應該是一組人下去看這件事情。（A05訪談記錄）

團隊層次的因素中，除了總統的領導外，行政院長具有最高行政首長法定地位，因此行政院長的領導及其可能對政務事務互動的影響，也值得討論。民進黨執政時期大部分的受訪者提到，各任院長大都能尊重他們的意見。例如A09指出：「我接的幾個院長都蠻尊重我的，其實都尊重首長，而且都善待首長。」A10也表示「歷任的院長對我都蠻信任的，從張院長、游院長、謝院長、蘇院長對我都蠻信任的，當然中間也有一些爭執，但在有些爭執當中，我發現他們的度量其實蠻大的。」該受訪者進一步舉○○○（人名）擔任院長時推動一個政策的案例說明：

> 這個案子一直擋，經過了好幾任部長與院長，到了○○○（人名）的時候，因為○○○（政策名稱）……有壓力，而且法案也沒修過，因為我要他們修法，的確也送到立法院去，但是沒有立法委員支持，所以那個案子就躺在立法院，最後○○○（人名）還是說要（執行該項政策），但我還是

反對，當時開了好幾次的會，不是很愉快的經驗，但是他的
度量很大。……不過一旦出了行政院的門，因為跟行政院院
長立場不同，所以我就不太講話……。（A10訪談記錄）

正如以上有關院長及部長之間互動的評論所指出，不同的院長有
不同的領導風格，對於何種領導風格最適合，並無定論。在受訪的首
長中，有幾位特別提到不同院長值得稱許的領導風格。例如，擔任不
同政黨及院長時期內閣成員的A12，對於○○○（人名）任行政院長
時期的領導方式仍然津津樂道[2]，A12表示○○○（人名）院長時期，
充分授權由部會首長推薦該部會的次長。除此之外，對於各部會作明
確的分工，設定「防火牆」，讓次長先作為第一線的發言人，首長則
視情況對於次長的發言作補充或修正。此種機制使得部會的政策推動
更有轉圜餘地，預留作為修正的時間差。

在○○○（人名）院長的時候，列得很清楚，部會首長不要
面對外界，讓次長……去發言，這樣他才能夠進退啊。……
本來○○○（人名）院長規定以前，我們是都有面對媒體，
但是○○○（人名）院長規定要，我們就退回第二線。（A12
訪談記錄）

另一位受到多位受訪者贊許的是○○○（人名）擔任院長時期的
領導風格，特別是其強調溝通與民主的決策方式以及對於規劃的著
重。A05及A11認為○○○（人名）擔任院長時期重視溝通，透過開
會，親身親為投入了解政策，A05指出：「所以有人批評他開會開很
久，這個也是他的特點，他就是寧願把事情弄清楚、磨清楚，而不是

2　雖然○○○（人名）擔任院長時期不在本研究範圍，因為該受訪者在民進黨執政時期擔任部
　會首長，而且其所提及領導風格與大部分民進黨時期行政院長的領導風格不同，故在此作者
　仍將受訪者經驗納入本文之一部分。

制式的都做好決策,叫你們來開會就是下達命令」。經歷過不同院長領導的A11也指出:「○○○(人名)院長很認真,他有跟我談這個部會他期待的重點工作是什麼,但是我們任內有好幾任院長,其他院長好像沒有那麼清楚的跟我溝通,甚至我想跟他溝通的時候,有點溝通不上的情況。」C05對於○○○(人名)院長的評價依舊是最高的,因為C05認為其任內所規劃之政策是最完整的,過程中也充分討論,C05認為:「至少兩千年到現在,我們單看過的院長裡面,我覺得財政做的最好的是○○○(人名)院長,那時候提了一個○○○(計劃名稱),那也是一個最完整的計畫。」另一位常任文官指出○○○對於幕僚意見的尊重:

> 那○○○(人名)有一個特質,我們講說……他好像水牛〔台語〕一樣,他就是很憨厚的樣子,另外我覺得他有他的自知之明,他知道他自己不足的地方,所以他的所有的決策,他一定會聽幕僚的意見以後,才會做。」(B08訪談記錄)

經過2008年第二次的政黨輪替後,受訪者對於國民黨時期行政院長領導風格又有何看法?○○○(人名)擔任行政院長時期,A15及A01認為○○○(人名)會充分尊重部長的意見。A15指出:「對,他還是有分寸的啦,○○○(人名)他還是有分寸的,他不會去講什麼……。」A01提及:「剛上來的時候○○○(人名)的態度是,幾乎尊重,完全由部會首長自己……包括他的政務副首長,他都讓他去做,更何況下面……」A13則覺得○○○(人名)院長對於○○○(政策名稱)是相當有理念的。受訪者的觀察呼應媒體的報導,○○○(人名)在上任前曾表示各部會首長人事權將回歸正軌,即十四等次長以上人事,及國營事業董事長、總經理人事案,均報請行政院核

准，其他的人事案主權導交給各部會首長，只要報行政院核備即可[3]。
○○○（人名）也在媒體專訪時強調，他的領導風格是授權與信任部
屬[4]。上任兩個月後則有人事權下放的具體方案出爐，對於要經閣揆
同意的1,300個職位，將有一半授權部會首長核定，不必再上報到行政
院，人事局長○○○（人名）並表示其中有234個職位的人事核定權，
是過去民進黨主政時，將權限從部會拿到行政院[5]。

　　相對於○○○（人名）授權的風格，○○○（人名）擔任行政院
長時期則採較為嚴密的控制方式，此點從其任命部會官員的過程可以
窺其端倪。A01認為相對於○○○（人名）而言，○○○（人名）擔
任行政院長時期，對於用人的控管是相當嚴謹的，在提出任命前，必
須先提出適當人選供他參考及挑選。A01指出：

> 可是○○○（人名）上來完全不一樣。……第一次我見識
> 到，在2000年以後我嚇一跳，他不光是要這流程，他還要你
> 提上來這人選，一個你要提三個。（A01訪談記錄）

　　從以上受訪者對於各不同院長領導方式的評論，可以得知在兩個
不同政黨執政時期，不同院長呈現不同的領導風格。在○○○（人
名）擔任總統時期的院長，相較於○○○（人名）總統時期的院長較
有空間及彈性，而得以展現院長領導特色，其被授權的程度也較多。
整體而言，部會首長較偏好「尊重」首長以及強調「溝通」的院長。
所謂的「尊重」顯現在政策的支持及人事任命的授權，後者則與總統
對首長的任命以及授權程度有關，以下兩節將討論這些議題。

3　經長尹啟銘：局處長短期不調整（2008年5月3日）。**自由時報**。
4　劉揆：入閣3年才能發揮（2009年5月13日）。**聯合報**，A2版。
5　逾600人事案部會首長決定（2008年7月21日）。**聯合報**，A4版。

第二節　任命首長權力的行使與考量因素

　　總統的控制除了展現在政策層面介入的深淺,對於任命權的行使也反映總統的領導風格(Lewis, 2008)。有關誰來任命部會首長、政務、常務副首長以及主秘等職位,相關法律的規定並不明確。根據我國憲法第41條規定:「總統依法任免文武官員。」所謂依法是指必須依照憲法及公務人員任用的有關規定,憲法賦予總統法律上任免官員的正當性。憲法第56條也規定「行政院副院長,各部會首長及不管部會之政務委員,由行政院院長提請總統任命之。」不過,第56條的規定是在原本憲法中,行政院長必須經過立法院同意,以及總統由國民大會代表選舉的背景下所設。隨著總統直接民選以及行政院長由總統任命、無須經立法院同意的制度變遷,對於部會相關人員的實際任命又如何運作,值得探討。本節首先就部會首長的任命及其考量進行分析,下一節則討論對於政務副首長、常務副首長及主任秘書等不同職位的任命及其任命考量。

一、任命首長權力的行使及影響因素

　　這(任命)首長的當然是總統……重要的當然是總統啊。……你表面上是兩岸外交國防,但是幾乎重要部會首長還是要總統同意,你行政院長也……根本也不需要立法院同意。(A15訪談記錄)

　　從憲法的精神以及過去憲政運作的規則而言,有關總統與行政院長的分工,前者負責國防、兩岸、外交,後者負責其他內政。從實際運作上來看,除了以上所提相關部會外,總統對於這些部會以外部會首長的任命,總統仍扮演主要角色。數位在民進黨執政時期的受訪

者指出總統在任命部會首長時「拍板定案」的最後決定權，例如A10表示：「是他（總統）主導的。」A04提及：「其他部會首長的人選，總統可能會有一些考量。」A03說：「部長，我相信大概都是總統決定……。」A17指出：「客觀的講，真的是，都一定要跟總統商量，那你現在你說……你當院長，你哪一個部會首長……不是……經過……總統？一定是經過總統。」

雖然總統對於首長的任命有最後決策權，對於任命結果有顯著影響的，除了總統個人的淵源或偏好外，還有其他因素。首先是行政院長，總統在任命過程中將與行政院長共同磋商人選或授權行政院長提名。例如受訪的C05部長提及：「我是被行政院長任命的，是行政院長他請我去當。」同樣地，C04提到：「我想這部會首長一定是行政院長跟總統共同商量的，……，那兩邊在做決策決定的時候，到最後應該還是以總統為主……。」例如，在○○○（人名）內閣上任前一天宣布的內閣人事中，四十位內閣閣員共有十四位異動（包括三位兼職），○○○（人名）院長表示，所有人事都是由他與○○○（人名）總統商議後確認，涉及軍中將領層級均由○○○（人名）親自溝通拍板定案。

其次，行政院長之外，在任命過程中，政黨也扮演重要的角色，但當總統與黨主席具有競爭關係或互信不夠時，任命過程中不見得會有黨主席的參與，但大致而言，黨的參與還是不可或缺。在某些情況下，總統也會與黨主席討論部會首長人選，A07指出：

> 大概我覺得是黨跟政，第一個是當選者本身，就是總統，他要做最後的拍板定案，然後再來就是跟他們黨有關，譬如說國民黨的主席或是秘書長，再來就是說在選舉裡面的功臣。
>
> （A07訪談記錄）

　　除了在體制上行政院長與執政黨主席，總統個人網絡的推薦以及幕僚的協助也是重要的影響因素。如A10提到某位大老的推薦，「有一天……，○○○（人名）突然打電話來，他說他跟○○○（人名）總統聊，說內閣裡面沒有一個懂○○○（專業領域）的，需要有一個懂○○○（專業領域）的來，說總統想要請我來當○○○（職位名稱）。」曾參與幾位院長時期民進黨組閣過程的A18，在訪談中談及關於任命的部分，歸納內閣名單的來源大致有五種：「總統，院長，○○○（人名），○○○（人名），這四個角色，非常明顯……」，A18進一步提到內閣中有「有一席○○○（政黨名）保留席，一定有一個○○○（人名）保留席」。而○○○（人名）的角色主要在「科技」相關部會首長的推薦與諮詢，有關○○○（人名）在任命過程的角色，在前任研考會主委及考選部長林嘉誠的著作中也曾提及（林嘉誠，2007：51）。

　　第五個影響部會首長任命是指總統或行院院長身邊的幕僚，幕僚對於首長任命，特別是在民進黨執政早期「口袋名單」及「人才庫」還不甚充沛的時期，也發揮了某種程度的影響，如A18憶及：

> 剛好有在身邊的幕僚，他可能去蒐集意見，就看運氣啊，Google到的次數，你出現了，剛好你著作不夠多，沒有排在前面的話，你可能就沒有被放進參考名單裡面，……幕僚可能沒有什麼偏好，但就要偷偷去打聽，去幫老闆思考，但是能力也很有限。（A18訪談記錄）

　　綜合各受訪者的訪談中有關各部會首長的任命權，即由誰來決定或影響該部會首長的任命，大致可以分為「總統」、「行政院長」、「黨主席」、「總統個人網絡」等四大類。從受訪者的訪談內容可以得知，總統具有內閣的主導權以及人事任命的最終決定權。不過，

這個過程還有其他來源的影響。例如，在各個部會的任命上是否有分工？有無規則可循？也是值得探討的一個問題。如前所述，按照憲政慣例，總統在國防外交政策以及人事任命上，都具有主導權，但實際任命權的行使又如何？

以○○○（人名）擔任總統時期的任命為例，從多位來自不同部會的訪談記錄歸納得知，外交及國防事務所延伸的相關部會，如陸委會、僑委會、退輔會、調查局、海巡署、警政署等二、三級的機關首長，皆是由總統直接任命。A03及A15指出：「按照我們憲法跟慣例，外交、國防、兩岸，是總統的人事。」，任命權受總統影響的部會如外交部、國防部、陸委會，像是外交部一定是由總統任命，「我相信……這個外交部的部長，還有這個政務次長，我想……總統府的影響力很大。另外一個就是部長，我相信大概都是總統決定……。」，外交延伸的陸委會及僑委會，「他總體來講還是總統的職權」，亦是總統所任命。像是國防部、及國防延伸的退輔會亦然，「退輔會是隨著國防，總統職權……」。其他如屬於國安系統的海巡署、調查局亦是屬於總統任命。

其他職位則視總統有無偏好人選，如無特別優先人選，則將與行政院長磋商或由其他重要人選推薦。以同樣在○○○（人名）擔任總統時期的某任院長任命為例，部分部會職位任命，會先由「行政院長」與人選對談、溝通，如行政院某大部會，將參考院長意見，A18指出：「我記得○○○（人名）院長很清楚的覺得，內政部長一定要做過縣市長，才會知道、瞭解地方。所以從那個卸任縣市長的名單上面來找到人，這是他（行政院長）的主觀期待……。」另外，C05憶及：「如果你問我說我被誰任命的話，那我是被行政院長任命的。」行政院某小部會受訪者指出，「是院長找我去談，問我要不要換成○○○（職位名稱）……」。

　　任命職權行使的複雜性，將影響首長職權的行使。由何人所任
命，將影響其效忠的對象或聽命的上司，在雙重指揮的情況下，院長
的下台可能牽動其人馬的去職，影響到內閣人事的更迭。由總統所任
命及信任的首長，不僅隨著院長去職而離職的可能性較低，在副首長
的任命權方面，也有較大的自主權。除非總統有特定偏好人選，否則
將授權首長選擇自己副手，對於政務事務互動有較正面的影響。

二、任命的考量因素

　　　總統要考量到下次選舉的佈局，對於相關政策他認為哪些人
　　　有能力來執行，黨內權力的平衡，社會形象的考量，還有和
　　　院長在人事安排的相關分工……。（A04訪談記錄）

　　部會首長的任命過程複雜，而在任命過程的考量因素也頗為多
元。歸納訪談記錄大致可分為內閣整體考量、個人的考量以及各部會
特性考量等，而三者之間也息息相關。

（一）內閣整體考量

　　就內閣整體考量而言，「部會首長」的任命，主要都是出自總統
的政治性考量，總統考量的層面頗多元，如選舉佈局、黨內派系的平
衡、社會觀感形象，A04指出：「總統要考量到下次選舉的佈局，對
於相關政策，他認為哪些人有能力來執行，黨內權力的平衡，社會形
象的考量，還有和院長在人事安排的相關分工……。」在某些情況下
也要顧及到系統的協調，此種系統的協調，依C03的說法是指：「政
治性的考量，譬如有政治的取向，而這種政治的取向不一定為國民黨
執政時就會選擇國民黨的，他可能會穿插一個民進黨。」

在台灣特殊的政治環境下，各總統候選人在競選或組閣過程期間為了爭取更多的選票，或實現所謂「全民政府」，提出未來內閣成員需有性別與年齡方面的代表性，如對於部會首長整體人口特質的考量，早期著重省籍，隨著台灣的民主化，近年來則逐漸強調女性及年輕化。

> 不敢講，縱使會考量也不敢講。……只能做，不能講。……，所以這個、這個女性啊，政黨啦，省籍啦，大概是會考慮，沒有錯……。（A15訪談記錄）

就省籍而言，部分受訪者經歷了不同時代的治理，長期觀察到不同政黨或總統執政時期的差別。由於台灣特殊的政治脈絡，省籍在早期內閣閣員任用是一個重要的考量因素。曾長期在部會服務的事務官C01、C03、B06等皆表示，過去省籍在任用的考量上占有相當的份量，C01說：「過去會啦，現在恐怕也是會，但是不太明顯。」，C03提及：「大致上他應該是會說行政院的院長與副院長，都是外省不可能，兩個通通分享……。」而B06也指出：「應該講在七十五年以前，連戰之前啦！不見得是考量專業，是一個是省籍的平衡。」隨著時代的不同，省籍的考量漸漸地從本省與外省籍，轉變成地緣關係上的南北平衡，如A17提到：「南北……也會有啦，有些是省籍的考量。選舉的考量，那省籍的考量，南北的一個差異的考量」。A15更進一步提出也許當局有省籍考量，雖在實際作為上皆屬於只能做不能說的潛規則，但的確可以在某些部會看到省籍影響任命的痕跡。

> 譬如說你內政部部長，大概也不會去找一個外省籍的。但是其他像國防部長，大概很少是本省籍的。……那個交通、經濟，這個……，這個都比較沒有省籍問題……。（A15訪談記錄）

　　省籍的平衡是早期內閣閣員任命主要整體的考量，隨著男女平權以及性別主流化等概念的普及，女性閣員在內閣閣員中所占比例也被不同政黨及總統所強調。A13提到，候選人在競選時將女性內閣人數提為政見，而在當選後，證明實際女性在內閣用人方面是有其考量的。

> ○○○（人名）總統在競選的時候好像承諾過不曉得是四分
> 之一還是多少的女性閣員，所以他至少不能夠低於那個，至
> 於說我是不是因為這樣子，就被選上，我不曉得，我希望不
> 是……。（A13訪談記錄）

　　重視內閣中婦女比例的趨勢是不分政黨的，陳水扁在2000年總統競選期間，曾經公開保證未來如果當選，將任命四分之一女性的閣員[6]。同樣地，馬英九在2008年的造勢晚會中，也宣稱未來八年執政女性閣員將達三分之一[7]。在民進黨時期擔任政務官的A18表示，性別在內閣名單的整體考量來說，是會被注意且看重的，所以一旦內閣名單有女性人選出現時，這個女性人選就會特別地加分。

> 有一部分是性別考量，就是說整體名單裡面，性別比例這件
> 事情，大家都一直覺得很難維持，所以後來你只要有女生，
> 他就會突然占到一個便宜，他的分數會突然被加分……。
> （A18訪談記錄）

　　除了對於女性的重視，年輕化也是一個趨勢，特別是在國民黨執政數十年之後，民進黨執政之初，一方面要讓民眾耳目一新，另一方面也因為人才不足，所以特別強調年輕化。在任命方面，A11分析自

6　扁營造勢晚會保證四分女性為閣員（2000年1月31日）。**聯合報**，A3版。
7　馬承諾：女性閣員達三分之一（2008年3月9日）。

己任命考量是基於年紀而雀屏中選。年紀的考量有任用較為年輕的、亦有考量任用較資深的。

> 我的形象可能年齡的因素很大，總統希望由35歲以下擔任，我覺得這是有道理的，你看其他國家的○○○（職位名稱），沒有那種40歲的，有那種20幾歲的，34歲不算年輕了，所以年齡的考慮是有的。（A11訪談記錄）

不過，由於民進黨任命的部會首長年輕化趨勢，加上2000年首次執政，較缺乏經驗，因此有所謂「童子軍治國」的批評，A01提及：「外面就刻劃了童子軍治國嘛，就覺得你年輕，那我覺得那背後是認為你沒有經驗啦……」對於外界的批評，陳水扁表示：「童子軍治國又怎麼樣？用童子軍的精神，來治國有什麼不對？因為童子軍所代表的就是年輕有活力，有理想有熱情。」[8]由於整體的考量中納入省籍、性別及年齡的因素，對於執政團隊的組成以及政務事務的互動投入更多的變數。特別是在民進黨執政時期，年齡因素的確在各部會政務事務的互動中造成顯著影響。

（二）個人考量

就個人考量而言，主要是被任命者與總統之間的信任關係，此種信任關係的建立，主要是與總統共事經驗，或透過行政院長或第三者的推薦。就前者而言，A06表示，在○○○（人名）時代，彼此在先前共事或合作的經驗，會影響到任命以及互相的信任關係，此種關係也使得總統授權首長選擇自己偏好的副首長，「總統對於○○○（部會名稱）的人事都比較相信○○○（部會名稱）的○○○（職位名

8　年前扁「童子軍治國」總統幕僚均30左右年輕人（2008年4月30日）。**東森電子報**。

稱），因為○○○（人名）跟總統的關係也蠻特殊的嘛！所以當時○○（部會名稱）的○○○（職位名稱），在一些人事上面都主導性比較強。」

在透過行政院長或第三者的推薦任命部分，如總統與院長彼此的信任度，A15指出：「你喜歡這個行政院長，這個總要……要看你跟總統的關係怎麼，……，你推薦他大概都接受」，另外，透過第三者的關係也是強化總統信任一要因素，例如，A10以自己的經驗現身說法：「○○○（人名）突然打電話來，他說他跟○○○（人名）總統聊，……，說總統想要請我來當。」

> 他們對於這種所謂用人不疑，疑人不用這一點是比較一致，
> 都覺得我請了你，就是因為你是我認為最好的人，最好的人
> 選，那麼我就會尊重你的一個策略……。（A13訪談記錄）

在○○○（人名）政府用人方面，A13認為○○○（人名）總統在用人任用內閣方面的部分，大多數都是先讓行政院長提出，及信任其所選，A13指出：「以○○○（人名）總統的個性來講，我相信他會盡可能的尊重這個當時的○○○（人名）院長……。他們對於這種所謂用人不疑，疑人不用，這一點是比較一致。」不過對於○○○（人名）政府的任命也有一些負面看法，A07根據觀察認為○○○（人名）政府用人來源與同質性較高，「你會看到很多同質性很強的政務官出現」，B01亦有相近的看法，指出○○○（人名）政府內閣用人多屬於學者或專家，「我們這邊有很多是掛學者專家啦」。

在兩個政府所用人整體的差異上，受訪者B7比喻不同總統在用人考量上的差異，「○○○（人名）總統他是德才兼備，他德放在前面，德才兼備的，那○○○（人名）是才德兼備，才先搞定，德你就不小心那就出狀況。」，以上說法某種程度呈現其用人原則。

（三）各部會專業考量

> 從專業跟政治考量上來講，你想到的這些重要部會都有專業
> 的考量，都不是隨便可以亂找的，經濟交通，八部基本上，
> 除了內政部政治性會比較高，其他我覺得那個專業性都非常
> 強……。（A18訪談記錄）

內閣整體考量強調人口特質的代表性以及內閣整體的公共形象；然而內閣治理能力的展現，主要在於依據各部會的特性，甄補適當的人選，這也是任命的核心任務。歸納受訪者所列舉各不同部會首長所需條件，大致有強調政治考量的部會、著重專業考量的部會、首長需與服務對象（clientele）有深厚淵源的部會，以及可作為靈活調整的小規模部會，當然有的部會可能同時有兩、三種不同考量。表5-3是歸納受訪者針對○○○（人名）擔任總統期間任命各部會時，針對不同部會首長任命的考量，這些考量不見得能夠解釋每位總統或行政院長任命各部會時的考量，不過其能呈現過去未被討論的一些因素，同時也顯現這些考量與文官所重視價值不見得是一致的。

在這些因部會不同特性的任命考量中，首先是政治性考量部會，所謂政治性考量，通常是指基於其部會特性，而須考量其與總統或政黨的淵源、對黨的忠誠或是對政黨意識型態的認同程度。部分部會的任用考量帶有濃厚的政治任命色彩，如內政部、新聞局、外交部、國防部以及教育部等部會。其次是財經或科技相關專業考量部會，相較於內政、外交、國防及教育部會著重政治性考量，這些部會的任命大多以專業為主要考量。例如，財經相關部門如經建會、經濟部、財政部、交通部，以及強調衛生、科技等技術醫療專業的衛生、環保、原能、國科等專業部會。其三是考量內部系統平衡部會，除了政治或專

業的考量，少數部會首長的任命，必須考量系統內部的平衡，例如前述的國防部必須考量三軍的平衡。另外如經濟部、財政部、交通部等部會也有內部系統平衡的顧慮。其四是考量首長利益迴避部會，這些部會因為涉及受制企業的功能，必須避開企業界人士，以免有過多的利益糾葛，例如金管會主委及交通部長。其五是與利害相關人具淵源的部會，這些部會需要考量其與主要利害關係團體的淵源或個人族群背景，例如農委會、勞委會、客委會。最後是整體佈局彈性調整的小規模部會，例如蒙藏委員會、青輔會、北美事務協調委員會，以及人事行政局等，由於其部會相對重要性較不高，故可作為整體任命考量上彈性調整的平衡機制。

表5-3　各部會首長任命考量

任命考量		部會	
政治考量		內政部	【需有縣市長經歷、政治人物】
		外交部	【信賴】
		政務委員	【政治考量】
		新聞局	【政治考量】
		教育部	【從大學校長中挑選】 【配合度】
相關專業考量	純專業	財政部	【專業考量，從兩大體系銀行金融體系、政府財政國庫體系搜尋人才】 【忠誠度考量】 【信任考量】
		交通部	【專業考量】
		衛生署	【專業考量，醫生背景】
		原能會	【專業考量，核能】
		環保署	【專業考量】
		國科會	【專業背景，中研院系統】

任命考量		部會	
內部平衡		經濟部	【優先考量外貿系統跟工業系統背景的人】 【主要從實務界尋找，其次學者、企業、財經智庫搜尋】 【體系平衡】
		國防部	【三軍系統平衡】
		財政部	【專業考量，從兩大體系銀行金融體系、政府財政國庫體系搜尋人才】 【忠誠度考量】 【信任考量】
	避開利益糾葛	金管會	【學者，盡量避免金融界人士】
		交通部	【過於敏感，避免企業人才】
與利害相關人具淵源		農委會	【地方首長經驗】 【與農會系統溝通，信賴感】
		客委會	【客家人】
		勞委會	【勞工運動經驗、勞工出身背景】
彈性調整		蒙藏委員會	【依據整體內閣特質進行調整】
		青輔會	
		北美事務協調會	
		人事行政局	

資料來源：整理自訪談內容

第三節　對於其他職位任命權的行使與考量因素

　　部會首長是組成內閣執政團隊的主要成員，政務及常務副首長協助首長推動政策，而主秘則負責部會內部業務的管理及協調，都是政務事務互動介面的要角，其任命過程及考量因素也將影響彼此的互動。以下就政務、常務副首長及主秘的任命分別說明之：

一、政務副首長

> 簡單這樣講，政務次長這角色一定要上報總統、行政院長，
> 然後部長通常是被諮詢或告知。說由部長來選定角色，那要
> 看那部長夠不夠力，那部長如果很重要很夠力他可以去推
> 薦，或著是人家上頭沒有人選……。（B01訪談記錄）

　　從常理的判斷，既然總統及行政院長任命首長，理應由首長來
任命，或由首長推薦請上級任命政務副首長，但實際運作情況並非
完全如此。就形式上而言，任用決定權在上級，即「總統」及「院
長」，但上級通常也會徵詢或事前告知部長，如A02指出：「政務副
主委……基本上都是由上一層決定。而一般而言，居多會禮貌性的徵
詢一下主委的意見。」A03也指出：「這個政務次長，我想……總統
府的影響力很大。」由於政務副首長是政治任命，A07認為大致任命
權主要落在總統，或是黨裡面重要的要角來決定。也有提及若是部長
具有影響力，也是可以建議人選，但最終的決定權仍然是在上級。正
如前述B01所言，具影響力或「夠力」的部長，往往對於政務副首長
的任命有相當的自主權。因此有少數受訪者表示，政務副首長的任命
是來自「部長」。一位女性部長A09以自身的經驗，來說明部長對於
政務副首長有一定的任命權力。這位受訪部長A09提及：「那個政務
次長○○○（人名）是我去拜託，我說叫○○○（人名）來……。因
為他那時候在台北市做的不錯。」

　　除了首長政治影響力以及自身的實力外，政務副首長是否由部長
決定，需視總統及院長的授權程度以及總統對部長的信任。A12表示
在○○○（人名）擔任行政院長時代，對於部長任用其他部會內之職
位給予相當高的信任與充分授權，因此「不必先去跟他講，也不必先
簽呈，我們只要決定用誰，報上去就報上去了。」（A12）

　　另外兩位分別在民進黨及2008年之後國民黨時代掌理專業部會的首長，也有類似由自己任命或推薦政務副首長的經驗。民進黨執政時期的首長C05是在部會內三位副首長都確定留任且同意之後，才願意接下該任命，理由即是因為過去有合作經驗容易上手。

> 當時候我要去當這個部長，不是○○○（人名）找我嘛，然後那裡本來就有次長，三個次長都在啊，那我就跟他講，那我要去，你要我去當部長的條件是那三個次長我都要留……（C05訪談記錄）

　　在2008年國民黨時期擔任首長的A14，接任時逢政黨輪替，三位政務次長都是由他自己本人來挑選且任命決定的。理由是除了政黨輪替、外在環境的變動而有三個職位空缺外，主要出於要找能做事、會做事的人，在被政治任命後，能夠甄選自己所挑選的人，才能擁有受命者高度的配合，去執行政策。

> 三位都是自己選，這也是大概我會很堅持，因為不這樣不能做事，你這樣這些東西擺好，然後找我一個人去蘿蔔坑不能做事啊，因為也很lucky，因為他是……因為政黨輪替，……而且我們三個都政務官，所以全部都要，這是我會覺得比較好的事情。（A14訪談記錄）

　　由於總統及行政院長的領導風格、總統對於該首長的信任程度、總統與行政院長的任命分工及授權、以及行政院長與部長的信任關係等因素，都有可能影響政務副首長的任命，因此一位從事務官轉政務官的受訪者C03指出，有關政務副首長的任命權，「總統、行政院長、部長」三者間皆有機會來做決定，端看該部會之職位性質。

> 政務的副首長，總統……，行政院長……，首長也可能

會……，這是過去經驗中的三個，有時候你首長去的時候，他已經跟你講副首長是誰，這個是政務次長。（C03訪談記錄）

政務副首長的任命考量，除了一般可預知的「政治性」考量之外，在當中亦有濃厚「培養人才」的意味在當中，而從訪談的過程也得知「專業」也極為重要。

政治性考量是指如黨政關係、選舉戰功等因素，例如B01提到：「政務次長他必然考量到他的政黨關係，他一定會考量到政黨關係，甚至某種程度一定考量到選舉有沒有貢獻。」依政治考量所任命的副首長與其任命的部會有某種程度的關連，例如A07指出：「有一些政治性格很強的，可能就在新聞局，或者是研考會，因為那個是跟他們所屬黨裡面的價值觀有強烈連結的。」由於這些部會職責在宣揚及落實政黨的理念，A17認為需要具有外部溝通能力，「那政次……我覺得那扮演的角色，你面對外界……國會……是要有一套的。」政務副首長的任命與歷練亦不失為政黨培養治理人才的重要途徑，如C03指出：「一部分是政治性的考量，往往就有一點培養人才的感覺，所以政務次長的選才，除了在專業性的考慮之外，往往都會選擇較年輕的人才。」又如考量同進退因素，像是A03認為：「這個政務的這個continual（持續）我其實代表的程度比部長要高……假如換的部長，它們一定要換政務次長的話……。」。

除了政治性考量，對於政務副首長的任命，有的是視其對首長專業上的輔佐，C03認為：「政務次長部分，比較可能就會選擇較專業的人才……。」B01提到個人專業淵源與職位所具備的專業如何搭配，「當然同時也會去併案考量專業跟經歷背景跟要去做這樣位置的關連性，……就是他的學經歷的背景能不能在這個位置、能不能在那

個部會服眾……。」又如A09提到與首長的專業互補性，「最少我認為專業的考量是蠻重要的……你的強項跟弱項你要自己很清楚，我的強項是這個、我的弱項是這個，那你的政務次長才會跟你打拼。」另外在某些部會的屬性上專業亦顯得相當重要，A07指出：「在任命的過程當中，當然也會考慮專業，譬如說某一些部會，你不考慮專業都不行，例如財經的部會，跟財經沒有淵源的話，一定會被人家罵……。」以上皆是專業的考量因素。

在政治性、專業性考量之外，也有受訪者表示任命對象與首長的關係、個人特質與聲望也是重要的因素。就彼此關係而言，A02認為：「徵詢意見的動作，多半是看人彼此之間的關係。」又如經歷與聲望也是重要的考量因素，如B01提及：「會考量他的資望有沒有辦法服眾，會不會造成領導上的困難。」也就是考量過去的經歷、聲望與即將任命的職位是否具有關連性，以及與內閣組成是否相得益彰。

二、常務副首長

> 常務次長這個角色，通常是大部分的比例，會是由下而上的，就是部長他去找好人選，然後要去跟行政院長做討論……。當然也會有少部分常務次長由上面交辦的，也是top down，上面交辦給部長……。（B01訪談記錄）

相對於政務副首長，首長在常務副首長的任命有較高的自主性。由於常務副首長必須具備文官資格，而且要有一定的資歷，通常是歷練過司處長、主秘的高階文官，因此在部會內可供選擇的人選並不多。再加上其類似文官長的特質，對於機關的運作必須有相當的熟悉程度，並且必須與首長有相當的信任。多數的訪談記錄顯示，常務

副首長大部分是由部會首長直接派任。A01指出:「都是首長,不管是常次或者是主秘啦。」而A03也提及「至於就是這個常務次長啦、主秘啊,我想這個決定權呢,大概大部分是部長……」,A07認為:「通常都會尊重首長本身。……所以我覺得,這一塊一般而言,大概都會尊重部會首長,直接介入的很少,除非有狀況發生」。

對於常務副首長的任命,少部分是由上一層,即行政院層級任命(B01訪談記錄)。曾擔任政務官的A02以其自身的觀察而有類似的觀點:「政務副主委與常務副主委基本上都是由上一層決定。」整體而言,以上情形較少被受訪者提及。

在常務副首長任命考量方面,過半數受訪者皆認為「行政歷練」經驗及「行政倫理」兩者最為重要。就行政歷練而言,因為常務副首長通常出身於文官系統中,有一定的行政經歷,「常務次長第一個一定要考量的是他的資歷就是他的歷練夠不夠」(B01訪談記錄)。另外,由於豐富的行政經歷累積對於業務的熟悉度,「以現在像常務次長,我認為部會業務的熟悉性……,應該是每個單位都有歷練過了。」(C03訪談記錄),以及同仁的認識度與領導能力,「因為他要帶的動部會裡面的所有人,若人家不認識他以及他的性格,以及他以往在文官系統中的歷練,那不容易」(A07訪談記錄)。再就機關內部的行政倫理考量而言,受訪者所謂的行政倫理是指資歷深淺,「因為這個是牽涉到部內的人事安排,然後部內有他們的政治倫理,就是說他的……seniority,所以這個部長可能有些選擇,但是也受部裡政治倫理的影響」(A03訪談記錄)。亦即在官僚文化中所謂的「論資排輩」等人事升遷的潛規則,這些潛規則也是首長在任用常務副首長時考量的因素。

三、主任秘書

> 至於主任秘書，大概與首長的配合度是需要被考慮的，因為
> 由首長自行的決定機會比較大。（C03訪談記錄）

　　有關「主任秘書」的任命權，訪談記錄顯示這個職位幾乎都是由「部會首長」來決定。主祕任用權來自部會首長，這是在訪談分析中，各類受訪者中最具有共識的，主祕由部會首長自己決定，呈報上級，上級也將尊重其選擇。A01認為：「都是首長決定」，A02也指出：「主祕基本上是主委找……。」A03亦說：「至於……主祕啊，我想這個決定權呢，大概大部分是部長……。」B01說：「主祕的人選就單純啦，通常是部長自己決定……。」B02以個人過去經驗指出：「人都是局長決定。」B03認為：「主任秘書的人選大部分都是由部會首長來決定，然後報院去核定。」曾擔任政務官及事務官的C03表示：「至於主任秘書，大概與首長的配合度是需要被考慮的，因為由首長自行的決定機會比較大。」由以上分析可見，與政務首長及副首長任命比較起來，主祕的任命較具一致性。

　　對於「主任秘書」的任命考量，最重要的是「對內的考量」，受訪者分別提到行政倫理、與首長的配合度、專業的規劃能力。A03認為：「因為這個是牽涉到部內的人事的安排，……行政倫理，就是……seniority。」除了行政倫理，還有其他的考量，B02提及：「人選最主要是考量配合度。……在內部行政事務的管理與處理，還有承上啟下的內部綜合協調工作，所以他一定要很相信這個人。」B03則指出：「第一個是人事運用的考量，……人事專業考量，……。另外一個考量的因素，……需要主任秘書先來統籌規劃。……考量第一個是……就是要比較圓融……，處世要公正，不偏不倚，……。做一個比較客觀的建議……，去權衡政策的可行性。」

　　除了以上對內的各種考量之外，尚有部分受訪者提及主秘需要有「對外溝通協調」的能力，因為一個主秘具有代表機關去做對外溝通的功能，如果沒有一定的溝通能力，沒有一定的實力，就無法達到有效的協調。

> 不管是常次或主秘通常是代表機關去跟外面，……他是代表機關，所以我覺得他的溝通能力……，能夠跟人家談這個事情，……。（A01訪談記錄）

四、不同職位任命比較

　　本章最後將部會首長、政務及常務副首長，以及主秘等四個職位的任命權以及任用考量整理如表5-4所示。

　　整體而言，縱使從訪談記錄中整理出不同職位有不同的任命權與不同考量，但是也有A07、A11、C01、A18等受訪者觀察到政務官的出線考量有隨機成分。A07提到：「我的感覺就是，一個人的聰明才智，頂多任命十個，其他都不是由自己決定的，各方推薦比較多，要靠『擲杯』。」亦即，任命者必須在短時間內從腦海中有的名單去做挑選。同樣地，A11及A18表示：「政務官任命有點隨機」。曾長期擔任常任文官的C01指出：

> 就我的觀察，院長在組閣時的時間都很短，大概都差不多一個禮拜就要組閣完成，所以院長要去決定那麼多的政務官，實際上沒有那麼厲害，所以我的觀察就是幾分鐘決定一個人，甚至有時候幾秒鐘決定一個人……。（C01訪談記錄）

表5-4　不同職位任命行使及任命考量

	主要任命者	任命考量
部會首長	1.總統決定 2.總統與政黨共同討論決定 3.總統跟行政院長共同討論，但以總統為主	1.整體考量：選舉佈局、系統平衡、人口特質代表性、整體公眾形象。 2.部會考量：專業、內部系統平衡、與服務對象具深厚淵源、小規模部會。 3.個別考量：與總統、院長關係、個人特質。
政務副首長	1.總統決定 2.行政院長決定 3.首長決定 4.諮詢部會首長	1.政治考量：政黨關係、選舉貢獻、經驗、培養人才。 2.專業考量。 3.個別考量：年輕、彼此關係。
常務副首長	1.部會首長決定 2.行政院長 3.總統決定	1.政治倫理、行政倫理。 2.專業考量：資深歷練、業務的熟悉性。 3.個別考量：溝通協調。
主秘	部會首長決定	1.行政倫理。 2.專業考量：公務文書能力、協調統籌、規劃能力。 3.個別考量：溝通協調、配合度、處事圓融公正。

資料來源：整理自訪談內容

　　除了依首長主觀的認知決定任命的人選外，還涉及客觀的偏好對象是否接受任命的問題，因此任命是領導者的挑戰，由於其涉及主觀以及不確定性，因此有藝術的成份。除了有任命者主觀的偏好與選擇之外，也需要客觀的被任命者之配合。政務官的口袋名單深度有多深、廣度有多廣，都將深深影響政務官的素質與任命。

　　從任命的權責以及實際任命的層級，可以看出我國總統制落實的程度，除了首長任命過程的複雜以及來源的多元，也因為許多政務副首長以及常務副首長並非由首長直接任命，因此前述發生在美國政府的「生疏政府」的現象更普遍。在沒有明確權責劃分以及互動規則的情況下，政務事務互動的磨合期將增長，而衝突機率也將因權責關係不清而提高。從任命的考量，也可以看出政務官與事務官在本質上的差別，以及不同的角色期待，政務首長及副首長的任命較著重與總統

淵源與信任程度關係，以及意識形態或權力平衡，常務副首長及主秘則重視年資、業務的專業能力與公文能力。呈現民主政治政務官及事務官兩者互補以及其可能衝突的原因。

第四節　小　結

　　台灣政黨輪替後的民選總統呈現不同的領導風格，不同的領導風格展現對於執政團隊及官僚不同的控制策略及任命行為。○○○擔任總統採取比較嚴密的控制策略，不僅主導其列為優先的政策，甚至在部分情況下，跳脫行政院院長的指揮鏈，直接指揮部會首長或副首長。相對於該種強勢的領導風格，○○○總統對於其競選承諾則採取比較彈性的作法，若政務官或文官的專業意見與原先政見有扞格之處，則部會仍有調整政策的空間。

　　不同的控制策略也顯現在對於部會首長、政務副首長、常務副首長等主要職位的任命上面。○○○在任時期，除了主導首長的任命，在政務副首長甚至少數常務副首長也可以看到總統的影響力。而在○○○擔任總統，○○○擔任行政院院長期間，副首長則主要由部長來推薦，總統較少介入。○○○擔任院長期間，雖然對於部會副首長及高階文官的任命有較多的關切，但總統仍尊重院長及部長在副首長方面的決定權，相對於總統的政策主導權，行政院長主要配合總統推動政策。就部會首長的角度而言，大部分受訪者希望受到尊重，並期待院長能有較完整及長遠的規劃，並能夠讓部會參與規劃過程。

　　對於不同總統領導風格的差異，以及其所牽動行政院長的領導，除了前述兩位總統個人生涯發展的不同路徑所造成，也反映了兩個不同政黨過去與文官的關係。民進黨在2000年執政以前，長期批判黨國體制，在威權時代，在所謂「準列寧式」政黨的長期運作之下，文

官與黨國體制合為一體，在批評黨國體制的同時，文官政黨化也成為過去反對黨抨擊的焦點。首次執政的民進黨背負著反對運動長期的主張，作為首次民選的總統，必然盡其所能地在政策中實踐過去倡導的主張，為了實踐這些承諾，必須採取較嚴密的控制策略。相對地，國民黨2008年再次執政後，與行政官僚並未如民進黨與文官之間的張力，相反地，國民黨在執政後，著重的是如何「重溫」與文官之間的互信及和好關係，因此無須如民進黨般採取較嚴密的控制。

　　這兩種不同的控制策略，不僅將影響政務事務互動關係，也呈現公共治理所追求兩種不同價值。強勢的控制與領導者嘗試透過對於政策的主導、主要政治及官僚職位的任命，確保競選承諾的落實，來達到對於民意的回應（responsiveness）。相對地，較為授權的領導方式，則呈現對於文官專業的尊重，強調文官的專業責任（responsibility）。前者造成如核四等政策的重大變動以及政務官與文官之間不斷的衝突，而後者雖然與文官較少有重大的衝突，但是對於政策落實的不足以及與民意的脫節，常成為媒體及反對黨批評的焦點。不同總統的領導風格所呈現的「民主回應」與「專業責任」兩者無法兼顧的困境，正是民主治理所面對的兩難。

　　部會主要職位的任命一方面呈現總統的控制策略，另方面將影響治理的品質以及政務事務互動關係。如前所述，首長的任命除了有內閣整體考量、特定部會的特殊考量，從前述兩個總統在任期間，行政院內閣與台北市小內閣首長具有雷同性，可見另一個關鍵的任命因素是與總統之間的共事經驗所累積的互信關係。但是，就其層級、業務性質以及管轄範圍而言，台北市政府與行政院有頗大差異，直接由市府首長轉任部會首長，突然間從執行中央政策的下屬機關，成為制訂政策並負責監督的首長，此種角色轉換並未有足夠時間，對於治理與政務事務互動造成何種影響，值得探討。此種大量任用小內閣的現象

也間接顯示我國中央政府治理人才不足的現象。

　　最後，回到本研究所關切的主軸，亦即，到底總統及院長的領導風格與任命等控制策略對於政務事務的互動有何影響？本研究初步的分析顯示，由總統直接任命副首長，除了少數個案之外，往往影響到首長的領導權威，並造成首長與副首長之間的互信不足，最後落得部長下台或副首長離開，破壞執政團隊的穩定與形象。相反地，由首長推薦副首長人選，則較無以上政務事務衝突的問題。除了尊重部會首長對於副手的決定權，任命過程也必須考量各個部會的傳統，必須顧及到部會內部的次級團體以及潛規則，如部會內各系統的平衡以及任命的習慣，除非這些組織文化因素對於政務推動有明顯的負面影響，否則應儘量避免破壞這些潛規則，以免破壞政務事務的互動關係。

　　如前所述，不同總統的領導風格影響到其控制策略以及任命的考量，進而形成不同特質的執政團隊，不同執政團隊特質上的差異不僅將展現總統所重視的價值，也將決定治理的品質以及政務事務互動關係，下一章將就2000年至2010年不同時期政務事務互動介面的主要職位進行分析，呈現不同執政團隊的特質，進而討論其對於政務事務互動的意涵。

第六章　團隊層次二：互動介面成員之特質分析

　　政務官及事務官的背景以及流動等特質的描述與比較，過去一直是學者研究的焦點（Heclo, 1977; Lewis, 2008；邱育琤、徐永明，2004；胡龍騰，2007），在組織行為理論中，人口背景也被認為是個體層次的一個重要的研究變數（Robbins & Judge, 2007）。不過，本書主要呈現不同執政團隊中政務官及事務官的集體特質，因此將此主題置於團隊層次。另外，成員的認知也是個人層次一個重要的觀察變數，由於本章所使用的文官次級資料所呈現的是集體的認知，因此將其納入團隊層次的因素，個人的認知則將在後章中討論。本章接續上一章的主題，探討在以上不同執政團隊任命行為的影響之下，政務首長、副首長以及主秘的基本特質，藉以比較政務官及事務官在各個面向上的異同程度，作為瞭解政務事務互動的基礎，除此之外，也將探討政務官對於政務事務互動集體的認知。

　　本章第一節透過次級資料的分析，呈現2000年之後在兩任總統領導之下，不同行政院長所任命的部會首長，並綜合比較不同總統就任及在職期間政務首長、副首長相較於常務副首長以及主秘的差異。第二節同樣透過人事次級資料的分析，探討以上人員的流動。第三節則分析2008年「台灣文官調查資料庫」問卷以及2009年「台灣高階文官調查」問卷，分別探討簡任級文官的政治態度，以及呈現常務副首長及主秘等政務事務互動界面的高階文官對於政務事務互動行為的觀察與態度。

第一節　部會政務事務人員特質

前述Ferrara & Ross（2005）以及Maranto（2005）都指出政務官及事務官在特質上有其差異，本節呈現並比較政務首長、副首長及主任秘書之個人基本特徵，彙整資料時間自2000年5月20日陳水扁政府至2010年7月31日馬英九政府（任期至2012年5月20日）止。其中，從2000年5月20日至2008年5月19日為陳水扁政府執政，包含唐飛內閣、張俊雄第一次內閣、游錫堃第一次內閣、游錫堃第二次內閣、謝長廷內閣、蘇貞昌內閣及張俊雄第二次內閣。從2008年5月20日至2010年7月31日止為馬英九政府執政期間，包含劉兆玄內閣與吳敦義內閣，其中吳敦義內閣至2010年7月31日止，尚持續運作中。分析對象為行政院38個二級機關[1]的首長、政務副首長、常務副首長及主任秘書，不包含總統府、行政院院長、政務委員以及其他四院的政治任命人員。

一、不同內閣首長的背景及流動分析

在首長的部分，如附錄一所示，這段期間歷經三屆總統，分別是陳水扁總統兩任（2000年5月20日至2008年5月19日）與馬英九總統執政（2008年5月20日起）。共九次內閣，分別為唐飛內閣、張俊雄第一次內閣、游錫堃第一次內閣、游錫堃第二次內閣、蘇貞昌內閣、謝長廷內閣、張俊雄第二次內閣、劉兆玄內閣以及吳敦義內閣，前七次內閣係屬陳水扁總統執政時期共經歷五位院長，後兩次內閣則是馬英九總統執政時期，包含兩位院長。在九次內閣七位院長中，任職時間最長的是游錫堃院長，任期間適逢總統改選。陳水扁總統連任後，任命

---

[1]　行政院二級機關共有39個部會，本研究排除消費者保護協會，因該部會之首長由行政院副院長兼任，非本研究之對象。

游錫堃繼續組織行政院內閣，任職時間合計36個月，而任期最短的院長是唐飛院長，任職時間5個月。而游錫堃第一次內閣與蘇貞昌內閣期間任用過的政務首長最多，皆任用了49位政務首長，其中蘇貞昌內閣時期有38個部會、游錫堃第一次內閣時期有36個部會。

　　整體而言，從陳水扁連任後內閣變動的情況顯示，同一行政院長連任後，大多數都會留任上任內閣首長，僅作小部分的調整。變動幅度較大的是二次政黨輪替總統改選重新組閣之劉兆玄內閣，內閣部會首長僅留7位，更換31位，其中尚包含任期固定之獨立機關首長。陳水扁政府時期的七個內閣，若不計算甫上任期間的唐飛內閣，其餘六次內閣中，以游錫堃前後二次組閣時更換首長人次最多，兩次都是更換16名首長，此外，游錫堃第一次內閣運作期間更換人次也是最多，達13人次，其次是蘇貞昌內閣，內閣期間更換11人次。如前章所述，不同總統在任命內閣，對於內閣整體的結構公開或私下有不同考量，如性別、年齡等。這些考量除了將影響內閣整體形象，也影響政務事務互動。

　　若從首長的性別方面來看，如表6-1所示，九次內閣期間所任用的政務首長，男女性比例大約4：1，男性比例81.9%，女性比例為18.1%。若比較各內閣期間的差異，陳水扁政府期間僅有唐飛內閣與張俊雄第一次內閣的女性首長有達20%，其餘內閣女性比例皆在20%以下。相對的，馬英九政府期間的兩內閣女性比例皆維持在20%以上。整體而言，蘇貞昌內閣的女性比例（12.2%）是此段期間最低的，而劉兆玄內閣女性比例（24.4%）則為最高。不過，扁、馬兩位總統在任期間所任用女性閣員的比例，都未達四分之一及三分之一的競選承諾。

　　就教育程度而言，三任總統九次內閣期間共任用過的政務首長，大學學歷、碩士學歷、博士學歷比例大約為2：3：5。大學為19.5%、碩士為29.9%、博士為50.6%。若再比較各內閣期間的比例，具博士學

位首長比例在陳水扁政府期間游錫堃第一次內閣（40.8%）、蘇貞昌內閣（49.0%）與張俊雄第二次內閣（41.5%）博士學歷相對其他內閣及平均比例來得低。首長具有大學學歷比例而言，唐飛內閣（22.2%）、游錫堃第一次內閣（28.6%）、張俊雄第二次內閣（24.4%）政務首長相較於其他內閣平均比例高。相較於陳水扁政府，馬英九政府兩內閣期間的博士學歷均超過五成（57.8%）。顯示馬英九政府期間之政務首長學歷相對較高，研究所以上學歷均接近九成，高於陳水扁時期的七至八成之間。整體而言，游錫堃第一次內閣具大學學歷之政務首長比例最高達28.6%，博士學歷最低僅40.8%。就初步的觀察，總統的學歷似乎與其內閣閣員的學歷相關。不過，還有待更長時間的觀察與分析，方能驗證此種假設。

在就職年齡方面，九次內閣期間之政務首長就職時多數以51-60歲者居多，約占44.0%，其次為61歲以上者，約占33.3%。陳水扁政府期間各內閣之政務首長均以51-60歲者占多數，而馬英九政府兩內閣則以61歲以上之政務首長居多。整體而言，31-40歲之政務首長比例以吳敦義內閣最高（9.1%），但同時該內閣之60歲以上之政務首長亦是各內閣期間之冠（45.5%）。而各內閣年紀最低為劉兆玄內閣任用之32歲政務首長，而年紀最高者為唐飛內閣所任用之81歲政務首長。若以年齡平均數而言，游錫堃第二次內閣之政務首長年齡平均最低（55.0歲），而吳敦義內閣之政務首長年齡平均最高（57.5歲）。從表中的年齡資料可得知，政務首長之年齡平均有穩定成長之趨勢，這些首長年齡的差異，也呈現兩黨主要菁英的世代差異，此種差異，如何影響政務事務互動，本書將在後章探討。

最後，首長經歷係指2000年5月20日至2010年7月31日止行政院任用之政務首長之首長職位經歷，吳敦義內閣之政務首長經歷僅計算至2010年7月31日止。該經歷計算係採累計方式，若以中央銀行總裁彭淮

南為例，共在唐飛內閣期間之首長經歷為5個月，在張俊雄第二次內閣為96個月，在劉兆玄內閣則為112個月。而若以何美玥而言，曾任不同部會之政務首長，在計算過程均累計其政務首長經歷。換言之，若在經建會擔任主任委員14個月後再任經濟部長18個月，最後其首長經歷則計算為32個月，但副首長經歷不計算在內。從表中6-1可得知每個內閣部會均有首長任滿內閣期間，更有首長自唐飛內閣起服務至吳敦義內閣期間。整體而言，到2010年7月31日為止馬英九政府的兩次內閣，內閣首長平均經歷均達20個月以上，與陳水扁政府初期的兩內閣相較之下較為穩定，其政務首長的任期相對較長。

綜上所述，2000年5月20日至2010年7月31日止，行政院之政務首長的整體概況顯示，在這段期間，性別比例皆以男性為主，其中女性閣員數目最多與最少差了5位，約12.2個百分比。值得注意的是，兩政府開始的兩次內閣的男女比例均維持在4：1的狀態，但在第二次內閣開始則均呈現遞減的狀況，馬英九執政時期，第二次的內閣改組，女性首長比例是否將低於20%，值得持續觀察。而就職年齡方面，整體而言，最低年齡有往下探的趨勢，從41歲降至32歲，但若以平均年齡而言有逐漸往上升的趨勢，從55.7歲上升至57.5歲，且相較之下馬英九政府較仰賴年長的政務首長。另外，從標準差的分析，顯示馬英九政府政務首長間的年齡差異也是最大的，換言之，從其年齡分布來看，較陳水扁政府期間多元，顯現國民黨菁英世代間落差較大。最後，若從首長經歷觀之，首長平均經歷在陳水扁期間有穩定成長的趨勢，假設首長流動過快是政局穩定的重要指標，則陳水扁政府後段期間的內閣，有趨於穩定的現象，這個現象也從陳水扁政府後期政務事務外溢衝突相對減少的現象，得到印證。

表6-1　行政院各內閣政務首長基本資料統計[2]

（2000年5月20日至2010年7月31日）

內閣		唐飛 2000.5.20 2000.10.4	張俊雄一 2000.10.5 2002.1.31	游錫堃一 2002.2.1 2004..5.19	游錫堃二 2004.5.20 2005.1.31	謝長廷 2005.2.1 2006.1.24	蘇貞昌 2006.1.24 2007.5.19	張俊雄二 2007.5.20 2008.5.19	劉兆玄 2008.5.20 2009.9.9	吳敦義 2009.9.10 2009.7.31	總計
內閣任期（月）		5	15	28	8	12	16	12	16	10	122
性別	男	28(75.7)	32(80.0)	41(83.7)	332(84.2)	36(85.7)	43(87.8)	35(85.4)	34(75.6)	35 (77.8)	316 (81.9)
	女	9(24.3)	8(20.0)	8(16.3)	6(15.8)	6(14.3)	6(12.2)	6(14.6)	11(24.4)	10 (22.3)	70 (18.1)
	合計	37(100.0)	40(100.0)	49(100.0)	38(100.0)	42(100.0)	49(100.0)	41(100.0)	45(100.0)	45 (100.0)	386 (100.0)
教育程度	大專院校	8(22.2)	8(20.0)	14(28.6)	7(18.4)	8(19.0)	10(20.4)	10(24.4)	5(11.1)	5 (11.1)	75 (19.5)
	碩士	8(22.2)	10(25.0)	15(30.6)	12(31.6)	13(31.0)	15(30.6)	14(34.1)	14(31.1)	14 (31.1)	115 (29.9)
	博士	20(55.6)	22(55.0)	20(40.8)	19(50.0)	21(50.0)	24(49.0)	17(41.5)	26(57.8)	26 (57.8)	195 (50.6)
	合計	36(100.0)	40(100.0)	49(100.0)	38(100.0)	42(100.0)	49(100.0)	41(100.0)	45(100.0)	45 (100.0)	385 (100.0)
就職年齡	31-40歲	1(2.8)	1(2.5)	0(0.0)	3(7.9)	3(7.1)	2(4.1)	2(4.9)	3(6.8)	4 (9.1)	19 (4.9)
	41-50歲	9(25.0)	10(25.0)	13(26.5)	7(18.4)	7(16.7)	7(14.3)	4(9.8)	6(13.6)	5 (11.4)	68 (17.7)
	51-60歲	14(38.9)	17(42.5)	23(46.9)	17(44.7)	19(45.2)	26(53.1)	21(51.2)	17(38.6)	15 (34.1)	169 (44.0)
	61以上	12(33.3)	12(30.0)	13(26.5)	11(28.9)	13(31.0)	14(28.6)	14(34.1)	19(40.9)	20 (45.5)	128 (33.3)
	合計	36(100.0)	40(100.0)	49(100.0)	38(100.0)	42(100.0)	49(100.0)	41(100.0)	45(100.0)	44 (100.0)	384 (100.0)
	最小數	39	39	41	35	36	37	36	32	33	32
	最大數	81	66	69	69	70	68	69	71	71	81
	平均數	55.7	55.3	55.5	55.0	55.2	56.1	57.0	57.3	57.5	56.1
	標準差	8.1	6.6	6.8	8.2	8.0	7.3	7.6	8.6	9.2	7.9
首長經歷（月）	最小值	1	7	1	6	4	1	2	1	2	N/A
	最大值	5	20	48	56	68	84	96	112	122	N/A
	平均數	4.7	17.3	28.6	24.2	28.5	30.0	31.5	20.0	23.3	N/A
	標準差	0.9	4.4	15.7	19.7	20.2	23.0	24.5	18.6	20.6	N/A
	人數	37	40	49	38	42	49	41	45	45	N/A

註：括弧內數字為百分比

資料來源：作者自行彙整

2　因為消費者保護協會主任委員係由行政院副院長兼任，故該表格不含消費者保護協會之政務
　　首長。

二、政務、事務官之背景比較

　　首長流動的頻率牽涉政務事務的磨合期，衝突解決的結果或夥伴關係的建立影響政策的推動。政務事務背景的分析將呈現兩者特質的異同。在描述兩政府期間政務首長的差異後，本書進一步分析陳水扁政府與馬英九政府任用之政務首長、政務副首長、常務副首長與主秘基本背景上的差異。表6-2的分析對象是2000年5月20日至2010年7月31日止，兩政府所任用或續用之政務首長、政務副首長、常務副首長及主秘。表6-2的分析顯示，陳水扁政府任用127位政務首長，144位政務副首長，224位常務副首長及主秘；而馬英九政府任用59位政務首長，63位政務副首長，103位常務副首長及主秘。其中包含陳水扁政府與馬英九政府共同任用的人員，在表6-2中「職位任期」是計算該員在該職位服務的任期。舉例而言，李進勇先生曾經在陳水扁政府先後擔任四個不同部會之政務副首長，其任期計算則將四個不同部會任期累計。而服務兩政府的中央銀行總裁彭淮南先生，在陳水扁政府期間以96個月任職計算，而在馬英九政府期間則計算為122個月。以下分析並比較兩政府任用之政務官與高階文官基本背景上的差異。

　　在性別方面，兩政府均以男性為主、女性偏少的傾向，馬英九政府所任用的政務官女性比例是兩政府政務官及事務官中較高的，共占20.3%，相對於首長的比例，馬英九政府任用之政務副首長女性比例則較低的，僅有6.3%。

　　在教育程度方面，兩政府的政務首長都是以博士學歷為主，其中陳水扁政府之政務首長博士學歷比例48.4%，較馬英九政府的55.9%低。相對的，陳水扁政府政務首長大專院校學歷的比例（占23.0%）較馬英九政府多11個百分比。政務副首長方面，馬英九政府高達八成五以上（88.5%）是研究所以上學歷，較陳水扁政府多九個百分比，此

表6-2　不同政府時期政務首長、副首長及主秘背景統計表

職位		陳水扁政府			馬英九政府		
		政務首長	政務副首長	常務副首長、主秘	政務首長	政務副首長	常務副首長、主秘
性別	男	111(87.4)	133(92.4)	202(90.2)	47(79.7)	59(93.7)	90(87.4)
	女	16(10.0)	11(7.6)	22(9.8)	12(20.3)	4(6.3)	13(11.7)
	合計	127(100.0)	144(100.0)	224(100.0)	59(100.0)	63(100.0)	103(100.0)
教育程度	高中	0(0.0)	1(0.7)	0(0.0)	0(0.0)	0(0.0)	0(0.0)
	大專院校	29(23.0)	29(20.1)	61(28.6)	7(11.9)	7(11.5)	26(26.0)
	碩士	36(28.6)	45(31.3)	107(47.8)	19(32.2)	25(41.0)	53(53.0)
	博士	61(48.4)	69(47.9)	53(23.7)	33(55.9)	29(47.5)	21(21.0)
	合計	126(100.0)	144(100.0)	224(100.0)	59(100.0)	63(100.0)	100(100.0)
年齡	31-40歲	7(5.6)	9(6.4)	7(3.1)	4(6.9)	0(0.0)	1(1.0)
	41-50歲	28(22.2)	38(27.1)	76(33.9)	7(12.1)	5(8.3)	16(16.2)
	51-60歲	56(44.4)	66(47.1)	119(53.1)	22(37.9)	39(65.0)	73(73.7)
	61歲以上	35(27.8)	27(19.3)	22(9.8)	25(43.1)	16(26.7)	9(9.1)
	合計	126(100.0)	140(100.0)	224(100.0)	58(100.0)	60(100.0)	99(100.0)
	最小數	35	34	32	32	43	36
	最大數	81	70	65	71	68	65
	平均數	54.9	53.0	52.8	57.5	57.1	54.6
	標準差	7.6	7.5	6.0	8.8	5.2	4.7
職位任期	最小值	1.0（月）	0.5（月）	1（月）	2.0（月）	1.0（月）	1（月）
	最大值	96.0（月）	96（月）	229（月）	122.0（月）	99.0（月）	181（月）
	平均數	27.4（月）	26.1（月）	32.8（月）	21.7（月）	20.8（月）	32.5（月）
	標準差	20.3（月）	20.9（月）	32（月）	18.8（月）	13.6（月）	30.6（月）
	人數	127	144	224	58	63	103

註：括弧內數字為百分比
資料來源：作者自行彙整

外，陳水扁政府曾任用高中學歷擔任政務副首長。常務副首長或主秘方面，兩者均以碩士學歷為主，陳水扁政府任用的常務副首長及主秘博士學歷的比例相較於馬英九政府所任用的高。整體而言，不論是陳水扁政府或是馬英九政府，所任用之政務首長、政務副首長、常務副首長及主秘之教育程度七成以上是研究所以上學歷。其中較值得注意的是，陳水扁政府曾任用一位高中學歷的政務副首長，顯示其用人相

對較多元，不受限於教育程度。

在年齡方面，除了馬英九政府的政務首長外，兩政府主要均以51-60歲年齡層為主。在政務首長部分，相較於馬英九政府，陳水扁政府的年齡層分布相對較多元，平均年齡也較小，馬英九政府的政務首長主要是以61歲以上為主，且超過八成的政務首長年齡在51歲以上。政務副首長部分，馬英九政府平均年齡較陳水扁政府高，51歲以上之政務副首長高達91.7%，而陳水扁政府則是66.4%，此外，馬英九政府任用之政務副首長沒有年齡低於40歲以下者，陳水扁政府則有6個百分比。常務副首長或主秘部分，陳水扁政府平均年齡亦低於馬英九政府，兩政府主要的分布均集中在41-50歲及51-60歲兩年齡層間，分別為87.0%及89.9%，其中又以51-60歲年齡層居多，分別為53.1%及73.7%。綜觀不同政府時期的各個職務類別，年齡最小是陳水扁政府所任用之常務副首長、主秘及馬英九政府任用之政務首長，年僅32歲，年齡最高則是陳水扁政府所任用的政務首長，年達81歲。整體而言，就年齡方面，陳水扁政府所任命的官員年齡層分布較馬英九多元。

職位任期方面，兩政府的平均職位任期均以常任文官最長，分別為32.8及32.5個月。政務首長部分，陳水扁政府平均職位任期較馬英九政府高出5.3個月，但在最小年資的部分，陳水扁政府的政務首長僅有1個月，而馬英九政府則是2個月。在政務副首長部分，陳水扁政府的年資平均數相較於馬英九政府長，而其最小年資亦是陳水扁政府的政務副首長最短，僅0.5個月，馬英九政府則是1個月。在常務副首長或主秘部分，馬英九政府的平均年資較陳水扁政府高，但在所有分析的對象中，最長年資則是在陳水扁政府期間。整體而言，就職位年資來看，陳水扁政府的政務副首長與常務副首長平均年資均較馬英九政府的短。但值得注意的，就目前的資料範圍來看，馬英九政府僅執政兩年多，而陳水扁政府則是執政八年，因此，在兩個基礎點不同的情況

下作比較，到本書完稿為止，可以看出馬英九政府任用人員任職時間相對較長。

　　從扁、馬兩政府所任命的政務官及事務官的比較來看，馬政府任命女性首長的比例在20%以上，而扁政府較少，馬政府任命具博士之首長及副首長比例也較扁政府時期多。從東方文化中崇尚學位的文化來看，馬政府時期政務事務互動介面的人員組合似乎較有利於夥伴關係的建立。

三、政務官事務官整體比較

　　本書進一步以前兩個表格中所分析的人員特質項目，比較政務首長及政務副首長等，以及包含常務副首長及主秘等文官。從表6-3中之統計資料可以得知，不論是政務首長、政務副首長或者包括常務副首長及主祕的高階文官，性別皆呈現男多於女且相當懸殊的比例，雖然政務首長的女性比例（15.7%）略高於其他兩者。

　　在教育程度方面，政務首長有效的177筆資料中有五成（51.4%）具有博士學位，在政務副首長200筆有效資料中，具有博士學位之政務副首長略低於五成（48.5%）；而常務副首長及主秘方面，則是以具碩士學位之高階文官居多（48.2%），具博士學位者僅占23%。整體而言，大多以碩士以上之高學歷資格任用，僅有在政務副首長曾有任用高中（職）學歷之人員。這些數據顯示從唐飛內閣至吳敦義內閣期間，台灣的行政體系中不論是政務官或是高階事務官，以碩士以上高學歷資格任用人事的現象相當明顯，其中以政務副首長居最多比例（碩士以上達82.5%），其次為政務首長（碩士以上達80.2%），常務副首長及主秘則占71%。

表6-3　政務首長、副首長及主秘背景統計表

		政務首長	政務副首長	常務副首長&主秘
性別	男	150(84.3)	185(92.5)	247(89.2)
	女	28(15.7)	15(7.5)	30(10.8)
	合計	178(100.0)	200(100.0)	277(100.0)
教育程度	高中（職）	0(0.0)	1(0.5)	0(0.0)
	大專院校（含二專、三專）	35(19.8)	34(17.0)	79(28.8)
	碩士	51(28.8)	68(34.0)	132(48.2)
	博士	91(51.4)	97(48.5)	63(23.0)
	合計	177(100.0)	200(100.0)	274(100.0)
年齡	31-40歲	11(6.3)	9(4.7)	8(2.9)
	41-50歲	35(19.9)	42(21.8)	82(30.0)
	51-60歲	77(43.8)	101(52.3)	156(57.1)
	61歲以上	53(30.1)	41(21.2)	27(9.9)
	合計	176(100.0)	193(100.0)	273(100.0)
	最小數	32	34	32
	最大數	81	70	65
	平均數	55.4	54.1	53.2
	標準差	8.0	7.1	5.9
職位任期	最小值	1.0（月）	0.5（月）	1.0（月）
	最大值	122.0（月）[3]	99.0（月）	229.0（月）
	平均數	25.0（月）	24.2（月）	32.5（月）
	標準差	19.5（月）	19.1（月）	32.8（月）
	人數	178	200	287

註：括弧內為百分比
資料來源：作者自行彙整

　　在年齡方面，三個職位之年齡分布均以51至60歲居多，該年齡層的任職者占政務首長43.8%，政務副首長52.3%，常務副首長與主秘57.1%。此外，高階文官在61至70歲比例相較於政務首長、政務副首

---

[3]　中央銀行總裁彭淮南。

長明顯偏少，而在政務首長與政務副首長部分皆占兩成以上。整體而言，政務首長與政務副首長的任用年齡均比高階文官高，政務首長最高年齡達81歲，政務副首長則為70歲，高階文官則因65歲為其退休年限，故最高年齡以65歲為止，若以年齡平均數而言，政務首長的年齡平均比政務副首長及高階文官高。此外，在政府高階行政體系中，最年輕的行政人員則是出現在高階文官及政務首長類別中，顯示為了活絡人力資源，高階文官體系曾試圖使用年輕人才，政務首長亦有類似的現象。

在年資方面，政務首長與政務副首長之平均職位年資分別為25.0、24.2月，而常次與主秘之職位年資較長為229個月，但其標準差較其他兩職位大，而政務副首長曾出現最短年資0.5個月，而在最大年資部分則是以高階文官最長，達229個月之久，其次為政務首長，達122個月。

綜合以上的分析，行政院部會的政務事務互動主要職位，不管是政務官或事務官，都以男性為主，政務官的學歷高於事務官，政務官的年齡變異較大，任期較短，從這些資料可見政務官及事務官在基本特質上的差異，政務官以學歷取勝，而事務官則在資歷上較占優勢。這些整體性的差異如何顯現在政務事務夥伴關係建立，將是本書後面章節討論的主題。

第二節　政務事務官任期

前節分析整體內閣首長的變動，描述各不同內閣下進出內閣的概況。本節則呈現各不同部會不同職位的流動，更細緻到比較政務事務生涯的差異。

表6-4　平均任期計算範例

機關	職稱	姓名	上任年月日	卸任年月日	任職月數
內政部	部長	張博雅	890520	910131	20
		余政憲	910201	930407	26
		蘇嘉全	930408	950124	21
		李逸洋	950125	970519	28
		廖了以	970520	980909	16
		江宜樺	980910	990731	10

註：資料時間從2000年5月20日至2010年7月31日
資料來源：作者彙整

　　在政務官部分，本節仍聚焦於政務首長及政務副首長；而事務官部分則聚焦於常務副首長與主任秘書。為了進行跨部會職位任職穩定度的比較，乃計算各部會歷屆任職者的「任職月數[4]」，再將各部會的歷屆任職者的「任職月數」相加，除以該職位的「任職人次」，得出該部會該職位的平均時間，本研究係以月為計算單位。如：自2000年5月20日起至2010年7月31日止，內政部部長前後由張博雅、余政憲、蘇嘉全、李逸洋、廖了以、江宜樺等六人任職，內政部部長該職位的任職平均月數則為（20+26+21+28+16+10）/ 6 = 20.2（月）（如表6-4）。倘若遇到同個職稱但有兩個職位以上如常務副首長、政務副首長，計算方式亦相同，將歷屆任職者的任職天數除以總人次。此計算方式以此類推至各部會政務首長、政務副首長、常務副首長、主任秘書平均任職天數的計算。計算結果如表6-5所示。

　　根據資料分析結果，各部會政務首長平均任期以行政院新聞局局長最短，未滿一年，共10.8個月；其次為北美事務協調委員會主委，

---

[4]　任職月數計算方式，以張博雅為例(91−89)*12+(1−5)=20，此計算方式會有偏差存在，即天數未滿30天者皆不會被納入計算，因此該計算方式與以天數計算會有1個月的偏差值存在，不過僅存在於少數幾位研究對象。而之所以要採按月計算方式，主要是因為在資料蒐集過程，部分研究對象的任期並非相當詳細，多數謹記載至「月」為止，故採「月數計算」。

表6-5　各部會職位平均任期（單位：月）

部會名稱	政務首長		政務副首長		常務副首長		主任秘書	
	次數	平均數	次數	平均數	次數	平均數	次數	平均數
行政院新聞局	11	10.81	—	—	8	23.63	7	17.1
北美事務協調委員會	7	14.71	—	—	—	—	—	—
財政部	7	17	6	20.17	10(2)	22.1	6	14.8
經濟部	7	17.29	6	20	8(2)	28.25	6	19.8
行政院衛生署	7	17.14	11(2)	16.73	3	40.67	4	30
行政院文化建設委員會	7	17.14	4	30.5	2	58.5	7	16.6
國防部	7	17.29	12(2)	16.83	14(3)	17.38	—	—
行政院經濟建設委員會	7	17.29	8(3)	43	—	—	5	19.4
行政院環境保護署	6	20	8	13	2	61	4	30.5
外交部	6	20.17	6	19.33	11(2)	21.73	9	11.3
行政院人事行政局	6	20	5	24.2	3	40.67	5	23.8
行政院原住民族委員會	6	20.17	6	18.50	4(2)	48.75	6	19
行政院國軍退除役官兵輔導委員會	6	20.33	—	—	6(2)	39.5	7	16
內政部	6	20.17	9	12	4(2)	59.75	4	30.3
金融管理監督委員會[5]	6	11.33	2	22.5	2	36	5	13.8
行政院國家科學委員會	5	24.4	14(3)	27.43	—	—	3	40.7
行政院客家委員會	5	21	5	21.6	3	35,67	7	14.7
行政院體育委員會	5	24	11(2)	21.18	2	57.5	8	13.5
行政院農業委員會	5	24.2	7(2)	33.86	4	30	8	15.1
行政院原子能委員會	5	24.2	5	22.6	5	23.6	2	18
行政院研究發展考核委員會	5	24.2	11(2)	21.91	—	—	3	39.3
教育部	5	24.2	3	40.67	7(2)	30.29	7	11.6
交通部	5	24.2	9	11.56	7(2)	34	5	23.8
行政院飛航安全委員會	5	24.4	—	—	—	—	—	—
行政院勞工委員會	4	30.5	5	24.4	2	52	3	19.3
行政院大陸委員會	4	30.5	13(3)	26.15	—	—	3	40.7
行政院青年輔導委員會	4	30.25	—	—	2	61	3	35
行政院主計處	4	30.5	—	—	6(2)	40.33	4	29.5
法務部	4	30.25	7	16.71	6(2)	39.33	5	23.6
公共工程委員會	4	30.25	12(2)	18.33	—	—	6	20
公平交易委員會	4	30	6	15.17	—	—	3	39.7
國立故宮博物院	4	30.5	6	34.5	1	28	5	23.2
行政院海岸巡防署	3	40.47	2	59.5	5	26.6	3	38.3
蒙藏委員會	3	40.33	—	—	—	—	—	—

部會名稱	政務首長		政務副首長		常務副首長		主任秘書	
	次數	平均數	次數	平均數	次數	平均數	次數	平均數
國家通訊傳播委員會	3	17.67	3	27.67	－	－	2	26.5
中央選舉委員會	3	40.67	1	10	－	－	－	－
僑務委員會	2	61	12(3)	28.5	－	－	5	23.4
中央銀行	1	122	－	－	4(2)	55.75	－	－
平均	5.1	22.9	7.2	22.7	5.0	32.3	5	21.2

註：括弧內為該職位人數
資料來源：作者自行彙整

平均任期14.7個月；其後依序為財政部部長，平均任期17個月。部會
首長任期最長者為中央銀行總裁，任期122個月，自2000年5月20日至
2010年7月31日，歷經民進黨及國民黨執政時期人事未曾更替；其次為
僑務委員會主任委員，平均任期約61個月。

　　而政務副首長部分，交通部政務副首長及內政部政務副首長平均
任期最短，平均在12個月左右；再者則為環保署政務副署長，平均
任期為13個月。而平均任期最長者為海岸巡防署政務副署長，平均為
59.5個月，陳水扁政府與馬英九政府皆未曾更迭；其次為經濟建設委
員會副主委，平均任期為43個月；教育部政務副首長平均任期為40.67
個月。

　　常務副首長以國防部常務副首長任期最短，平均任期17.38個月；
其次為外交部常務副首長，平均任期21.73個月；而財政部常務副首
長平均任期約22.1個月。而平均任期最長者為青年輔導委員會常務副
主委及環保署常務副署長，兩者平均任期均達61個月，其中政黨輪替
後，民進黨繼續延用國民黨執政時期之人才；其次為內政部常務副首
長，平均任期約59.75個月。

　　主任秘書的平均任期以外交部為最短，僅11.3個月，未滿一年；
其次為教育部，平均任期約11.6個月。而平均任期最長者為行政院國
家科學委員會及行政院大陸委員會之主任秘書，平均任期約40.7個

月；其次為公平交易委員會及行政院研究發展考核委員會之主任秘書，平均任期分別是39.7及39.3個月。其中較為特殊的是行政院原子能委員會，因該部會之特殊性，故較少有人專責主任秘書之職，故在研究範圍期間，僅任用過兩位主任秘書，平均任期為18個月。

　　整體而言，若整合各部會各職位任期進行比較，以常務副首長的平均任期最長，達32.3個月，其次為政務首長，平均任期為22.9個月，再者為政務副首長，平均任期為22.7個月，最短為主任秘書，平均任期為21.2個月。從此資料可以說明，常務副首長在內閣成員流動過程中扮演著機關穩定的主要力量，而主任秘書雖係常任文官，但因職位人選常會因首長的變動改隨之改變，另外，也可能因為常任文官的年資、升遷及退休等因素所影響。雖然從各職位年資來看，政務官及事務官的差別不大，但常任文官要能爬升到主秘或副首長，以其職等來看，就任此職位之前大概都要有15年以上的公務資歷，其累積專業知識、法令規章的嫻熟程度以及組織記憶，都將是非文官轉任的政務官所能望其項背。因此來來去去的政務官是否能有效「控制」事務官，對民主治理是一種挑戰。

第三節　事務官對政務事務互動的認知

　　以上兩節以靜態的統計資料，分析不同總統時期政務官與事務官背景的異同，作為探討兩者互動的起點。然而，影響到政務事務互動更直接的變項為政務官及事務官對於兩者互動的主觀態度。由於對於政務官態度的量化資料執行不易，目前國內並無相關實證量化態度資

5　加底色註明的部會，表示是在研究時間範圍內所成立之部會，各別是客委會成立時間為2001年6月14日，金管會成立時間為2004年7月1日，國家通訊傳播委員會成立時間2006年2月22日。

料，不過對於高階事務官有前述2008年政黨輪替前所執行的「台灣文官調查資料庫」問卷調查，該研究部分問卷題目延續作者與余致力、陳敦源的研究（Huang, Chen and Yu, 2005），詢問受訪者有關「政治容忍度」、「方案承諾」的問題，用來作為跨國的比較，本文篩選出該問卷資料中央簡任級以上的受訪者共99人，藉此瞭解簡任級以上文官對於國會、利益團體以及政務人員等民主政治中強化「回應性」等元素的容忍程度。此外，本研究亦透過分析2009年「台灣高階文官意見調查」所蒐集到的實證資料，分析受訪者自我評估（self-report）意見，討論政務官與事務官的政治涉入以及支持與服從等態度，本研究篩選其中常務副首長與主任秘書的受訪者，共47位進行討論。

一、簡任文官的政治容忍度與方案承諾

　　政治態度測量的是簡任文官的政治容忍度及方案承諾的態度等，測量題目如表6-6所示，政治容忍度是由八個題目建構而成，主要是探討高階文官是否能夠接受民主社會中因為多元價值而產生的現象，數值分數愈高表示愈能夠接受多元價值，反之則表示愈低。方案承諾是由五個題目所建構而成，主要在測量簡任文官在制定與執行方案時的態度，除了第五題外，當數值分數愈高表示其態度愈主動積極，這類型的文官是重視績效、主動表達自己對於政策的想法，反之則表示其態度越被動消極，是屬於務實的執行者，被動地聽命行事。

　　Gregory（1991）依據政治容忍度及方案承諾將官僚的類型區分為四種：傳統官僚、政治官僚、古典官僚及技術官僚。在其定義下，傳統官僚為政治容忍度高但方案承諾感低的官僚型態，其對多元價值的接受程度高，但對於執行的政策則採被動聽令行事的態度；政治官僚則係指政治容忍度高且方案承諾感高的官僚型態，其對多元價值的接受程度高，且對於執行的政策採積極主動的態度，宛如政治家般的主

動提出政策意見與宣傳政策；古典官僚係指政治容忍度低且方案承諾
感低的官僚型態，其對於多元價值的接受程度低且對於執行的政策採
取消極被動的態度，屬於能少一事算一事的官僚類型；技術官僚係指
政治容忍度低但方案承諾感高的官僚型態，其對多元價值的接受程度
低，但對於執行的政策則採主動積極的態度，屬於在專業的領域上能
主動提出自己的專業意見但無法與多元的價值對話。

　　從表6-6得知在簡任文官政治容忍度方面，多數簡任文官較不認同
民選政治人物的作風，有75.8%簡任文官認為為公共政策品質把關的是

表6-6　簡任文官政治態度指標測量表

		非常同意	同意	有點同意	有點不同意	不同意	非常不同意	總計
政治容忍度	一般而言，為公共政策品質把關的是民選的政治人物，而不是公務人員。	4 (4.0)	8 (8.1)	12 (12.1)	28 (28.3)	42 (42.4)	5 (5.1)	99 (100.0)
	政務人員干預行政機關所負責的事務，是我國行政運作的一項隱憂。	13 (13.3)	37 (37.8)	34 (34.7)	11 (11.2)	3 (11.2)	0 (0.0)	99 (100.0)
	一般而言，民意代表比較關心公共利益，而不是較狹隘的政治利益。	3 (3.0)	6 (6.1)	9 (9.1)	34 (34.3)	35 (35.4)	12 (12.1)	99 (100.0)
	政策制定過程中，專業及技術的考量應重於政治的考慮。	34 (34.3)	50 (50.5)	8 (8.1)	3 (3.0)	3 (3.0)	1 (1.0)	99 (100.0)
	在我國政策形成過程中，往往太過偏重政治人物及政黨的利益。	28 (28.3)	44 (44.4)	21 (21.2)	3 (3.0)	3 (3.0)	0 (0.0)	99 (100.0)
	在我國的政治過程中，民間團體的影響往往是負面的。	1 (1.0)	12 (12.1)	26 (26.3)	39 (39.4)	21 (21.2)	0 (0.0)	99 (100.0)
	雖然幾個主要政黨在我國政治扮演重要角色，但是他們經常造成不必要的政治衝突。	21 (21.2)	54 (54.5)	19 (19.2)	5 (5.1)	0 (0.0)	0 (0.0)	99 (100.0)

		非常同意	同意	有點同意	有點不同意	不同意	非常不同意	總計
	假使能減少政治人物在政策過程中的影響力，而增加行政部門專家的影響力，政府行政效能應可大大提高。	22 (22.2)	59 (59.6)	15 (15.2)	3 (3.0)	0 (0.0)	0 (0.0)	99 (100.0)
	相對於長期政策計畫，公務人員更應關心短期可能發生的事情。	10 (10.1)	53 (53.5)	20 (20.2)	10 (10.1)	6 (6.1)	0 (0.0)	99 (100.0)
	在具有政治爭議的政策中，公務人員應避免選擇極端立場的方案。	41 (41.4)	48 (48.5)	7 (7.1)	1 (1.0)	1 (1.0)	1 (1.0)	99 (100.0)
方案承諾	有效率的利用政府資源，比特定政策的成效來得重要。	22 (22.2)	54 (54.5)	18 (18.2)	4 (4.0)	0 (0.0)	1 (1.0)	99 (100.0)
	公務人員的工作應該依據法令規章行事，而不是讓他們自己判斷。	30 (30.3)	41 (41.4)	15 (15.2)	9 (9.1)	3 (3.0)	1 (1.0)	99 (100.0)
	政府部門的政策評估做得不夠好，以致無法瞭解政策執行的成效。	14 (14.1)	41 (41.4)	27 (27.3)	14 (14.1)	3 (3.0)	0 (0.0)	99 (100.0)

註：括弧內為百分比

資料來源：作者整理自「臺灣文官調查資料庫」

公務人員而非民選的政治人物，85.8%簡任文官認為政務人員干預行政體系是一隱憂，81.8%簡任文官認為民意代表較關心的是政治利益而非公共利益，顯示出簡任文官對民選政治人物的負面態度。此外，多數的簡任文官較無法接受多元的聲音，有93%簡任文官認為專業技術的考量應凌駕於政治考量，93%簡任文官認為政策制定過程太過偏重政治人物與政黨的利益，97%簡任文官認為政黨政治帶來了更多的衝突，顯示出簡任文官對多元價值的接受程度低。然而，值得一提的是對於民間團體的影響，較多數的簡任文官（60.6%）認為是正面的。換言之，若摻雜太多政黨利益的多元聲音往往無法取得簡任文官的認

同，整體而言，簡任文官對於多元價值的政治容忍普遍偏低。

在方案承諾方面，83.8%簡任文官表示較關心短期可能發生的事情，而非長期政策計畫，97%簡任文官表示在面臨政治性爭議的政策時，會避免極端立場的方案。而面對公務員的個人判斷方面，86.7%的簡任文官則持保守的態度，認為公務人員應當依法律規章行事，盡量減少自己判斷的情況。此外，96%簡任文官表示注重政府的效能，且82.9%簡任文官認為應當做好政策評估以彰顯政策執行的成效。整體而言，簡任文官的方案承諾感普遍趨於被動保守的態度。

表6-7　政治態度指標統計量表[6]

指標	個數	最小值	最大值	平均數	標準差
政治容忍度	98	26.0	58.0	40.7	6.5
方案承諾	99	9.4	57.4	23.9	6.8

資料來源：作者整理自「臺灣文官調查資料庫」

本研究依循作者Huang et al.（2005）所建立的指標題組，將中央政府簡任文官所測量的政治容忍度與方案承諾兩大指標重新組合，所得的統計量如表6-7所示，中央政府簡任文官之政治容忍度分數範圍從26.0至58.0分，平均數為40.7分。而其方案承諾分數範圍從9.4至57.4，平均數為23.9分。依據Gregory（1991）的分類係屬於古典型官僚（如圖6-1所示），古典型官僚的簡任文官政治容忍度與方案承諾感低都是

6　指標計算方式：每一正向測量題目中選擇非常同意給9分、同意給7.4分、有點同意給5.8分、有點不同意給4.2分、不同意2.6分、非常不同意1分；反之，反向測量題目中選擇非常同意給1分、合併過程將該面向題目合併取平均數後乘以10，取得各指標之分數，分數範圍皆從10至90分，分數越高者表示該指標態度越強烈。Huang et al（2005）針對行政院與考試院九職等至十二職等之管理者，所進行政治態度、方案承諾與菁英主義之調查，該研究將測量題目進行因素分析取得兩大因素，各別組合成政治態度與方案承諾兩大指標，各別由八題重新組合成政治態度，及五題重新組合成方案承諾兩大指標。

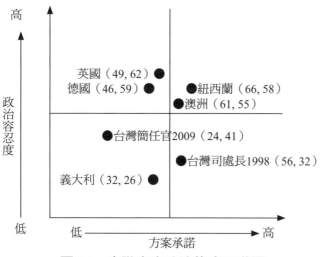

圖6-1　高階文官政治態度異動圖

資料來源：修改自Huang et al. (2005: 20)

偏低的狀態。表示台灣簡任文官對於多元價值的接受程度偏低，且在面對執行的政策其所持的態度係屬被動的態度，聽令行事。

　　雖然簡任文官不一定是本書研究範圍中所指的常務副首長或主秘，但簡任文官的態度，某種程度反映高階文官的傾向。整體而言，不管是簡任官或1998年執行的司處長研究，都顯示文官偏低的政治容忍度，此種結果不利於政務事務夥伴關係的建立。

二、高階文官對政治互動的評估

　　簡任文官的政治態度及方案承諾呈現一般中、高階文官的態度，是組織文化的一個重要面向。態度將影響行為，在行為部分，本節從「台灣高階文官調查」中，分析政治涉入與政務事務互動的支持與服從等自我評估的行為及觀點。政治涉入係指文官針對政治性議題的涉入程度，當文官愈常參與政治性議題討論，表示其政治涉入愈深。就

行政倫理而言，文官本應維持行政中立立場，不宜針對政治議題表達意見，但高階文官又因其職位特性，其工作環境處於政治與行政的分際線上，除了必須負責機關內的行政業務外，更參與了政策規劃的過程，對外尚需代表機關做政策說明，事實上其工作內容充滿著政治性質。因此，本文透過分析統計資料檢視高階文官是否如政治行政分立理論所預期，文官僅遵守在行政領域行事，未有政治涉入的情況。本文從個人政治討論行為及政策過程政治態度表達行為兩方面討論高階文官的政治涉入程度。表6-8是針對行政院轄下各部會之常務副首長與主任秘書所進行的意見調查。

（一）政治涉入

1.個人政治討論

　　個人政治討論係指高階文官與政務官平日在公開或者私下互動、聊天或談論公事時，觸及政治性議題的情況，若高階文官常與政務首長討論政治觀點，表示政治涉入程度較深。理論上，台灣公務人員因為服膺於行政中立的價值，因此在工作領域上甚少討論政治議題，更遑論表述自己的政治立場。因而，當高階文官與政務官討論彼此的政治觀點時，顯示此高階文官有政治涉入的情形，可能踰越政治行政分立的界線。

　　從表6-8得知，有87.3%的高階文官認為自己與政務首長有近似的政治觀點，當兩人的政治觀點相近似時，在進行決策或者共事過程，其溝通因價值觀差異所造成的阻力相對較小，顯示著高階文官與政務首長兩者間有著相對良好的互動環境。然而，即便大部分的受訪者表示與政務首長有近似的政治觀點，仍有63.8%的高階文官表示不會與政務首長討論彼此的政治觀點，僅有27.7%的高階文官與政務官會討論彼

此的政治觀點。從資料可以得知，即便身為機關內的高階文官，仍有超過半數的人不與政務首長進行政治觀點的討論，此種結果意味著公務人員在培訓過程一直被教育行政中立，當面臨政治觀點或者價值觀的討論時，往往採取規避策略。換言之，就個人政治討論面向而言，僅有少數高階文官有政治涉入的情況。

2.政策過程政治意見表達

　　一般而言，公務人員被期待以專業的角度來進行政策、制度與法規的規劃，而非政治的角度參與。然而，高階文官因其職位上所需，在政策規劃過程必須參與政策討論或偶爾必須向外說明政策內容，但在做政策討論時是否有加入其個人的政治立場，將影響其政治涉入的狀況。尤其當政策尚未合法化前，公開討論自己的立場時，有可能造成過度的涉入政治領域。表6-8的3、4兩題係高階文官在不同場合表達政治討論的適切性，若認為在這些場域適合表達政治立場，則表示高階文官認同本身的政治涉入。

　　從表6-8得知91.3%的高階文官認為不應該在議案還未成既定政策前，在政治性討論場合表達自己的立場，其中有50%是持較強烈的態度。一般而言，機關組織在對外推動法案時，應當是經過內部一定程度的討論後，由上而下共同致力推動法案合法化，因此，為避免節外生枝，事務官被教育不應在政治性討論場合發表個人的意見，以免在政策合法化過程中造成過多的政治涉入。此外，91.5%的高階文官認為和政務首長討論時，不應進行政治議題的討論，應著重在政策、制度及法律層面的討論。

表6-8 高階文官互動次數分配表

題序	測量題目	非常同意	同意	有點同意	不知道／無意見	有點不同意	不同意	非常不同意	總計
1	政務首長與我有相近似的政治觀點。	14 (29.8)	20 (42.6)	7 (14.9)	6 (12.8)	0 (0.0)	0 (0.0)	0 (0.0)	47 (100.0)
2	政務首長與我不會討論彼此的政治觀點。	7 (14.9)	16 (34.0)	7 (14.9)	4 (8.5)	4 (8.5)	7 (14.9)	2 (4.3)	47 (100.0)
3	事務官在議案還未成為既定政策之前，不應該在政治性討論場合表達自己的立場。	23 (50.0)	17 (37.0)	2 (4.3)	0 (0.0)	4 (8.7)	0 (0.0)	0 (0.0)	46 (100.0)
4	事務官和政務首長討論時，該關注在政策、制度和法律層面的討論，而非進行一些政治議題的討論。	22 (46.8)	16 (34.0)	5 (10.6)	0 (0.0)	4 (8.5)	0 (0.0)	0 (0.0)	47 (100.0)

註：括弧內為百分比

資料來源：作者彙整自「臺灣高階文官調查」

　　總而言之，在規範面的政策政治意見表達方面，絕大多數的高階文官不認同類似的政治涉入行為；而在個人政治討論行為，也有過半數的高階文官認為不會與政務首長討論彼此政治觀點，以避免政治涉入情況。因此，整體而言，本研究問卷資料顯示，接受本研究訪問的高階文官雖位處政治行政之分際線上，但其政治涉入情況，從規範面與實際行為面，大都未逾越政治行政分立之界線。

（二）高階文官之服從與支持

　　前段討論高階文官的政治涉入程度，在瞭解政務官與事務官互動的介面環境中，另一必須討論的議題即是高階文官的服從，以及政務首長對高階文官的支持程度。政務副首長及主秘等高階文官對於政務首長的服從程度及政務首長對高階文官的支持程度，是兩者互動下的結果，但也有可能是影響其互動關係的因素，其屬性在互動過程中相當重要。

1.服從

　　顧名思義，是指組織中下屬遵守上級長官命令的觀念及行為，在此係指高階文官遵守政務首長指揮的觀念及行為。當高階文官服從政務首長的觀念愈強烈，政務首長在與高階文官互動時將面臨較少的阻礙。從表6-9得知85.1%的高階文官認為所有工作都是依照政務首長的指示而為，而其中有12.8%的高階文官以積極的態度確認，另有72.3%持正面態度的高階文官則相對保守。此外，若假設在政治觀念與政務首長不同的極端情況下，93.7%的高階文官認為仍然會接受政務首長的領導。一般而言，政務首長是機關單位內的最高首長，所有常務副首長在形式上皆須服從上級長官的命令與領導，然而，實質上是否真的會由衷地服從，可以從調查結果中看出端倪。雖然調查結果顯示在93.7%同意的受訪者中，僅有29.8%的回答較強烈，有63.9%的高階文官的態度較不強烈的現象。從兩個測量題目得知，雖然受訪者都認為會接受首長的領導，但是從其回答的情況來看，仍有層次上的差異。

2.支持

　　在瞭解高階文官服從的態度及行為後，接著從互動者的另一方——亦即政務首長——的支持來瞭解互動的情況。支持係指在組織中上級

長官對下屬所提出的方案或意見表示肯定，並且給與實務上的協助。從表6-9得知，所有（100%）高階文官都認為自己所提的新政策或方案常常獲得政務首長的肯定，其中有25.5%的高階文官是持最積極的態度肯定，而其餘74.5%的高階文官相對較保守的態度。此外，有97.9%的高階文官認為政務首長支持自己針對覺得不妥的方案提出意見，所持正面態度的高階文官中有34.0%的高階文官是持最積極的態度表示肯定，相較之下其餘63.8%的高階文官是以較保守的態度回應。

表6-9　高階文官服從與支持次數分配表

題序	測量題目	非常同意	同意	有點同意	不知道／無意見	有點不同意	不同意	非常不同意	總計
1	我的所有工作幾乎都是依照政務首長的指示而為。	6 (12.8)	22 (46.8)	12 (25.5)	0 (0.0)	4 (8.5)	3 (6.4)	0 (0.0)	47 (100.0)
2	即便我和政務首長的政治觀點不同，我還是會接受他（或她）的領導。	14 (29.8)	24 (51.1)	6 (12.8)	2 (4.3)	0 (0.0)	1 (2.1)	0 (0.0)	47 (100.0)
3	當我提出一項新政策或方案時，常常能獲得政務首長的支持。	12 (25.5)	24 (51.1)	11 (23.4)	0 (0.0)	0 (0.0)	0 (0.0)	0 (0.0)	47 (100.0)
4	政務首長會期待我對自己覺得不妥的方案表示意見。	16 (34.0)	26 (55.3)	4 (8.5)	1 (2.1)	0 (0.0)	0 (0.0)	0 (0.0)	47 (100.0)

註：括弧內為百分比
資料來源：作者彙整自「臺灣高階文官調查」

　　整體而言，大多數的高階文官認為政務首長支持自己所提的意見，而且也認為即便與政務首長的觀念不同，亦會服從政務首長的領

導。顯示政務首長與高階文官互動能互相協助。不過，該調查是在
2010年馬英九政府期間執行，其結果無法類推到扁政府時期。

第四節　小　結

　　本章分析人事背景的次級資料以及問卷調查資料，描述不同執政
團隊政務官特質、比較其與事務官在這些特質上的異同，以及探討事
務官對於政務官的態度。以下分別就各研究結果對於民主治理各個面
向的意涵進行討論。

　　各執政團隊變動的資料顯示，陳水扁兩任總統期內行政院內閣平
均壽命約為一年六個月，馬英九擔任總統時期第一位行政院長任期也
僅有一年四個月，就後章受訪者指出在部會大約需要五個月左右的磨
合期，要能夠經歷政府預算流程，則需一年的時間，而行政院所領導
部會的數量、與地方政府的互動關係，以及其所需面對總統府、立法
院以及其他外在環境的挑戰，顯然比部會更為嚴峻，因此其所需的磨
合期應比部會還要長，但是平均任期只有一年六個月，而部會首長平
均任期是22.9個月，政務副首長是22.7個月，都不到兩年，在院長、部
會首長以及政務副首長更換頻仍的情況之下，只得依賴常務副首長及
主秘來維持機關的穩定。因此，平均而言，常務副首長的任期是32.3
個月，高於政務首長及副首長。主秘任期雖不如政務首長，但常任副
首長及主任秘書若加上其之職位的公務年資，將遠高於政務首長、副
首長。

　　此種政務官變動頻繁現象將造成兩種治理上的困境，首先是政務
首長副首長必須投注大量時間於學習部會事務上，無暇做長遠的規劃
與政策的推動，正如Ingraham（1987: 425-426）觀察到雷根擔任總統

時期政務官進出頻繁，疲於「學習駕馭」，而事務官則必須不斷忙於「教導駕馭」的治理困境，不僅導致政策無法持續與做長遠規劃，政務官由於業務不嫻熟，可能會因失言或決策錯誤等問題而下台，使內閣形象及士氣大受打擊。其次，如前章所述，政務官強調民主回應，而事務官則專注於專業責任，此種政務官進出頻繁而過度依賴官僚的現象，雖可維持政策穩定以及機關運作順暢，但將不利與民主的回應性。

再就內閣首長的組成而言，民進黨執政時期，除了唐飛及張俊雄第一次內閣女性閣員比例超過20%之外，其他各內閣比例皆少於20%，顯見民進黨女性治理人才的不足，此點也印證之後受訪者A18的觀點。國民黨執政時期前兩位行政院長所組成的內閣團隊的女性比例皆在20%之上，但這個比例能否維持則有待觀察。就學歷而言，馬英九執政時期任用具博士學位的首長比例以及博士加碩士學位首長的比例，皆明顯高於陳水扁時期，此種現象是否與總統本身以及行政院長本身的學歷背景有關，值得探討。在年齡部分，馬英九時期所任用的首長平均年齡略高於陳水扁時期的首長，在陳水扁時期以51-60歲的首長占多數，而在馬英九時期則是61歲以上的首長。如果以常務副首長及主任秘書以碩士學位以及50-60歲為多數，加上東方文化對於高學歷以及資深的權威服從感而言，似乎國民黨的內閣任用對於政務領導較為有利，不過隨著文化價值的改變，資深、高學歷等首長條件對於政務領導有何種影響，有待系統性探討。

執政團隊流動以及背景資料顯示治理上的困境，再進一步探討高階文官對於政治容忍度以及對於政策計畫的承諾，也顯示整體文化並不利於政務事務互動。2008年的簡任官的容忍度高於1998年司處長的容忍度，但從國際比較角度而言，仍是屬於容忍度較低的。低政治容忍度將使得常任文官在政策過程中忽略立法院、政黨、政務官以及

利益團體等民主回應機制，雖有專業堅持，將相對欠缺回應性。資料也顯示有關於政策推動成敗的計畫承諾則低於1998年的台灣司處長，也遠低於其他先進國家。雖然簡任官的態度不一定完全等同於司處長以及常務副首長級主秘等高階文官，但三者之間的特質有某種程度的關聯性。亦即，在民主體制政黨輪替及首長更替頻繁的情況下，文官較重視短期的政策效果，而相對地忽略了長期的計畫及基礎機制的建立。

　　最後就常務副首長以及主秘等高階文官對於政務事務互動的觀察分析而言，可見大部分高階文官與首長的政治觀點相近，但都能嚴守份際，大都不與首長討論政治觀點。而對於政策形成過程，也不輕易發表政治性意見。可見，政務事務份際已逐漸在文官中形成，文官逐漸退出政治領域。資料也顯示，在國民黨執政時期，高階文官都能遵從首長的領導，而首長也都能支持高階文官的政策提議。高階文官也認知到首長期待其對於不妥的政策提出不同意見，可見文官的專業也受到某種程度的尊重。

　　整體而言，本章嘗試從現有次級資料探討執政團隊成員的基本特質以及流動，基於資料的有限性，部分值得發展的主題在本文中並未能探討。首先，不同性別、年齡及教育程度在本章中主要從團隊的層次作集體的呈現，而在個案層次有何影響，雖然在本書往後章節中有初步探討，但仍需進行大規模量化研究，以呈現其全貌。其次，在各項背景中，若能再加上受訪者父親之職業以及其本身在從事政務前的職業類別，前者得以呈現菁英社會流動狀態，對於「社會複製」（social reproduction）的相關理論將有所貢獻。而後者則能切入政務官生涯發展、互動模式等議題的討論。

　　除了人事資料，本研究也建議未來在高階文官的問卷調查資料中能加入政治容忍度及方案承諾等相關問題，作為跨時間及跨階層比

較。除了文官的調查研究，建議未來對於政務官也能進行量化研究，並與文官的態度資料進行比較，以呈現這兩類人領導更深層的差異，作為理解其行為背後的基礎，以回應到政治行政等理論的討論。

第七章　個人層次：部會首長領導、政務事務分工與角色認知

　　本書第四章探討影響政務事務互動組織層面的因素；第五、六章分析團隊因素，以上三章提供政務事務互動所處的制度環境，以及不同總統、院長領導所產生的影響，本章則聚焦在個人層次。以本書研究的脈絡而言，兩個可能影響政務事務夥伴關係的因素值得探討，首先是許多受訪者共同提到的部會首長領導行為，以及在這個政務事務官介面上的分工，其次是組織行為理論學者所強調的認知（Robbins & Judge, 2007；徐仁輝，2005），特別是角色的認知（Denhardt et al., 2002）。本章第一節首先探討部會首長的領導以及分工，第二節分別從政務官以及事務官的角度，呈現不同觀點下政務官的角色，第三節同樣以兩種不同角度探討事務官的角色，第四節則討論對不同角色期待的落差。

第一節　部會首長領導與分工

　　本節首先探討部會首長的領導，特別是受訪者最常提到的願景領導。其次，根據受訪者的訪談資料，整理在不同首長安排下，部會內政務事務互動介面分工的各種不同模式。

一、願景領導

　　政務官缺乏長期的理念，事務官也沒有，所以看得出來，台

灣的政權輪替只會帶來亂象,就這樣。(A05訪談記錄)

在第五章的訪談中,概略得知不同總統及院長的領導對於政務事務夥伴關係的建立,是一個重要的變數。受訪的部會首長對於本身的領導策略,其中不分黨派,最常被提及的是「願景領導」、「理念領導」或「價值領導」。雖然對於這些概念各自有不同的詮釋,多數受訪者認為這種領導模式應該先行勾勒理想中或是未來的藍圖,提出長遠規劃,並試圖在其任內溝通並提倡價值或理念。在這些政務官的訪談中,受訪者對於這些概念的內涵提出其看法,可以整理出最常提出的「理念」、「價值領導」、「願景」、「長期規劃」、「策略規劃」等字眼與關鍵字。

首先,對於價值或理念在實務運作上的詮釋,A11認為作為一個國家的公務員「若不懂政策背後的價值意涵、政策思維,還有認同」,只是把「政策方案拆解成指示的句子,然後把他當作一件一件工作去作,你是得不到結果的。」同樣地,A08也認為「你要慢慢讓……要讓每個人相信他做的工作是很重要的,我想這個很重要。……當然是,這個叫願景領導、價值領導嘛!」除了對於工作結果的重要性,型塑機關的願景也有一些內部凝聚的重要功能,A08也認為「我一定是非常強調我們追求的價值是什麼,我覺得這個是凝聚、減少內鬥非常重要的原因。」由於理念如此重要,因此受訪者剛上任的時候就需要有一些作為,特別是對於該部會業務已非常熟悉,並對於未來政策已有清楚想法的部會首長。如文官轉任首長的C05提到:

> 你進去的第一個,……,我第一天,我就先做演講,先對我的次長,跟我的那個局處長,……,你要馬上對他們做演講,說你的想法是什麼,你想做哪一個部分做你的重點,你如果這個都沒有starting,……(C05訪談記錄)

其次，就價值理念的來源而言，除了政務官自己的想法外，受訪者認為理念應該要與政黨的理念以及機關的任務一致，A05指出：「身為一個政務官必須有政黨與個人的理念，一方面是自己要有政治理念，……但是個人的理念比較複雜，所以要拉上來到政黨的主張與理念為何？」A09指出：「自己做為一個政務官，你比較要知道自己來，最重要的是希望完成什麼東西，哪一個價值你覺得很重要的價值，……就是說……不同的政黨，會有不同的價值。」同樣強調政黨的價值，A07提及用政黨提出的「價值」來改變體制的想法。

> 在○○○（政黨名）擔任政務官時，我們需要用價值領導來改變文官體系，所謂價值領導就是像我們的黨綱，民進黨的黨綱比較偏重環保，以及弱勢族群，要保護勞工，注重公平正義，不反對增稅，可是我們可以希望照顧到弱勢的族群。（A07訪談記錄）

其三，除了價值或願景的建構，對於這些價值或願景的溝通也頗為重要，不同的首長以各種不同的方式來溝通願景。有的首長用正式演講的方式向部屬溝通理念，除了平時不斷借用各種機會，向機關同仁傳達理念（A11訪談記錄）外，也透過幕僚或民間理念較接近的人一起參與計畫討論，使價值能夠融入計畫之中，並讓幕僚瞭解理念所在。A09以「蓋馬路」的例子生動地來說明願景溝通的方式：

> 關鍵就是我讓你知道，你不是為我賣命的！你是為你自己留下好的作品。……你將來牽你孫子的時候你要跟他說：「這是你阿公做的喔！」、「這橋是你阿祖、阿公的時候做的喔！你看現在還這麼漂亮！」對不對？你在這邊不只是做一條路，你還是做一條很漂亮的路，有花有草、有樹蔭。（A09訪談資料）

　　最後，要落實理念或價值，除了向部屬溝通之外，也要有長期規劃概念以及執行的能力，A11強調對於「國家前瞻」機制，主張「要系統性長期的做，然後不斷的檢驗。每個政黨要基於一個倫理，要很客觀的去評估這個國家的前瞻。」A05也指出：

> 不管是當政務官或是事務官，要有能力與概念去做長期的規劃，要不然你會看到很多人做事情都是窮於應付眼前的危機，沒能力做規劃，這樣一定會惡果循環，既然沒有遠慮，每天都在處理近憂，每天都在打火的事。（A05訪談資料）

　　以上特別強調願景領導或價值領導的受訪者，大都以政務官為主，值得一提的是，在少數受訪的六位女性政務官中，有三位提及這個概念。而這些女性政務官在領導過程中，在傳統以男性為主的官僚環境，有沒有遇到障礙？女性閣員如何看待該議題，以她們個別的經驗而言，她們皆認為性別在與男性文官的共事、互動上絕對不會是個問題。A07認為主要還是以專業為任用考量，而且「願意溝通」的態度對於化解隔閡，並且避免以女性的位置占便宜。除了在一次與國防部開會因座位安排的關係而覺得尷尬外，大體上而言，不致因為自己女性的身分，而與事務官有隔閡，或因而妨礙其領導。

> 因為我是學○○○（專業領域），所以不會有人覺得我去接○○○（職位名稱）是錯的，所以這是專業掛帥。……可能是個人特質的關係，我比較願意溝通，比較不會覺得自己是女生，想要用女生的優劣點去處理很多的事情。我自己會覺得不好意思的，……，那次是國防部……請我去幫忙，他們請我坐最前面，然後對面坐國防部長還有……，很多將官。那狀況讓我覺得很奇怪，我就不曉得要怎麼辦。但是其他事情，就事論事的話，我是覺得不至於，我不會有這方面的隔

閣。（A07訪談記錄）

A09也大致同意A07的看法，她認為職位權力的行使與性別無關，反而與授權工作內容較為相關，重視的是職位上的權力，而非在這個職位上的個人特質。

> 我覺得……，你是部長就是部長，沒有說什麼女性的部長有什麼問題……今天授權給你的是這一些工作的內容、這些權限，那你自己本身要表達出這種態度，你要讓人家知道就是這樣！我就是部長！不可以叫我「女部長」！不好意思！……。（A09訪談記錄）

二、政務事務分工

> 各機關分層負責的明細表，什麼是第幾層執行都有規定，但是講實在話，那個只是擺在那邊好看而已。……都有，你哪一層都有規定，制度是有這個，但事實上不一定照這個做。（B2訪談記錄）

部會首長願景領導、溝通以及規劃等，是影響推動政策成效的重要因素，而將首長領導轉換成具體的管理措施的是高層政務事務的分工。有關部會內部政務事務分工的議題，不僅牽涉到政治行政分立的概念，分工在實際行政過程中的落實與否，也影響到政務事務個別的角色認知以及互動。B2所指分層負責明細表，主要是針對次長以下的職位進行業務分工，對於高層政務事務的分工，正式規定並不清楚。不管從法規的精神或者訪談記錄的內容來看，部會內部的權責分工主要表現在公文的流程以及其核判的層級，正如A03所說：「這個……

公文的……這個routine，就是一個分工的象徵了。」

　　針對部會的分工，雖然行政院在2003年修訂的「行政機關分層負責實施要項」中規定，「機關依其組織法規規定之各級單位，適當劃分處理公務之層次，由首長就該機關職權及單位職掌，將公務授權各層主管決定處理，並由被授權者負其決定之責任。」但該要項中也授予機關在分工時相當彈性，考量不同機關實際運作模式。各部會配置的政務及事務官人數不一，其分工情況亦將有所差別，再加上部會首長有不同的考量以及各機關有其特質，因此部會內部依據「行政機關分層負責實施要項」所制定的內部分工，也留有某些調整的空間。例如，交通部根據行政院公布的「行政機關分層負責實施要項」加以客制化，將交通部部內共二十個處、室、委員會的工作細項，分別作三個階層的權責劃分，分別是第一層的部次長、第二層司處室主管、第三層科長或承辦人，各階層針對個別工作事務進行審核、擬辦、核定或核轉的工作指示。但對於部次長的規定則顯得模糊，因此部次長的分工僅能從訪談進行探索。正如B02對於在公文流程決定「核判」層級過程權責不分的情況所作的描述：

> 各機關的公文部分，部長、次長，有的是分成部長、政次、常次，你就在你的欄位簽名，幕僚的司與處把公文送上來的時候，他有建議，有個像小卡片的建議，就是核判的層級，公務單位就在這邊勾一下，勾常次就由常次來批，勾政次就由政次來批，常次可能會認為這個政策責任那麼大，他為何要批？他就不批，他又會自己把它勾成政次來批，簽個名就送上去了，所以這裡面的分工就不太一樣。（B02訪談資料）

　　由於機關內部有關政務事務介面分工規定的模糊，針對實際的分工，首長有決定權，因此目前大部分是由首長來作決定，C01、A15、

A01、A09、A12等受訪者皆提到首長的分工決定角色。C01認為：「這個分工還是由首長做決定……那這個東西究竟怎麼弄，就是要看首長他喜歡怎麼樣，有時候是好是壞很難講。」「在那個權責分工裡面，但基本上還是要看首長的授權。」而A15也說：「這個分工是很……啦，這個完全看部長指定啦……。」A01指出說：「首長決定權，完全是首長決定權，因為正副首長沒有固定什麼，要怎麼樣都可以。」除了首長的決定外，有些部會延續並嚴守過去機關的慣例進行分工。

　　不同機關依首長的意見或按照過去的傳統，對於「各機關分層負責明細表」的內容略有微調，但重點仍聚焦在層級節制上的規範，從過去的訪談記錄中，本書歸納在部次長層級四種主要的分工模式。作者將其命名為「政務事務階層分工」、「政務事務混合分工」、「政務事務混合交叉分工」，以及「政務階層分工」等四種模式。

　　第一種模式是將業務依照專業不同分工，公文由下而上，先給兩位常務副首長看了之後，再一起給政務副首長看，政務副首長看完之後再給部長去看，所以從分工來看總共分成三層：「常務—政務—部長」。如圖7-1所示，在該模式當中政務副首長有很重要的權力，因為他可以決定什麼要給部長看，什麼不用，所以扮演很關鍵的角色。

　　……副首長有三個人，也許兩個常次把業務分成這兩個常次分工，就是所有的業務由這兩個常次分別看，看了以後再給政次看，政次看了以後再給部長看……。例如：如果有十五個司處，A負責七個、B負責八個，A七個看完之後B不看，B看後面八個，看完之後A不看，那這個政次就可以考慮要不要給部長看，不然的話他就決定了，這個政次就會比較重要。

　　（C01訪談記錄）

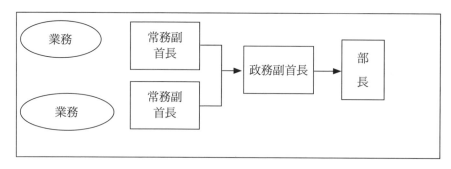

圖7-1　政務事務階層分工

資料來源：作者整理自訪談記錄

　　對於常務副首長之間工作的畫分，主要依照該機關工作特質區分，也有的部會是依照副首長個人過去的經驗或專長來分配，並沒有一定的法則。例如有的分「行政類」及「技術類」，有的則按照機關各業務的性質，而政務副首長則是負責較政治性或比較有爭議性的決定。A09指出：

> 我有些東西都交給常務次長，我就是分業務性質，這是○○○的（A業務性質）、○○○的（B業務性質）兩個常務次長去分擔。政務次長就牽涉到比較政治性的、比較政策決定的那種爭議性的，讓政務次長先去掌握……大概分擔這樣。（A09訪談記錄）

　　提及分工模式符合第一種模式的有C01、A01、B01、B03、A09。在某些部會副首長的人數與以上所述不同時，其層級分工類似，但在水平分工的部分則在政次的層次進行，例如，在有些只有一個常次或沒有常次的部會，A01提到的是一位常次先在第一線將不同業務做分類之後，才交給不同的政次去做處理，這是屬於第一種分工模式中又進一步有所變異的案例。另外，有些機關是完全沒有常務的，這時候

主秘就變得很重要，那個「主秘就比較像是常務次長的一個角色。」

　　第二種模式的運作是不分政務或常務，三個副首長平均分配文件數量，各自看完後再直接交由部長去做決定，由此看來分工總共只分了兩層「副首長－部長」，如圖7-2所示。相較於第一種模式，第二種模式在副首長之前是沒有階層的，不分政務事務。例如A12提到：「一個政次、兩個常次嘛，那負責的東西都不一樣啊，……我們從頭都分三……三個都次長，我們就三等分下來。」除了A12外，提及分工模式符合第二種模式的包括C01、A01、A03、B02、A10、A13、C05等受訪者。

> 另一種形式就是把這三個副首長都分掉，他們看完後直接給部長，就是少一層。EX：第二種方式就是說大家都看，A看五個、B看五個、C看五個，看完之後給部長。（C01訪談記錄）

> 其實三位我基本上是職能分工。○○○（部會名稱）的主要工作，我大概有三個人，一個是做整體政策的，另外一個是做法規跟作業方面的，就是法規、雙管、作業、就業問題等等的。（C05訪談記錄）

　　之所以採用第二種模式可能是考量到政務事務過去的專長，也有的受訪者認為「其實考量的不太說這是事務性的還是政務性的，因為到了他們管的一個層次，其實都是跟政策掛在一起的。」有部分受訪者對於第二種的分工方式有所批評，例如A01提到：「大部分都比較採取這種模式（模式二），雖然personal我覺得不對啦，常務次長不應該跟政務次長是相同的。」同樣地，對於人事方面頗有實務經驗的B02認為如此的分工可能會造成政務與事務之間的角色扮演模糊。

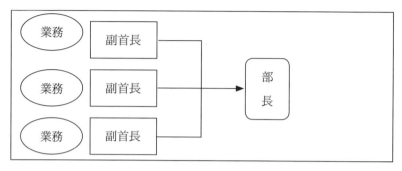

圖7-2　政務事務混合分工

資料來源：作者整理自訪談記錄

現在在機關的分工裡面，是利用平行分工，事務官也去管政策那一塊，它功能性的分工，就變成事務官跟政務官的角色扮演就不是很清楚了。你看立法院有很多常次在那邊列席為政策辯護，所以這分工就很難分的很清楚，有些政務次長也在管人事，人事本來是常務次長的職責，今天因為首長相信政務次長，所以把人事也交給他管，所以這個分工來說，並不是按照理論上來分工，各部會有各部會的分工方法。（B02訪談記錄）

　　第三種模式是政務事務混合交叉分工，該模式主要是讓三個副首長各自負責不同的領域跟範圍，但特別處在於，每個副首長都有屬於自己的一個主要負責業務範圍，但每個副首長先看其他兩位的領域，等其他兩位也看完原本屬於自己負責領域的公文後，再看自己原本負責的領域，如圖7-3所示。提及分工模式符合第三種模式的有C01及C04：

就是在兩個常務的分工還可以交叉看，那個有的（部會）也有，有的也沒有。……，這也倒是可以，他也只是說在同步

的時候啊那就是交叉有個好處……，有時候會產生橫向協調的功能。（C04訪談記錄）

他們分工以後，分工以後你負責的部分最慢看，意思就是說，別人先看，看了以後再給你看。例如十五個處來講，假設A負責一到五，B負責六到十，C負責十一到十五，一到五的部分A最慢看，就是說A的公文來了，由B跟C先看，看了以後這兩個人大概沒有意見，禮貌性的由A決定，但是這樣的話有什麼好處？就是比較縝密。（C01訪談記錄）

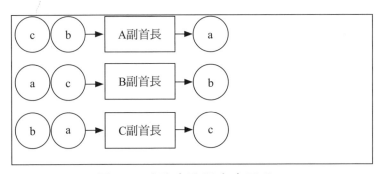

圖7-3　政務事務混合交叉分工

資料來源：作者整理自訪談記錄

　　此模式與前兩者比較起來相對較為謹慎及全面，亦即三個副首長都看過文件內容，對於機關業務的推動，三個副首長會有基本看法，也比較可以對機關有全面性的關照並且避免疏漏，但是缺點是可能較為曠日費時，一來一往交換之間，花費了許多時間。

　　第四種模式是政務階層分工，這種模式一樣是分為三部分，分屬三位副首長，但是副首長在後續分工上有層級之分。第一層先各自負責各自業務部分，但到了第二層時，全部的業務都必須第一副首長，

第一副首長從中再做篩選，最後呈報首長瞭解，如圖7-4所示。受訪者中，提及分工經過符合第四種模式的有A06、B02、B06、C04、B05、A12、A16、C05。該模式的優點是有一個負責全體的第一副首長對於事情有個整體全面的考量。

> 第一副主委他能夠……還是比較有全盤的掌握。從權力的劃分上來看，因為他的一個地位比較特殊，相當於一個部長身分，所以原則上他再呈上去就是給主委，當然……，第二副主委的東西不會到第三副主委……。那……我的第三副主委的東西也不會到第二副主委……。但兩個都會上去到第一副主委，然後再上去的話到主委那邊去。（A06訪談記錄）

> 我現在只有○○○（單位名稱）的公文不看，我其他通通看，那○（姓氏）副主委位子它等於是第一副主委，其實他因為很多他也要看，所以基本上我們有一點向上、集中和通通看，這我想跟我們會的業務量不是太大，而且沒有所謂被架空的問題。（A16訪談記錄）

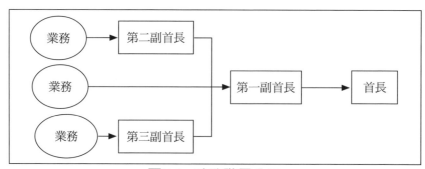

圖7-4　政務階層分工

資料來源：作者整理自訪談記錄

　　以上四種分工模式，可以看出不同受訪者在不同部會中的分工狀況，若再進一步探究「分工依據」。就垂直的分工來看，有的以「預算金額」大小來作為分工依據的，B02表示：「若首長不相信你，他就幾萬以上誰批，幾萬以上又誰批，很多這種狀況，所以大概有半年的觀察期。」B03也說明在其部會中亦有一套規則，規定不同經費金額大小是由不同單位去做劃分。

> 像經費的問題，怎麼批的方式，業務的劃分我們有一個標準，採購案件一千萬以下大概都是主任秘書批，有一個劃分，每個機關不一樣，○○○（機關名稱）是一千萬以下就是主任秘書批，包括核銷、差旅費，通通都是主任秘書。
> （B03訪談記錄）

　　對於水平的分工，大都數受訪者主要以「專業」、「功能」等原則進行分工。有的是按照機關的業務工作性質，如B03指出：「他們兩個在分單位處理，大概行政類的一個，技術類的一個，大概這樣分。」A10也指出：「比如說經濟部三個次長，照道理講應該要分工，一個管工業，一個管國營事業，一個管國際貿易等等……。」在工作的劃分之外，也考慮到副首長本身的專業及興趣。如A09指出：「他們一個是負責○○○（業務名稱）……一個是負責○○○（業務名稱）；一個是○○○（業務名稱）什麼的……，他們就根據他們個別的興趣跟過去的職掌……，去讓他們去發揮。」A12也提及：「你用的那個次長，他的專長比較偏哪方面，你可以把責任分給他，就是說他要負責那些公文，或者是負責去督導。」個人專長的考慮對於政策的結果以及風險的管控，有其重要性，例如A15指出：

> 因為這個每一個人的背景不一樣。專長不一樣。……你譬如說一個人那個來作○○○（業務名稱）的，那個次長剛好一

個○○○（業務名稱），一個什麼○○○（業務名稱），你
說○○○（業務名稱）你還送去給他批，等一下他不小心批
錯了，就糟糕了啊。（A15訪談記錄）

第二節　政務官角色

前一節探討部會首長的願景領導，以及部會內政務事務介面的分
工，從分工的各種模式來看，政務事務之間並未明顯的區別。在實務
上的運作如此，而政務官及事務官又如何界定其彼此的角色？本節分
別就政務官及事務官對彼此的角色認知與期待進行分析。以下分別就
兩種受訪者的訪談記錄歸納兩者對於該角色的認知以及其所需特質。

一、政務官的自我認知

我們政務官能去補的，就是說我雖然沒有文官那麼好的行政
歷練，可是我有開創性，我勇於作決策，……反正做錯就下
台，做錯沒有記大過這件事情，反正你有認知，你上去就是
提著頭去幹的。（A07訪談記錄）

就政務官自我認知的部分，主要可以歸類為「政務官的定位」以
及「政務官必備的能力」。

（一）政務官定位

在「政務官的定位」部分，多數受訪政務官的認知如一般教科
書所述，在政策的過程中負責發動政策以及決定政策的大方向，例
如A04認為：「部會首長有政策的發動權……」，為整個政策揭開

序幕。A14也有類似看法：「政務官不一樣，是你有power可以去推動」。A03認為：「這個bureaucracy……就是，要政務官來決定政策的大動向。」以及C04也提到：「政策的話啦，……，應該上面要占的層面相對要比較高，……，有時候政務官……，他就是說捉大方向嘛……。」C04更進一步闡述：

> 理論上來講，政策的話，在上跟下之間，應該上面要占的層面相對要比較高，因為否則你為什麼要當政務官，你要有理想，……他就是說捉大方向……屬於部裡面的一個政策的決定啊，策略啊，以及我的願景，可能上面要著墨比較多……。
>
> （C04訪談記錄）

傳統上政務行政的二分法，政務官主導政策方向，事務官負責執行細節，當然政務官擁有政策的主動發動權，勢必就應該為政策負起全責。雖然大部分的政務官都有此種認知，但是在實際的運作上，並非如此。A10據觀察所得，主張政務官原則上應該是「擬定政策」、「辯護政策」，但實際上卻被要求對於機關仍需要鉅細靡遺的管理，因此在政務人員的任命部分，常有事務官「升任」政務官的情形，主要是事務官對於機關管理事務的熟悉，此種批判呼應蔡良文（1998），黃臺生（1995）等學者，對於國內政務事務不分的批判。A10對於此種政務事務不分的現象頗表不以為然地指出：

> 正常國家的政務官，不要求他要鉅細靡遺的管理，他只要掌握政策方向……但我們這邊不一樣，連雞毛蒜皮都要知道，因為你在國會裡面會被質詢，甚至會被問到部會中有幾張椅子。所以你不鉅細靡遺的瞭解，那會被盯得很慘，好像你什麼都不懂一樣，其實那不是大事情，但是人家就是會讓你出糗。所以你看後來為何會用事務官，還說是升職，但那是不

同體系怎麼可以說是升官，常務次長變成政務次長就是升，
那部長更不用講了，有時候他考量到他業務非常熟，所以用
他，但是照道理說這並不是政務官的首要考量，政務官是擬
定政策方向，然後幫它辯護，但是我們這邊很多不是這樣。
（A10訪談記錄）

（二）政務官必備能力

在「政務官必備的能力」方面，除了以上發動以及推動政策的
相關能力外，最常被受訪者提到的是「領導力」及「政治能力」。
A03認為政務官需要高度的政治敏感度與政策判斷力，也需要創新
力，「因為他是政務，要innovative要dynamic，……，這個political
sensitivity就更重要了。」同樣地，A08提及政務官應該有「領導力」
與「政治能力」，A14亦有相同看法，政務官最重要的就是領導，
「你要知道你在做什麼，做為一個政務官，做為一個部會首長的你的
issue你要清楚」。C05也提出「帶兵能力」，呼應領導力之必備「領
導統御能力是最重要的，leadership是最重要的……你如果沒有辦法帶
兵，你再厲害也沒有用，帶兵的能力是最重要的」。A17亦表示部會
需要靠領導，「因為你要領導一個龐大的部會，我覺得很重要是領導
力」。而A09與A10則認為需要有「管理能力」，A01認為政務官首重
領導與管理能力，其次才是民主政治的觀念，專業與否並非重要能力
選項。

我認為……就說首長跟副首長，我不太認為非要很專業不可
啦，我所謂專業是說，他這個field，……，除非他是個非常
非常technical的部門，……，不一定要專業的來，我想對這
個有唯一考量的因素，或者是第一優先考量的因素，我覺得

他最重要還是管理跟領導。……那就是你進去，我是說有領導力跟管理能力的人，通常有個特質，他學習能力很快，他抓方向，很快，但是如果你，不懂得一些民主政治，特別是在台灣的民主政治運作的那種……認識，因此所需要的管理能力跟領導，我覺得是相互需要的，特別在政務層次……。
（A01訪談記錄）

　　其次，許多受訪者提到「品德」、「責任或擔當」、「膽識」A12認為：「品德是很重要的」。有關品德對於政務領導的重要，A16也有提到類似看法：「談到這個我就覺得最後還是回到最初啦，領導統御喔，還是政務官的品格素養、溝通能力。」C05贊同：「品德很重要，就是他要讓人家尊敬」，A17亦認為品德與操守亦需要被要求的，「道德、操守是很重要啦，這是無可厚非啦」。A15認為責任感也是必須具備的，「你這個政務官你要負責任，你不能夠該你負責任的時候，你規避，你是政務官本來就沒有什麼事情，你主要就是來負責任的啊！」A04主張需要有擔當責任的心，「你若敢做敢當，人家都會為你拼命，若不敢做不敢當，就是在拖生命。這些都很主觀，每個人都有他的style。」A10也具體建議政務官的必備條件包括「見識」、「膽識」、「常識」，並且要有「團隊精神」以及「器量」。A10闡釋這些重要的條件：

　　擔任政務官的基本條件，簡單來說要有見識，要有膽識，還要有常識。見識包括你對你職掌範圍的瞭解，業務的瞭解，對於現況的瞭解，還有未來的前瞻，因為你的願景理想原則，那個一定要有。光有見識不夠，還要有膽識，因為沒膽識的話，你不敢動阿！……另外我說到常識，這裡面涉及到跟事務官的相處問題，你若沒有常識，會很容易被事務官看

不起，連那種最基本的東西都不懂。（A10訪談記錄）

　　再者是「開創性」、「決策力」。A07從政務事務互補的角度分析，認為政務官是在補足事務官不足的部分，更具體而言，「開創性」與「決策力」可彌補事務官較為保守、守成的不足。A04認為創新能力很重要，「你很快的能提出來，他們說的，你聽的懂，在部會裡面能夠讓他信服，把不同主張的差異性很快的分析彙整，然後說服，他才能夠去提出你要的東西」。A11主張政務官需要有將「政策理念轉換為可以操作與執行的語言與步驟。」A15則更全面地指出政務官應該排除負面議題、延續政策以及開創新局等三件事情：

> 政務官有幾個他必須要面對的，第一個就是說你必須要排除
> 負面的issue。……你譬如說有的文官那樣，你知道，底下都
> 是文官嘛，第二個是你如何堅持政策的……這個，假如這個
> 政策是合理的，那如何堅持這個政策的目標，還有它的延續
> 性，還有第三個是怎麼弄新的政策或格局（A15訪談記錄）

　　最後是「歷練」與「型塑願景」、「溝通願景」的能力。A04主張需要具備一定的政治經歷，「若沒有那個歷練，就不瞭解民意與國會，就沒辦法遂行你的理想。」A10亦主張具有一定的行政歷練對於領導有一定的助益，「行政的業務，文書等等很多事情，因為我本身在政府機關服務過，所以我沒有這個問題，但是有的部會首長可能就會有這樣的問題。」A08比喻政務官應該要像「傳教士」一般具有使命感與熱情，「政務的部分一定要有清晰的理想、願景，那你就負責去反應，像傳教士一樣去宣傳，你具備的能力就是要有使命感、有熱情，還要有能力溝通。」首先要有清楚的理念，接著就是去宣傳、倡導與溝通這樣的理念。C02提出需具「願景的四個能力」，要可以型塑願景、推銷願景、規劃願景以及執行願景，更進一步補充需要有風

險溝通與危機管理的能力。

> 你做一個領導你總要有願景對不對，你要能夠型塑你的願景，……從願景他能不能型塑願景，然後推銷願景，……這個願景成了以後到策略規劃，……。（C02訪談記錄）

二、事務官觀點

> 政務官你要確實能夠提出一個東西啦！一個東西出來……平常的運作我們都已經在……，但是你要提出一個。你政務跟常務跟我們文官不一樣，就是你的一些想法，要把想法告訴我們，那我們覺得長官確實想的不錯，我們會服。那第二個就是，長官你要有膽識啦！（B04訪談記錄）

受訪的事務官也表達有關政務官的「定位」與「必備條件」的意見。

（一）政務官定位

就政務官的「定位」部分，如之前政務官的看法一般，大部分受訪者強調其領導、政治回應或政策制定的角色。C03認為政務官顧名思義就是政治任命，所以理應傾向政治上考量、也應加入執政之政黨。B06則強調政務官對於民意的重視，指出政務官為了要回應民意，所以所做的政策必是以「對人民有利」為出發點。B03以及B05則聚焦在政務官對於政策扮演的角色。

B04的訪談對話中綜合了以上事務官對於政務官的角色期待，指出：「因為在政府體系裡面，政務官就是所謂的領導嘛！政策的制定、決定，那事務官就是執行，用他的專業來……貫徹。」他更進一

步指出政務事務兩者工作清楚界定的重要性，而政務官最重要的是要
「指引方向」：

> 你政務官不要去做事務官執行的細節；你事務官不要代替
> 政務官去做了很多決策的問題，兩個角色不要互相的混
> 淆。……。那這兩個角色當然很重要啊！一個政策沒有下面
> 的執行也做不成啊！那你事務官沒有上面的人來給你指引一
> 個方向，你永遠也不會進步嘛！（B04訪談記錄）

雖然多數受訪事物官都提及政務官提供政策方向的角色，但這些
決策角色在某些政務官不熟悉的專業領域，其決策權只是「象徵性」
或「儀式性」的參與權，就這些政策而言，反而是事務官具有實質的
主導權，B01指出：

> 政務官的決策權你要……把它看成是參與權，真正實體的決
> 定很大部分其實是前面的常務次長之前已經差不多……可是
> 你如果沒有首長來主持，這個沒有經過他們手上，感覺他們
> 就是沒有參與，沒有主導。形式上是他掌握，這個掌握其實
> 也在滿足他的職位權威，不是專業權威，其實整個決策歷程
> 中間他不一定是關鍵的指導者，可是你不讓他參與的時候，
> 就好像少掉了某一個儀式以及它所具有的意義，以一個儀式
> 所代表的正當性就會不足。（B01訪談記錄）

在訪談的過程中，經交叉比對可發現，有受訪者對於首長是否可
以擁有「預算」及「人事」權，有不同之看法。B02認為：「權分成
人事，……經費，是誰在發呢？是首長在負責，其他在政策訂定，資
源分配過程，這些都是權力……。」他認為預算與人事權都是首長的
權力展現，而B05對於首長全權掌有人事與預算權有所堪慮，「他如
果充分的發揮人事權到極致了，他愛換誰就換誰。如果那樣子的話，

就糟糕了！」但一方面他又認為政務官必須擁有人事權，「當然要在他的手上啊，否則你政務官誰聽你的？我怎麼做你都無法動我的話……。」C03則持完全相反的意見，他認為：「我一直不贊成說，一個政務官去參與人事跟經費。我在當政務官的時候，人事的事務我不會管，因為我不能去碰內部人事的事，如果去碰的話，就會讓員工有靠邊站的情形……」。

（二）政務官必備條件

有關政務官必備的條件，部分事務官的意見與政務官一致。B02提到政務官要有「膽識」、「擔當」以及「霸氣」。B04也贊同勇於擔當的論點，更提到政務官需要先有治理的方向及概念，如此才能與事務官去做溝通。以上的意見大體與政務官的看法一致。

除此之外，B06認為需要有氣魄以及有操守，如此才達到上行下效的作用，「首長當然，第一個他要專業，氣魄要大。……第一個行為要正派啦，這個很重要」。B02則認為政務官亦需擁有政策能力，「政務官我認為需要具備政策思考的能力，……政務官則要決定方向，要做對的事情……」。B03強調需具備與府、黨、會之間的政治溝通協調能力，「你注意府會之間，還有跟立法院這個民意機關之間溝通協調還有說明，讓他們支持這個政策」。B05認為政務官對於問題掌握的層次應該較高，「政務官……對問題的拿捏，高度應該比較高……。」

總括而言，事務官認為政務官須具備「膽識」、「擔當」、「霸氣」等領導特質之外，還需要有品德操守，更要具備抽象政策思考以及府會溝通的能力。相對於政務官而言，「專業」是幾位受訪事務官所提及的，除了B06提及專業對於政務官的重要性外，B01也認為政務官的專業對其在政策過程中扮演的角色：

政務官本身的專業性就他要決定的那個政策本身，他所具專業性的高或低會影響到你剛剛講的他的角色，我們決策可以是bottom up也可以是up down的概念，……如果是top down的概念的話，那個政務官本身如果具有專業思維的話，他比較能從這個事物的專業角度，去找到它政策的成立點……。（B01訪談記錄）

此外，C01提到一個可以容納異見、意見的開放心胸跟胸襟，「當首長，那個心胸、視野要更寬廣，這樣的話也許更能夠容納不同的意見，我是覺得最好不要同一個意見，同一個意見做起事來好像很快，但那個阻力會很大。」B01表示需要有政治歷練、積極學習力還有傾聽跟接納意見的心態「政務副首長基本上他不能沒有政治領域這一塊的歷練，或是沒有政治領域這一塊的經歷與瞭解」。B05主張若有行政經歷，對於政務官在機關內的事物以及機關間的溝通協調都有加分的作用，「最好他還是具有某種程度的行政歷練，非不得已不要直接從學術單位或研究單位，一步就任命他做為行政機關的首長。」C03提出除了需對政策有基本的瞭解，亦需具備全球化的觀念，「政務次長跟部會的首長，不必那麼死，但是他對相關的政策瞭解，他也要有一點全球化的觀念。」

第三節　事務官角色

上一節分別從政務官以及事務官角度探討政務官的角色，本節一樣從兩個不同角度呈現事務官的角色。

一、事務官的自我認知

> 我專業提供給你做政策參考，至於怎麼決定是你的事情，當
> 我專業擺出來就是這樣，你決定了我就照做，這樣就不會衝
> 突，所以理念跟專業就不會衝突。（B02訪談記錄）

就事務官自我認知的部分，仍歸類為「事務官的定位」以及「事
務官必備的能力」。

（一）事務官定位

在「事務官的定位」部分，從受訪者的資料歸納，事務官在政策
過程中主要扮演「決策支援」以及「政策執行」的角色。前者是在政
策規劃及決策階段，提供專業建議或根據政策方向，草擬方案作為決
策標的，後者則是在決策後的政策執行階段。B05提及：「他們（政
務官）是做決策的、政策的，只是你常務官你有你自己的職責、專
業，你要做好你幕僚的角色」，B08表示事務官根據專業為政務官政
策推動作建議，「基本上事務官應該還是就他的專業的部分，去做很
多的分析，跟可能的選擇方向的方式。去供給長官做一個判斷。」同
樣地，B02也指出：「我專業提供給你做政策參考，至於怎麼決定是
你的事情」，C01也強調事務官在政策過程中扮演幕僚角色、提供專
業性意見：

> 常次、主秘基本上都是事務官，所以我覺得這個東西在首長
> 來看，恐怕也只是一個幕僚，當然常次會負責比較決策性的
> 東西，所以我是覺得基本上就是幕僚提供意見，提供比較專
> 業性的意見，大概是扮演這樣的角色比較多，提供比較專業
> 性的意見給首長作為決策的參考。（C01訪談記錄）

　　除了在政策制定階段的專業幕僚角色，事務官更重要的是在執行過程將政策轉化成執行的細節。B03認為事務官主要就是透過法律、預算、主計等行政程序將政務官理念化為典章制度，並在這些事務上提醒政務官，「這中間要透過事務官，就法律的規範、預算的規範，以及主計相關的條文來做一個提醒，這樣在現實與理想就會做出最佳的搭配……。」。B02也提及事務官服從政務官的決定去執行政策的角色。同樣地B04、C04亦提出事務官注重細節的部分，為政策穩定打基礎。

> 那有很多細部的制度的改革，就看下面事務官，因為這種所謂制度措施的改革，有時候政務官他不一定會這麼了解，所以屬於制度措施的改革，法律的修正，可能很多都是bottom up……。（C04訪談記錄）

　　以上是事務官在政策制定過程的幕僚角色以及政策執行角色的體認，而當事務官無法認同政務官所提政策時，受訪的政務官大都能謹守文官服從政務官政策領導的分際。例如B03雖然在受訪過程中不見得同意正在推動的改革政策，但是他提到：「事務官是根據法規與經驗來執行政務官的政策，當然最後○○○（政策名稱）要做，這是政務官的政策，他要做我們也毫無條件。」B05特別提及常務官之角色乃是政策意志的執行者，「你已經做了決策了，即使我們認為這個不是很理想，但你是政務官，做為常務官的我們就貫徹你們的意志。」，且應該根據其專業作提醒，「當常務官一而再再而三的提醒、建議，甚至簽呈上來，白紙黑字建議，那一定有他的道理在。……政務官在做決策之前，……能夠多徵詢、多瞭解」。

（二）事務官的必備能力

在「事務官的必備能力」方面，受訪者最常提到的是「行政中立」、「依法行事」、「充分配合」並且強調「國家利益」。C03說到：「我們常務文官都要行政中立」，B01提及大多數事務官是行政中立的，會政治操作的占極少數，「基本上其實文官體制裡頭的常任文官要中立，……我看起來絕大多數的常任文官其實不受政治……」。B03認為要對於首長的指示充分配合，「首長做裁示後，大家都遵照辦理。」不過他也認為事務官雖然要服從長官命令，更重要的是要依法行政，「常任文官應該遵照政務官，根據法規去執行，當然服務法中有提到，若長官的命令違法，要隨時陳述，服務法中有這樣的規定。」由事務官轉任政務官的C03認為身為事務官是沒有黨派之分、將首長企圖心當成目標、幫國家培養人才，還有傾向依法行事、公平正義、為長遠的國家利益做努力：

> 常務次長必須要去帶領整個常任文官，必須要負責把首長的政策企圖心當作是一個目標。……身為常務官員，縱然你有政治取向，你也不可以外顯，因為你做任何一件事都涉及到不同政黨間的公平對待，縱然法沒有修改，身為一個常任官員，只要執政的團隊根據法律的規定提出來的政策……，而我的任務就是政務官的企圖心作為……。事務官比較傾向於法規，這個合不合法，合不合公平正義，就長遠的國家利益來講，那麼事務官他不一定會去講到政治……（C03訪談記錄）

二、政務官觀點

　　受訪的政務官也表達有關事務官的「定位」與「必備條件」的意見。

（一）事務官的定位

　　就「事務官的定位」部分，A02認為政務官負責政策方向規劃，而必須依賴事務官執行政策，像是行政程序、流程與法令等相關事務，即使業務委外，也要透過對於程序熟悉的常任文官來進行，在此情況下，「絕對不能與常任文官的關係搞不好」。同樣地，A06也強調是事務官執行的角色，不過著重在政策執行過程中各部會的資訊彙整、協調與溝通。

> 文官……由下而上他基本上是一個諮詢、一個協調……一個協助的角色……協調的部分，那這個文官更不會去做決策，他們只能去做一些資訊的彙整跟溝通協調。我們目前文官稍微會去初步彙整各部會的意見，甚至初步的溝通，甚至有些業務決定之後，都還會請文官去落實協調工作，那這部分文官會去幫忙。（A06訪談記錄）

　　除了重視事務官將政策理念化為具體政策的角色，政務官也提及事務官在政策過程中，「提醒」政務官能配合國家法規以及預算制度以順利推動政策，以及避免犯錯的重要性。A14重視事務官的「提醒」，「雖然給你一個order，但是那個事情如果是錯的，你要告訴他那是錯的啊，不能做你要告訴他不能做，因為很多人，政務官他們沒有歷練」。正如A01強調事務官應該提醒政務官勿觸他人地雷。

> 踩到別人的地雷那是更要避免的，這種東西都是通常你要專

業部門的文官，一定要能夠很清楚的告訴你……，那我覺得專業文官有時候這個是他們的責任，……我相信台灣的文官，大部分情況是你只要良性的互動，你對政務首長或副首長來講，你也得到好處了，就像剛才會告訴你說，哪些是地雷，他會告訴你。（A01訪談記錄）

（二）事務官必備條件

從政務官的角度來探討事務官的必備條件，從訪談記錄歸納出兩項，事務官應該要「具備專業」，並且對於政務官的政策能夠「尊重配合」。「具備專業」方面，A08指出事務官應該要具備「專業文官能力」。更進一步指出，「你的專業度要夠，你對法治的部分要弄得很清楚，憲法精神、國家的觀念要弄得很清楚，然後哪一個政黨來你就隨時變」。另外，也要用專業來說服政務官，「事務人員要耐心地、專業地去說服長官」。所謂專業除了特定業務的專業之外，更重要的是組織記憶，例如A04特別提到：「一個案子為何過去推不動，這中間有哪些法律的問題？有哪些主計相關的規定，他們有很多的經驗。」更具體而言，所謂的專業文官能力，就政務官的角度而言，是指法規、命令、主計會計以及行政程序等。

照理說，主秘應該是政府的文官長，部會的文官長，那文官至少把什麼東西做好？把行政中立那些事情管好，因為包括任何有關錢的核銷，一定到他那裡，不會到我這裡來，所以讓他抓緊我們的會計法規，就是那些行政程序啦，那些行政法令是很重要的。（A02訪談記錄）

在「尊重配合」方面，A09與A01認為事務官應該非常瞭解自己的定位，不管是常務副首長或主秘，都應該尊重並充分地去配合政務官，事務官需要當一個服從的角度。有的受訪者也強調對於事務官的尊重，在民進黨執政時期的政務官A02認為事務官是非常努力在配合政務推動事務，不只事務官尊重政務官，政務官也應當尊重事務官的專業意見，因此指出當初提出新政府舊官僚的說法是「相當不智」的。A04的訪談記錄中也強調政務事務互相尊重的良性循環。A01更進一步指出事務官其實不會過於外顯自己的政治色彩、政黨認同也沒想像中強烈，是相當尊重配合政務官的，他特別提到在內部政策討論後，政務或事務就不應該在機關外面反對：

> 台灣的文官沒有這麼強的政黨認同啦，或者是，即使是他有這麼強的政黨認同，也不太會直接投射到他的正式的業務上，⋯⋯那另一方面是文官的角色，他自己要能夠很體認民主政治的，就是說，真的policy是會變的，啊你就是，follow，但是你應該去discussion，內部的discussion，當做出一個決定的時候，你就這樣下去就對了，你也不要再去外面，我認為的一個discussion討論這件事，我認為這是⋯⋯我覺得雙方都要有這種概念。（A01訪談記錄）

第四節　角色落差

本節將以上政務官對彼此的角色認知及期待的條件，整理如表7-1。在政務官角色扮演上，政務官與事務官有一些共同看法，在定位與能力上，都認為身為一個政務官應該扮演政策「決策者」，具有政策倡議與辯護能力外，亦有溝通與協調能力，本身要具有領導治理的

觀念。在特質上，都認為應具有豐富的政治歷練、有操守有品德、具膽識肯擔當、同時亦保有氣度跟胸襟。對於政務官角色上雙方看法也有差異之處，政務官自身認為還應該具有願景的型塑、溝通、執行能力，開創與創新能力，懂得如何轉換理念付諸實行，以及要有團隊的概念，但相對地從事務官觀點看政務官，主張應該具備一定的專業、積極的學習力與全球化的概念。

在事務官角色扮演上，政務官與事務官具有共同看法的部分，在角色定位上，都認為身為一個事務官應該扮演政策「幕僚者」，為政策提供專業建議、依法行政，為細節把關。在能力特質上，兩者皆認同事務官在共事過程中充分配合與尊重。對於事務官角色上雙方看法差異處，在於事務官自身認為應扮演好行政中立的角色，但相對地政

表7-1　政務官與事務官角色認知

		政務官角色		事務官角色	
		政務官的自我認知	事務官觀點	事務官的自我認知	政務官觀點
角色		發動與決定政策	政策指引	政策執行	執行政策
		倡導、溝通與辯護政策	政治溝通協調	扮演幕僚，專業支援	具備專業以因應需求
		管理與領導能力	治理方向及概念	依法行事與注重政策細節	注重法令細節與避免犯錯
能力特質		政治歷練	政治歷練	充分配合	尊重配合
		品德操守	有操守、行為要正派	行政中立	各部會的資訊匯整、協調與溝通
		責任擔當、膽識	膽識、擔當、霸氣		提醒政務官勿觸他人地雷
		器量與氣度	容納異見、開放胸襟		
		領導力	專業		
		創新、開創性	全球化觀念		
		決策力	積極學習力		
		型塑、溝通願景			

資料來源：彙整自訪談記錄

務官看事務官,認為其還需要去做各部會的資訊彙整、協調與溝通以及提醒政務官勿觸他人地雷。

在政務官與事務官的互動過程中,由於對彼此的角色有所期待,亦有可能產生角色落差的現象。針對此角色落差現象,在實務上,可透過事務官以及政務官對彼此角色之批評來呈現。

在事務官對政務官的「批評」部分,B02表示有些政務官不懂政務事務分際,權力一把抓,造成衝突與錯誤的後果。B06認為政務官過於獨斷獨行,不夠尊重事務官的意見,「你都要尊重人家意見,你不能說你自己去獨斷獨行的,你獨斷獨行做不通的。」B05亦有類似的看法,認為政務官在決策時不夠尊重事務官的諮詢,過於一意孤行,「有些機關長官根本不必徵詢啊,他對自己很有信心,也許一張紙拿起來他就可以指示了,當你看到指示……機關首長的指示就指示啊!」B02及C03指出當前政務官的問題在於濫用行政資源以及侵犯文官中立:

> 像有些政務官來了以後都要一把抓,你像這個不該你管還要去管人家,這情況很多,觀念搞不清楚的很多。像你們教授,以前沒有當過官,來了以後什麼都要管,都會這樣搞不清楚。(B02訪談記錄)

> 你固然跟常務人員不一樣,至少行政資源不能濫用,這還是政務官是要做到的,你不能說去侵犯到常務文官的中立的傾向,至少這些該做,但是我們沒有。(C03訪談記錄)

政務官對事務官也有所期待,許多的受訪者認為事務官可以在以下面向有所強化,一是開創性,二是政策幕僚能力,三是中立問題。

在開創性部分,A03及A07認為事務官責任感夠以及技術能力強,

可惜開創性不足。這部分需要靠政務官的政治領導。A03認為「從文官角度來看，他責任感夠，但開創性不足」。A05與A06表示文官性質就是缺乏自信心、圖安定、聽話、守成及缺乏成就動機，因此要進行變革，需要耐心地溝通。

> 一般的來講，他們（文官）是technical competent，但是creativity不夠，譬如說一個政策，分析問題，提出來這個policy option，那麼這一點我是覺得他們還不太夠……。（A03訪談記錄）

> 基本上守成居多，不會想去做突破，……作法上傾向保守，……，文官他的一個慣性、思考的模式。可是當你做一些變通、一些改變的時候，他會慢慢再跟你溝通，這個要花一點時間，到他願意去做，那才能夠推動。（A06訪談記錄）

就政策幕僚能力而言，A01表示我國並沒有政務幕僚的機制，來輔佐首長規劃願景與政策，事務官的幕僚能力又不夠強，還有待改進之處；A02也認為事務官缺乏幕僚所需具備的政策能力：

> 一個重大政策，真的沒有set up的很清楚，什麼是他的重大政策，根本沒有什麼政治幕僚嘛，基本上都是常任文官，所以也碰到這問題，那我覺得還是在台灣的體系下，常任文官是扮演很重要的角色。（A01訪談記錄）

> 處長應該扮演這種角色啊，那台灣大概現在的處長都..沒有這個能力，糟糕，這是我們文官的問題，我們文官就是說他有辦法……可能……邊摸、摸久就變成處長嘛，但是，政策……就是說，講政策的能力……完全不夠，這是麻煩，

這是我們很⋯⋯很大很大的麻煩，我們的⋯⋯這個公務員
的⋯⋯的這個政策能力，非常的薄，這個可能是我們很結構
性、很結構性的問題。（A02訪談記錄）

就中立問題而言，與之前提到事務官需扮演「變色龍」的角色，
A11認為事務官應該更進一步去提升政策理解與認同度。比較特別的
是A10認為政黨的輪替反而有助於事務官在行政中立這部分重新省
思，更能瞭解行政中立的真義。

雖然說在一次政黨輪替，對我而言是非常不甘心的，可是從
另外一個角度來看，政務官、事務官或行政中立等等，就長
遠來看不見得是負面的，因為這也會讓事務官自己去反省一
些事情。⋯⋯他們會有比較正確的觀念，以往的那種觀念與
色彩會淡化掉，民進黨並非像他們瞭解的那樣，國民黨也並
非像他們瞭解的那樣。所以我認為事務官很重要的一點就是
中立，在政治上要中立，透過這樣子（政黨輪替）的經驗，
應該是更容易上軌道。（A10訪談記錄）

第五節　小　結

本章分析影響政務事務互動的個體層次因素，包括部會首長的政
務領導、部會副首長層級的分工，以及處於政務事務互動介面的首
長、副首長以及主秘等對於政務、事務官的角色期待與認知。初步發
現對於政務領導以及政治行政分立和角色理論等有重要意涵。

在部會層級的政務領導能力方面，本研究大部分受訪者認為最重
要的為「價值領導」或「願景領導」，「長期規劃」或「策略規劃」

等，對於國家的長遠發展有重大的意義。但是，在實務的運作上，正如前章所述，部會首長的任期平均不到兩年，在相對短的時間內，是否能夠進行願景型塑、並根據願景進行長期規劃，或者規劃之後能否有足夠的任期實踐這些規劃的政策？是民主政治中政黨輪替頻繁所必須面對的治理挑戰。

在政務事務介面主要職位的分工方面，由於目前各部會政務事務人員編制不一，加上法令規範的模糊，分工方式主要受到部會首長以及機關慣例影響。從不同部會分工方式的分析可以得知，主要分工方式反映在公文的流程及核判層級上，大部分部會以業務功能劃分，因此政務事務官角色劃分並不清楚。此種政務事務不分的情況，與政治行政分立的理論傳統有頗大落差，在實務上也難能劃分政務事務的責任。值得深思的是，政治與行政在本質上就難以劃分，因此在實務運作上，很難避免有此種結果。就台灣政府組織實務的發展來看，行政院組織法通過後，未來行政院所屬部會都將編制一位常務副首長以及兩位政務副首長，未來在政務事務業務方面的分工是否更明確？在實務上值得觀察，而負責組織設計之權責單位也應豫為規劃。

不過，如果將各部會分工現況對照第六章中有關事務官鮮少涉入政治（與首長政治討論以及對政策發表政治性觀點）的研究結果，似乎在分工體制以及個人的態度及行為之間存有某種程度的落差。亦即，在制度上政務事務不分，但是事務官的態度以及行為上，在政務事務分工面，卻有明顯的分際。如果這個研究結果不是因為問卷調查資料過程中的社會期待（social desirability）所造成，而是制度與人員的態度及行為間的落差，權責單位對於制度上有關政務事務的份際有必要做更明確的規範。

此種制度與態度及行為間的落差，也可從受訪的政務官與事務官之間對於彼此的角色期待的一致性看得出來。研究結果顯示，雖然受

訪政務官及事務官因為不同職責關係在彼此的角色認知及期待上有些微的差異，但整體而言，大致同意政務官主要職責為發動政策以及為政策辯護，大部分受訪者也同意事務官主要作為專業幕僚的政策支援角色，並且負責執行政策，以及必須重視執行細節等。以上這兩類受訪者，對於彼此應具備的能力及條件，大體上有一致的意見。這些結果再度顯現在政務官以及事務官對本身的認知，或對彼此的期待並沒有太多的差異，就這些受訪者對於角色認知及期待的內涵來看，政務及事務應有明確清楚的劃分。

　　以上的分析是對於政務官以及事務官針對彼此在角色上定位的認知與期待，認知與期待將影響到行為，進而影響彼此互動。在實際的行為方面，就受訪者的觀察與經驗，政務官較受事務官詬病的是不尊重部屬、濫權以及侵犯文官中立。相對地，從政務官的角度而言，事務官較缺乏開創性、政策幕僚能力不足，以及行政中立不夠落實。以上政務官、事務官對於自我角色認知、彼此政策定位和能力的期待，以及在行為落差方面的觀察等研究結果，可做為未來政務官行為規範立法實務的參考，也可做行政機關內部對於事務官的行為規範，以及未來國家公務人力培訓機關課程設計上的依據。

第八章 互動與夥伴關係建立

　　Heclo（1977）以及Pfiffner（1987）曾提及政務官與事務官需要經過一個調適週期（a cycle of accommodation）的過程，不過，就目前文獻而言，對於這個週期並未有詳細的討論，本文從訪談資料以及媒體相關的報導，探討政務官任職過程，從接任前的準備到接任後的作為、政務事務的彼此測試與磨合，到最後可能產生的互動結果等動態過程，希冀探索此種調適磨合的過程。第一節描述不同政務官接任以及準備的歷程，第二節探索政務事務測試與磨合的過程，第三節討論政務事務夥伴關係對政策推動的影響。第四節則描繪衝突的樣貌以及分析衝突的原因。

第一節　接任與準備

　　由於政務官的來源不一，其對於公部門運作、任職機關的業務級人士並不見得熟悉，因此在承諾擔任政務官之後，需要在就任前及就任後一段時間準備。這個過程隨著每個人的背景而有所變異。

一、上任前的準備

　　你只是不斷的換一些陌生人就像你的strangers換上來又去當政務官對不對，他又開始又不懂，然後，到時候你就把他推下去游泳，他呢，就不小心喝了兩口水，你就叫他不要游了，你下台了，哈……那你怎麼辦呢？那誰會游泳，那真的要

靠運氣你才能正好找到，真的本來不會游泳一推下水就會游泳，那個是真的是靠運氣。（C02訪談記錄）

以上引言是一位科技官僚，在剛接任政務官時的反應，呈現一部分「生疏政務領導者」的心境，也突顯台灣政務事務互動體制的特質。由於台灣政府行政立法分權體制，立法委員不得兼任行政官員，當對於機關業務生疏的政務官承諾接任後，便開始為就職準備。剛被任命的政務官通常透過機關的接觸、個人的自我充實以及人際網絡的諮詢與經驗分享等途徑，為新職作準備。

在機關的管道方面，大部分部會除了將主動接觸新任者，報告有關首長或副首長就任之後的辦公室、宿舍、司機及車輛等行政事宜及安排外（A15訪談記錄），部分轉任的政務官則會透過私下的方式，邀請該部會主秘或相關司處進行報告，例如A10提及：「我一知道要去那邊時，就先找主任秘書來，我不會等到去了那邊再去聽簡報，我去到那邊已經不用作簡報了。我之前就會先約主管來，就已經報告完了。」而擔任文官的B03也提到：「政務官卸任到新任政務官就任期間，我們通常都會準備一些書面資料，把未了事項，最近經過的事項，立法院質詢的事項，目前遭遇到的問題，我們大概做一個書面資料，然後做一個口頭的說明……。」除了以上較非正式的說明，有部分機關在首長就職前，在前任首長還沒有交接的情況下，也會安排簡報程序，讓首長在就任後能很快進入狀況，一般而言，在任的首長也都可以接受此種安排。A13提及：

其實在上任之前，已經會有一些簡報的作業了，不能夠第一天到的時候，完全像一個傻子，……，還在任的當時的首長，也都是瞭解這個程序的，……，那麼所以你在就任之前，事實上就會安排一個比較非正式的，讓這個部會的各

個部門跟這個準首長來作一個簡報，那這樣才有一點概念，可以先做一些構想。那等到上任之後，那就一定會排這些程序，那就會讓簡報部門更多的同仁都可以一起參加，這是瞭解這些業務的大概比較最快的一個管道。（A13訪談記錄）

　　除了透過非正式的簡報對於業務的瞭解，許多政務官也花費相當心力在自我能力的提升，對於兩位具科技背景的受訪政務官而言，一開始都是從靜態的書籍以及文獻開始，例如C02在上任前透過閱讀的方式讓自己先瞭解一些與政治相關的基本概念，從概念再做反思。而A16一開始先從相關的歷史資料及擔任過相關職位的個人傳記著手，並熟讀機關內部相關的法規、業務及人事資料，並熟記機關職員的照片。在蒐尋相關的教科書後，A16歸結透過電視影片影集對於準備工作是最有實際幫助的，比起閱讀行政學以及相關教科書而言，對於人際互動、領導統御、政策決定甚至語言藝術等更有助益。A16指出：

　　對我個人來講，很有幫助的竟然是，電視影片。一個是中國大陸拍的一些清朝的歷代皇帝跟大臣之間的事情，我們因為在這個位子上，去看的時候會有另外一個觀點和角度去看，很多人際、領導統御、政策決行、語言藝術都會去看，那些東西反而很有用。另外也看，譬如講美國的那個電視劇集，白宮風雲，當然這是另外一個國度、另外一個文化，這所有都有很多的戲劇性，所以在戲劇性的enjoy之中呢，一方面寓教於樂，就是說有時候可以有一些反思和借鏡，還不錯，比讀行政學好。（A16訪談記錄）

　　另外，在一些較具繁複網絡的機關，對於之前曾擔任自己同事或長官的未來「部屬」，部分首長在上任前也會禮貌性地先尋求該部會核心高階文官的支持。C05表示：「在我還沒有答應院長之前，我先

有找他談，我跟他在外面見面，然後我跟他談說，院長有徵詢我這個事情，然後要看他的意見，他如果不支持我過去，我就不過去，我需要他的協助……」。也有部分受訪者認為一個做的比較少的，但後來發現很有用的，「就是去請教其他學界到過政府或公部門的人，有的人還在位，有的人已經離開了。」（A16訪談記錄），透過徵詢有經驗的政務官或尋求協助，為接任作準備。

二、接任後的業務熟悉

> 我們去的時候，就安排各個處室……每天一個單位來報告，
> 小單位就每天兩個單位報告啊。他們……像說某一個單位，
> 那他們的那個二級主管就全部出席，做業務報告啊，那就馬
> 上知道要做什麼了啊。（A12訪談記錄）

　　在政務官接任後，一方面透過正式的行政機制，瞭解機關業務，另一方面政務官個人則依據對於業務不同的熟悉程度，而有不同的投入。已在其他部會任職而轉任的政務官，較能在短時間上手，對新手而言則需要有較多的投入，才能儘速瞭解機關業務。另外，也可以透過幕僚對公文的篩選，更有效率地熟悉業務。在大部分的受訪者中都提到新任首長及副首長剛上任時機關的簡報機制（A15、B01、B03、A11、A13、A12、C05、C03等訪談記錄），這已是機關例行運作的一部分。

　　對於比較繁忙的首長，無暇在上班時間聽取簡報，則另外利用週末或傍晚的時間進行瞭解（A15訪談記錄）。另外，由於部分部會有許多附屬機關在本部之外，所以首長必須親自到各地視察並實地瞭解（B04訪談記錄）。A13提及：

那○○○（部會名稱）因為其實分布在全國各地，……所以除了說會裡頭，這個本部的各個部門業務的瞭解，還必須每個地方都去跑，所以其實在一年半裡頭，我沒有一個週末，我到這個離開的時候，回頭一看我沒有一個週末，是，全部都在。（A13訪談記錄）

除了例行的正式的簡報或視察機制，基於對於業務瞭解程度的差異，有的部會首長很快地上手，例如A15因為長期參與該部會事務，所以「這些事情，我很快就上路，不會很複雜，我大概花一下時間，晚上多加一點夜班，就弄懂了。」較不熟悉者如A11表示在剛上任時經歷兩三個月的摸索，「我記得我大概上任後兩個月，有一天傍晚五點多下班，我那天自己覺得，這是第一天還有太陽的時候下班，剛上任都是很晚才回去。」透過個人的投入，積極熟悉機關的事務以能更快速的上手，從事務官轉任的C05有類似的說法：「因為你進入一個新的單位的時候，你要建功給人家看，他看有能力，他就跟著你跑啦」。

個人積極的投入部會業務是快速掌握部會運作的重要條件，為了更有效率地瞭解部會的業務，A13在就任初期要求看機關所有的公文，以免不知道各單位負責哪些公文。同樣地，A10認為在接任初期，透過幕僚對於公文篩選並告知重要業務，甚至留置公文在辦公室，到隔天再發文，而非完全透過分層授權的方式，任由部屬決斷，可以掌握重要業務，A10認為：

剛上任對機關不熟的時候，一定要做一件事情，……雖然分層負責是到主秘那邊，但是那個文還是要到辦公室，我的秘書一定要瞭解，幫我看一下，有必要讓我知道的時候，要讓我知道，要不然他不送到○○○（職位名稱）辦公室來，我

跟我秘書都不知道。初期的時候，我還要他們隔一段時間才
能發文出去，不要立即發文出去，我要擋都來不及了。初期
一定要講，後來就放心了，知道大家的作業方式，就可以
了。（A10訪談記錄）

第二節　測試與磨合

　　上一節主要是政務官的準備與業務熟悉的過程，本節則聚焦在政
務事務互動介面的高階文官採取何種策略探索新首長的風格，以及首
長的回應策略。

一、測試與回應

我們在這個磨合期的階段，常務官的經驗，你有新的長官
來，剛開始你會釋放多一點的公文上去，你會去試探他，你
試探的結果，他如果都不吭聲，表示他管事情比較巨細靡
遺；當你試探他感覺這種公文不必到我這邊……，那我們就
曉得他是比較充分授權的。（B05訪談記錄）

　　一般而言，在首長上任之後，常務副首長及主秘等高階文官對於
陌生首長仍不熟悉的情況之下，主要透過公文批閱的數量，以探測相
互的工作型態及授權程度。（B01、B05、B06等訪談記錄）。對於機
關中首長的授權，更具體而言，B01認為：「部長授權到什麼程度，
那個你要有一段的磨合……行政分三塊，最上最top那一塊決策，還是
你在做中間的那個管理，還是你在做最底下的執行……」。

　　B1認為首長應該要把主要的時間花在金字塔頂端那一塊，對應常

任文官的測試，有的首長在初任的前一兩個月會核閱大部分公文，在一定的熟悉程度以及與部屬建立互信及默契後，即會主動要求部屬只要呈上一定數量的公文，以減輕其負擔。有的首長甚至對於整個公文流程重新設計以釐清權責，並降低其自身批閱公文的數量。C04對於這個過程做以下說明：

> 因為我剛到○○○（部會名稱）的時候，公文怎麼那麼多，……後來我就推出一辦法，就是說你若把所有的公文通通分類，分類之後呢，大分類，中分類，分類之後你要編號，你要填誰呢，你要去找到這個編號，就要把編號填上去，那編號裡面是誰的，就是誰的，如果你要去改他的話，這一層，本來是說應該要找組長，你要往上送，你組長必須要寫理由喔，否則的話你不能往上送，所以我就跟那秘書講說，你們有時候幫我抽查一下，因為有編號就好查，有編號的話下面就不能賴啊，……，所以到最後我的公文就降到百分之三、百分之四而已。（C04訪談記錄）

在測試及磨合的階段，政務官在觀察部會內部運作一段時間之後，若遇到政策推動上的瓶頸，政務官主要透過對於不同事務官耐心的溝通，去增進彼此的理解，以落實政策。A07提到：「磨合的部分就是你可以說服龐大的行政體系，不管是中央政府或是地方政府，說服他們說若沒有這樣做，後遺症會是什麼什麼什麼。」透過此種溝通與說服，避免塑造政黨之間的對峙。同樣強調溝通的重要性，曾擔任政務首長的A06對於推動上的障礙，主張先從事務官體系的層級節制開始，但是為了推動政策，最後也有可能訴諸政務首長，他提及：

> 因為我們觀察他大概三個月，他也不是說不配合你，是你對他的瞭解不夠，所以這會形成一些互動上面的瓶頸。那麼第

二呢，你先想辦法用說服，用溝通，你要處長過來他一定要過來，那……不斷不斷地跟他談這個事情，甚至不斷的要求說到底有什麼問題？有什麼困難？他必須要去想辦法來回答你，那透過這溝通過程裡面，可以解決一些事情，那如果他真的不願意配合，或者困難很大，那就是我剛剛提到的，到主秘去，詢問一下主秘，有哪些問題不能解決？甚至請主秘直接跳進來，一起來協調；再不行，那就是要到主委那邊。（A06訪談記錄）

在事務官的部分，對於新任首長的要求與政策執行的監督，在必要的時候應該向首長適時的提醒，勇敢地表達不同意見。經過彼此不斷的測試與磨合，以取得首長的信任，避免首長在監督方面所花費的心力，以發揮政務事務人員相互合作更大的力量，C04指出：

一個事務官就是要供你這個過濾的角色，幾個案子，我表達意見，他就會覺得相對來講我就比較龜毛一點，……那後來幾個案子之後，他發覺這真是為他好，為這個組織好。所以我就跟他講說，如果你不高興的話，以後我表達意見的，你好好認真的看，沒有表達意見的，你要簽名就簽名，隨時可以抽查。那這樣他可以放心對外面，……所以這兩個它搭配起來的話，他會很有力量。（C04訪談記錄）

在政務官事務官互相磨合的階段，事務官對於政務官的領導若無法接受，因為意識形態的差異、或個人的恩怨等，也有一些抗衡的策略，一是利用其在公部門長久累積有關業務專業、法令、公文，以及執行細節的隱性知識，「設陷阱讓政務官跳」（A16訪談記錄），讓政務官曝露在極高的風險中。更甚者則採取耳語、黑函等非體制的方法，企圖影響任命或政策的推動。A10曾提及剛接任首長時黑函散發

的機關文化以及其如何改變此種風氣，A16也指出首長更替初期，機關內部常任文官對外的爆料，以及對內發動耳語以及黑函，企圖影響任命或伸張自己的冤屈：

> 一個是對外部的爆料，當然他們自己的風險很大。還有另外可能有的事情就是內部的耳語跟黑函。初上任的時候，總有公務員，他可能有一些委屈，前面他受到一個不公平的待遇，那你既然換新人來了，他就要來講，這個還是出於打抱不平或自己冤屈，要找到公平。但也有是個人恩怨情仇，這個時候以黑函的方式來混水摸魚，因為這是輪換人的時候，或著是長官對部屬在考慮信任的問題的時候。所以這種環境或這種時機，會讓這樣的事情發酵或層出不窮，這是另外一個蠻麻煩的事情。（A16訪談記錄）

二、磨合時期長短

> 一個政務官做到清楚我覺得要一年，你立法院經過幾個會期。一年，我為什麼講一年，跟預算有關，從預算的擬定到預算的執行，沒有一年基本上沒有走過，所以我認為基本上一年。（A16訪談紀錄）

從初次接觸，到後來用不同的方式去測試彼此的工作型態與處事風格，都需要一段磨合期，從受訪者訪談記錄中得知整個磨合期的長短以及首長在磨合過程運用的策略。B02表示這樣的磨合期其實是雙方用來觀察彼此之用的，大約需要半年的時間，去觀察人的行事與公文的進行，在這段時間人員以及公文流程不會變動。更有受訪者是非常有系統地進行磨合，A05以他親身的經驗表示，他一個月熟悉法

律、三個月準備修法。當然亦有政務官A06表示，磨合期是非常匆促的，挑戰馬上就迎面而來，磨合期是在混亂中與高壓環境下度過的。A16表示瞭解預算流程大約需一年，用這一年的時間去瞭解預算的流程，而互動磨合期大概需要三個月，三個月是相當關鍵的時期，用這段時間去觀察及熟悉對方、適應相處甚至調動不適任者。A16認為：

> 三個月以後很重要，如果在那個時候，這個政務官，他不能夠有效或適度的去領導統御呢，其實再來就會有危機了。三個月以後，你覺得下面非常不適任的話，或非常不能相處的話，你到底有沒有那個權責，你到底能不能調動，這就是關鍵時期了。（A16訪談記錄）

對於磨合時間的長短，一部分受訪者的說法則是較接近權變的觀點，指磨合期因人而異，不同的人之間有不同的磨合狀況，故磨合的時期也不一定，C04的說法即符合這樣的論述，他指出：「這個東西沒有絕對的，那有的是一兩個月，那有的可能是半年，第一個有時候要看他兩邊的能夠溝通的程度。」C01也提到官員來自不同系統，所以這過程中的試探、磨合甚至到培養默契都是必須經歷的一段時間。C01認為：

> 常常是一開始三個人來自三個不同的單位，那就是要有一個磨合期，在磨合期裡面，大部分有一段時間，譬如一個月兩個月，甚至半年，搞不好到一年也不一定，既然是磨合，也是會有試探，過去不一定有默契，如果有默契很好做，就是有默契也是要試探，因為也許過去是在縣政府，一個是縣長，一個主秘，那現在……高度不一樣，恐怕一開始也是要有一個磨合期。（C01訪談記錄）

　　至於磨合期長短的影響因素，也取決於該部會專業網絡的特質，例如B05所任職部會較專業，因為該部會組成份子本屬於同系統中的學長學弟，所以幾乎不太需要磨合期。或者由於首長對於該系統已經非常熟悉，使得該首長不須經過所謂的磨合期，例如A01表示：「沒有，基本上沒有什麼磨合期，我覺得很多互動是雙方的。」相較於熟悉該機關業務及人脈關係而不須磨合的首長，另一個比較極端的情況是，在彼此缺乏信任的情況下，有些磨合的成敗是建立在第三者對於互動雙方所建立的互信關係，例如A02指出：「老實說如果沒有一個……很關鍵的第三者，這種磨合會失敗。」

第三節　衝突與衝突的解決

　　在政務事務經過測試與磨合的過程中，大部分部會都可以維持和諧的關係，但是部分則產生衝突，有的衝突是表面的、暫時的，有的則成為機關日常運作的一部分，對於衝突的解決與預防也有不同的方式。

一、衝突與衝突的因素

> 我曾經跟……部長有一些事看法不一樣，那是因為思維的角
> 度不一樣，我講了他不高興，甚至有一次他用斥喝，聲音很
> 大的方式，質疑我為什麼不聽他的話……（B01訪談記錄）

　　在行政部門的衝突，如果沒有引起媒體的報導或立法委員的公開質詢，並未引起外界的關注，此種外溢的衝突在政黨輪替之初較為常見。行政部門大部分的衝突侷限於機關中，而在機關中的衝突有的是

公開而外顯的，有的則是存在於少數人之間，而其方式也是隱微的，局外人無法得知。而衝突的來源有的是導因於首長的控制策略、有的是由於角色認知落差，另有些則是個人差異所造成。

在機關內部，外顯的衝突是較少見的，如B01曾憶及任職期間與政務首長因意見不同，勇於建言而產生的衝突。還有更加激烈的肢體上的動作，例如在公開場合「拍桌子」、「憤而離席」等激烈行為，如A09描述對於文官屢次怠惰的回應，在會議中發怒：「我就說這是第三次了，你這樣講公然欺騙我，我就會拍桌子、叫他自己去想，會不開了！就走人！」

公開的衝突在政務事務的互動中算是少數，典型的政務事務互動衝突大都是以比較隱微的方式呈現，除了以上政務官接任時期文官的對外爆料、散發黑函或讓政務官誤入陷阱等方式外，典型的衝突大多都是透過「架空」的方式，使得對方處於一個實職虛權的窘境中。例如B02提到：「有些主任秘書跋扈的不得了，很多事情主任秘書批掉，兩個次長就被架空了。」A02也指出類似的情形：「我們那個常任副主委幾乎是被晾在一邊（對），而他也知道⋯⋯改朝換代啦，他也樂得當太平公，晾在一邊。」C01提到除了公文的架空，政務事務之間關係甚至惡化到彼此之間不講話：

> 不過有時候也會發生一些例子不太好，到最後○○○（職位名稱）、○○○（職位名稱）兩個人不講話也有。有時候就會說○○○（職位名稱）你東西給我就好，直接給，或者就說「你給我看過你直接就批」，問題就是他不給○○○（職位名稱）看。（C01訪談記錄）

有關造成各種互動衝突的原因，主要來自於首長上任及調動文官、事務官或政務官角色認知不清、個人差異，以及政務官與事務官

敵對的心態。

首先，首長調動文官所引起的衝突常常外溢而成為媒體關注的焦點，較常發生於政黨輪替初期。如2000年民進黨執政初期經濟部長林信義上任第一天即對一級主管做出大幅調動，而引來「未辦事先辦人[1]」的批評。農委會在6月底時傳出一級主管將於7月中大撤換，有媒體解讀這份異動名單是「台大幫全面取代興大幫」[2]，農委會主委陳希煌於隔天澄清本著用人唯才的原則處理人事問題，絕無依學歷派別擇人，不過傳聞中的異動名單的確有部分被證實[3]。勞委會主委陳菊則是在上任三個月後針對會內一級主管進行調動，共有八位處長級以上的主管職位異動，幅度之大為勞委會歷年所罕見[4]。2008年劉內閣初上任之時看來是比較信任文官體制，然而過不久即有「清查綠官」的傳聞，[5]並爆發行政院副秘書長陳美伶被調動的爭議[6]。

其次，在訪談記錄中，對於衝突產生的原因，最常被受訪者提及的為「角色認知不清楚」。除了對於其所擔任職位的角色認定，以及不同職位如何看待事務官的身份與工作內容，如果彼此之間沒有清楚的角色定位與認定，可能會發生工作分際不明，工作認知不一，易產生衝突。B02認為：「若常任文官也要爭著去訂定政策，那你就跟政策層次有點摩擦了。」所以應該讓「政務官與事務官的溝通能夠順暢，大家謹守角色的本分。」或者如C04建議：「經常在這個磨合的時候，都要把角色定位清楚，那我是覺得他是會產生很大的綜效，那如果它定位不清楚，就會常常產生低效能。」B03也指出來自不同背

1　調動一級主管迅雷不及掩耳被批「未辦事先辦人」立委質疑林信義用人（2000年5月25日）。聯合報，3版。

2　農委會一級主管717大撤換 台大幫將全面取代興大幫（2000年6月29日）。中時晚報。

3　農委會派系消長陳希煌否認傳言（2000年6月30日）。聯合報，8版。

4　勞委會高層主管異動（2000年8月23日）。中國時報。

5　人事清算 涵蓋逾五百文官（2008年6月15日）。自由時報。

6　內閣異動第一人 政院副秘書長將換人（2008年7月31日）。聯合晚報，A2版。

景的人對於職位的認知會有不一樣的看法，如果彼此之間對於角色扮演有認知上的落差，就很容易造成分工不清、衝突產生。除了上述受訪者提出部分學者角色認知不清以及事務官對於政策的既定偏見，政務事務因為「個人工作偏好」而使得角色混淆及權責不清的情況，也造成政務事務的衝突，如B01提及：

> 從以前到現在我只跟一個政務副首長互動不好，很簡單就是因為他個人的角色。我是第一常務副首長，然後政務副首長他扮演的角色他沒扮演，都推到我這裡來，所以以前立法院、行政院說很奇怪，○○○（部會名稱）怎麼常次在做政次的事，政次做常次的事，然後他該挑起的責任都閃開，我們不閃的人就變成要首當其衝。兩個人一起來弄可以分攤責任，他閃開就變一個人要挑。（B01訪談記錄）

從「角色認知不清楚」所延伸而造成衝突的問題，主要是對於政治理念、意識形態與政策方向不一致所產生的衝突。C04指出部分政務首長本身具有高度政治爭議性，加上其過度介入行政事務，造成磨合困難，衝突提高。特別是牽涉到配合政黨議程相關政策的部分，如果文官判斷該政策可能有太大的社會風險，就有可能會挑戰該項政策，A01指出：

> 還有一些情況是非常少見的，是比較從政治impact或政黨的角度去談這個事，沒有任何違法不違法的問題，所以我考慮到要做什麼不做什麼，⋯⋯party的agenda是有可能跟常任文官衝突，因為可能想像說，如果那個party agenda在社會上是衝突的事件，⋯⋯他會怕啦，這時候他就開始challenge⋯⋯（A01訪談記錄）

　　文官對於具有政治性的政策提出挑戰，但有不同的方式，其將影響政務事務之間的合作或衝突，A01認為有的文官可以開放式的討論並與政務官達到共識，之後能確實執行政策。第二種則是表面聽命，但心裡並不服氣，第三種可能產生較大的衝突情況，則是當政務首長完全無法接受文官的任何挑戰：

> 那這種challenge的過程有兩種模式，一種就說，他會完全open discussion，有的首長就是，好吧我完全按照你的、follow你的走，……，那有的是說他會有不同的意見跟你discussion，那這時候才有互動的過程。互動過程就看那個首長，首長如果是屬於那種，我就是一定要這樣要你改的話，那這時候會……他可能還是follow你的order，但是他會很不爽，那有的是比較良性的discussion，最後還是有一個decision出來，那這種會比較有良性的互動。那我覺得最不良性的互動就是說，就是回到這個政治首長，他會覺得只要你challenge他這樣在做什麼，或者是你覺得他現在做的東西應該改個一個東西，他都完全不能接受，那個是最不好的互動。（A01訪談記錄）

　　其三，除了調動人員以及角色認知所造成的衝突，有一些衝突的發生則是來自人與人相處之間無法用理性說明的個人因素，例如B05指出：「有些已經是沒有什麼道理了，我看你不順眼就是看你不順眼，即使什麼東西都沒有發生，我第一眼看你不順眼我就不喜歡你。」另外，更有一些是彼此之間的「忠誠與信任」的因素，例如A02提到：「主委最怕的是副主委的loyalty的問題，我讓他覺得……放心，……所有的主管都有那個……非常奇怪的焦慮（不安全感）。」

　　這些來自於個人差異的衝突，也有可能是基於如年齡或性別等基

本背景的差異。如前述民進黨剛執政的時候，被批評為「童子軍治國」，陳水扁總統曾以年輕化為此種現象辯護，國民黨在2008年執政後，劉兆玄內閣被批評為「千歲內閣」。就年齡因素而言，有幾位受訪者認為是一個影響政務事務互動的重要因素。A11在其訪談中不只一次提到在共事初期，年紀的確造成某程度的陌生感。但這樣的陌生感也並非沒有解決的辦法，A11憶及當初接任首長面對資深下屬的情形：「當年入閣的時候不到35歲，我跟裡面公務員第一次見面的時候，我的副首長和主秘都超過60歲，然後我的處長應該都超過50歲，最年輕的好像是50歲。……所以雙方的確非常的陌生。」A06雖然認為年紀與資歷會影響互動，但透過溝通仍可以解決彼此的隔閡。

> 那當然對資深這一塊，……主秘這邊如果能夠協助，很多溝通上的困難是很容易排除掉。但是進去之後有幾個參事，比較資深一點，有時候跟他們互動會比較困難。……那個位置應該是蠻資深的，……參事十三職等，相當高。……，可能跟○○○（職位名稱）不用……不重視他們也有一個關係；也是因為他們比較資深，有些都已經到退休年紀了，……所以在互動過程上面，可能跟他們會有比較多的一個……需要時間來溝通。（A06訪談記錄）

　　由於年齡差異可能造成的衝突，所以部分部會在任命時則會避開較資深的人。政務與事務互動也有比較負面的例子，A03就表示，過去曾經有官員為了避免與資深的官員互動，就改用與自己年齡較接近的人馬。A03提及：「假如是很年輕的，這個我剛剛稍微點到，你……譬如說，○○○（人名），他是很年輕，ok，很多這個部裡的人都是他的senior，所以他怎麼去處理這些問題？that's a question。……聽說他那個時候，對這個比較senior的人他都avoid。因

為這個不好command，所以他就動用了一些……比較junior的。」。A03的經驗在A01的訪談記錄裡面也得到印證，A01表示年齡較大者在溝通、做事模式、觀念上較為保守，容易與年輕世代有隔閡與差異。

> 如果年齡產生這樣一個溝通上、觀念、tool的落差時，你會覺得……是真的有些……會影響，而且有時候年齡太大的會倚老賣老，他就說啊，我們過去都是這樣子，當然有些東西是他可以給你advice，那你就聽聽，如果你覺得你有用那就這樣。但是有些情況他就會覺得……啊這個不可行、怎樣怎樣、或者是有多大問題……基本上年齡越大還是相對來講比較保守一點，我真的認為這樣子。（A01訪談記錄）

年齡的差異之外，前述內閣任命的考量中，性別是一個重要的考量因素。性別的差異對於政務事務的互動是否產生影響？前述幾位女性首長認為在互動上並不會有所影響，而幾位男性的政務官也認為實際上的互動以及相處並不會有太大的差異。A01表示性別也許在任用前會有所考量，但不會特別突顯該項特質。A06亦同意性別並不會影響彼此間的相處。B01也認為在公務上性別並不會造成隔閡或問題，只有在少數非正式的場合有產生一些差異：

> 基本上其實性別不會，因為我們的互動都建立在公務關係的互動，公務關係的互動，男生來做女生來做，你承擔的公務責任都一樣啦，你推動的公務事務都一樣啦，那我們面對的就是這些公務的關係啦。當然你會說另外一塊就是非公務關係的人際關係，那就會有一點影響，比如說晚上有可能我們有五六個司長可能會去聊聊天吃吃飯，那通常那種場合裡頭，女性的司長就會因為她可能不方便，就她一個女生，有時候會有這種考量。但是如果那個女性的主管基本上也是很

開放的，也不會被刻意排除。（B01訪談記錄）

　　最後，除了以上個人的因素，部分受訪者提到整個政治文化以及執政黨對於事務官採取的態度也是影響的因素。民進黨初次執政，面對龐大的文官體系處處顯現不信任的態度，「舊官僚」的批評不斷出現。行政院副院長張俊雄在致詞場合上，談到八掌溪事件，嚴厲痛批舊政府時代舊官僚心態是「麻木不仁、傲慢推諉[7]」。經建會人力規劃處長劉玉蘭因反對政院版本的國民年金方案而請辭，民進黨立委沈富雄指出，劉玉蘭批評新政府聽不進專業意見，這是「舊官僚心態[8]」。民進黨秘書長吳乃仁在談到國安基金投入股市的問題時，痛批新政府任用的這些舊官僚，已經無法以新思維來思考、解決這些問題，因此把希望放在這些舊官僚身上有如「請鬼拿藥單」，舊官僚體系不可能承認自己有錯誤[9]。執政黨對於文官的公開批判則引起少數文官的反彈，文官出身的經建會副主委李高朝批評政府「不聽取專家的專案堅持會失去民心；而說出『舊官僚』這種話的人，是最沒有政治智慧的人[10]」。面對執政黨指責，文官體系的態度反應在孫運璿學術基金會在2000年底公布公務人員形象調查報告，其中的一項焦點訪談結果發現，公務員感受到新任首長不尊重、不信任原有的制度或做法，而公務員最不希望聽到上司以「你們這些舊官僚」否定下屬的意見或做法，此舉易造成士氣低落，政策推動不易[11]。

7　「機要人員研習營」談八掌溪事件批官僚心態麻木不仁張俊雄：如不改革和舊官僚有何不同（2000年8月13日）。聯合報，4版；張俊雄批舊官僚傲慢、推諉（2000年8月13日）。自由時報，4版。

8　沈富雄批劉玉蘭：舊官僚心態（2000年9月1日）。聯合報，4版。

9　吳乃仁：行政院長應由民進黨主導，點明黨政溝通出問題「不只是不夠」，要求政院設法解決（2000年9月28日）。中國時報。

10　台綜院座談會 李高朝：不聽取專業堅持會失民心（2000年10月21日）。聯合報，4版。

11　常任文官嘆：覺得被否定指新首長外行領導內行動不動就說『你們這些舊官僚』打擊士氣（2000年12月1日）。聯合晚報，4版。

媒體常提到新政府舊官僚的問題，C03歸因於我國整體大環境之下民主素養不足的問題，C03指出：

> 過去公務界國民黨的會比較多，一下子要受到民進黨執政，……，如果不是那麼信任的話，隔閡會更大，這是政務官的部分。至於常任文官，因為過去長期黨在控制，政府機關都是國民黨，突然間來了一個民進黨，就覺得好像異類。就是民主的素養還不是很好。（C03訪談記錄）

A18也生動地描繪執政者或是政務官產生「新政府舊官僚觀念」之形成原因，主要是彼此的陌生加上不信任感，致使這樣的關係更加不確定。A18承認當新政府舊官僚的議題被提出之時，對於政務官領導統御造成的困擾，他提及：

> 當初○○○（人名）講新政府舊官僚的時候，哇！我們在行政體系全部都快……跳起來，覺得在搞什麼，就是……讓我們在內部的領導統御……更困難，你又換不掉他們，你講這幹嘛？你說這些人是不是舊官僚？也是啦，但是你能怪他嗎？○○○（政黨名）執政這麼多年就是這樣帶他們，如此造成政務官與事務官甚至文官體系之間更深的不信任感，讓○○○（政黨名）跟這些優秀的人的……公務員之間拉出了一條鴻溝，必須要花功夫去彌補……（A18訪談記錄）

二、衝突的預防與解決

有關解決政務官與事務官之間的衝突方法，許多受訪者藉由實戰經驗分享解決方式。有的主張從個人的反省，另有一些受訪者則從制度面提出解決途徑，或呼籲彼此尊重，也有少數以調職的方法來解決

此種衝突。幾位受訪者皆提到採取「溝通方式」，來減少衝突與化解衝突的產生，例如，強調規劃的首長A11經常請處長帶負責該業務的科長，與自己以及自己的幕僚一起直接溝通，減少之間的隔閡與衝突，克服後續執行上的困難。A03表示透過腦力激盪的方式，讓大家有機會互動，開明地討論大家的想法。C02表示衝突是每天都要面對的，解決衝突要先反省自己、去瞭解對方、也讓對方瞭解你，並要以各種方法確定對方瞭解自己的想法。

> 你要解決一個衝突還是要有一個反省能力啦，這個是溝通最基本的，你要嘗試去瞭解對方，當然你要嘗試著對方了解你，……，你在講的時候要很體貼的問他你到底懂不懂啊？然後甚至你還自己擬幾個測驗題，測驗他到底懂不懂，說不定他不懂，他自己都不知道他不懂……（C02訪談紀錄）

也有其他受訪者提出有別於溝通的解決方式，例如B02表示，一方面要回歸到機關的制度，以及政務跟事務官之間的「分工」與「份際」，事務官提供專業意見作為政務官參考，政務官則為最後政策負起責任。除此之外，就機關的運作而言，政務官與事務官避免逾越制度上清楚規範的範圍與權責，就可以避免衝突。而在機關中，人事權及預算權都屬於首長，如果事務官與政務官爭權就容易產生衝突。

> 行政機關的運作是制度化且定型化的東西，大家規規矩矩都有個範圍與權責，最怕就是爭權。「權」分成人事，一個是經費。人事權是首長的，事務官不要去跟他爭，去爭就一定會有磨擦。經費是誰在發呢？是首長在負責，其他在政策訂定，資源分配過程，這些都是權力，若你要去挑戰這些，就會有摩擦。（B02訪談記錄）

　　A08則表示以大局，彼此尊重，適時讓步，雖然曾經因為政治考量，為了某項工程，要求事務官趕快完工，但是「到最後我是尊重他，尊重他們的意見，照他的意見，所以進度上很慢」。對於某些意見上的差異或衝突，有的受訪者嘗試運用第三者的關係介入解決，C01提到：「首長、三個副首長跟主秘，他們五個人裡面有時候互動很難講」，這時候可能靠著「首長」的居中協調「搓一下」，來讓衝突可以圓滿落幕。

　　另外，對於部屬有關政策的疑慮與挑戰，首長如果可以告知部屬，首長將承擔最後的責任，「有責任都是我扛，公文程序都可以這樣走，都是我最後簽」（A02訪談記錄），最後都能較順利地執行。也有使用撤換職位的方式來解決衝突，如A01提到因為個人因素無法合作，只好調換職位，「我當副首長的時候主秘就一直沒有換過，只有換過一次，一剛開始進來得時候，後來主秘的personality沒有辦法跟首長match的很好」，另外對於政策無法認同的文官，也採取此種作法，A01提及：

> 當然有些case，真的我碰到的case是，他就是personal的告訴你說，他的政黨認同沒有辦法認同我的作法，……我就只好sorry，因為民主政治裡面，你做一個常任文官，根本沒有資格跟我講這樣一件事情，所以……（A01訪談記錄）

第四節　夥伴關係與政策推動

　　經過政務首長接任後初期的測試與磨合，政務事務人員其互動關係將呈現不同的樣貌。訪談記錄顯示大多數的受訪者皆表示互動一段時間之後，不僅首長與副首長之間，或者政務官與事務官之間，大都

能維持夥伴關係。此種關係對於機關政策推動又有何影響？

一、政務事務夥伴關係

> 不管大小，我們有的同仁一輩子就奉獻在公務機關，這是他
> 一輩子的工作，他要退休或是生病，其實我都覺得要給予關
> 懷……對他們一點點鼓勵，他們就會很感動與感謝。可能我
> 們以前台灣威權體制這樣過來，那些長官是高高在上，對他
> 們而言，首長不是時時可以看到的，但是我們打破這樣的官
> 僚，他們常常來我辦公室，我也常常跟他們作一些生活上的
> 互動，多多少少我就對他們的激勵很大。（A11訪談記錄）

互動和諧的夥伴關係存在於首長與其副首長之間，也在首長與一般文官之間。良好的關係不僅表現在政務官在任期間，也延續到政黨輪替政務官卸任之後。原本與首長並無特別淵源的A02表示，在任期間後半段，正副首長的關係好到想把辦公室打通：

> 他們就說從來沒有過副首長跟首長像我們的後半段那時候如
> 膠似漆……很多部會的首長跟副首長關係很緊張的，我們那
> 時候幾乎到可以……我的辦公室跟主委的辦公室可以打通
> 的。（A02訪談記錄）

此種夥伴關係不僅表現在政務首長與副首長之間，也表現在政務官與事務官之間，如前述A11一改過去該機關的權威作風，表現對於事務官生活方面的關心，使得部屬受到激勵。同樣採取親民的作風，改變機關的文化，A10表示，就任之後，抱著保護同仁的心，透過正式管道或由首長出面解決的方式，改變過去機關的黑函文化。

> 過去○○○（機關名稱）有一大堆黑函，尤其不同族群在一
> 起，黑函特別多。……不過我去就幾乎沒有了，有什麼事情
> 就攤開來講，我同仁們也覺得很有尊嚴，因為過去常常一封
> 信就到行政院或總統府，然後內部就相互指責了。我上任後
> 就跟府院說，以後這種事情我不理你，有什麼問題直接來找
> 我……（A10訪談記錄）

除了政務官在職期間的互動，政務事務官互動和諧的部會，其政
務事務聯繫也延續到政務官離職，甚至政黨輪替之後。A09提到離職
後，機關內同仁都對於共事期間非常懷念。A09提及：「所以他們很
辛苦，都不敢叫。到我走的時候，他們都很懷念，想說從來沒有部長
做得那麼辛苦」。此種和諧的關係更具體的表現在後來在不同政府職
位上的互相配合（A06、A08、B06訪談記錄），以及政府部門資料的
提供。

二、互動與政策推動

> 互動好，政策當然能夠貫徹，大家容易凝聚共識，互動好是
> 最重要的……政務首長跟政務次長是同一個立場，因為立場
> 一樣，那政治的思考應該比較接近。（B02訪談記錄）

過去許多學者（Heclo, 1977; Pfiffner, 1987; Peters, 1995）主張政務
事務互動是影響政策推動的重要因素。就台灣的脈絡而言，政務官與
事務官不同的互動樣貌與型態是否影響政策推動的良窳？大部分的受
訪者皆表達互動好壞直接影響政策推動，主要在於互動良好能讓政務
官及事務官形成共識，減少政務事務之間的對立，使得事務官在執行
過程中發揮其專業。

　　首先，B02指出互動良好對凝聚共識以及政策推動的重要性，B02認為：「互動好可以凝聚共識，以及拉近彼此的立場，對政策推動有所助益。」A02認為政務官與事務官互動前所抱持的心態，影響互動時的結果，他指出：「你如果說，他就一開始就把他搞成對立，那就完蛋啦！」A02更指出政務官與事務官之間的一種交換關係，將事務官「當成利益集團，所以事情比較好辦，可以交換利益。」互動的結果影響政策作為的執行，而在執行的過程，事務官扮演重要的角色。「你委外的一些程序啊，還是要靠他們，所以……絕對不能跟常任文官的關係搞不好」。C01認為互動的確會影響政策推動，尤其是產生誤解時，「誤解越大以後會影響政務的推動」。

> 我的觀察一般都還好，當然也有摩擦也難免，因為這裡面首長、三個副首長跟主秘，他們五個人裡面有時候互動很難講，所以難免會有摩擦。如果能夠把這個問題攤出來大家稍微談一下，或者是說如果有摩擦，然後首長稍微「搓一下（台語）」，那就很好，不然的話有些事情越積越深，誤解越來越大，誤解越大以後會影響政務的推動。（C01訪談記錄）

　　除了避免與事務官的對立關係與誤解，以及建立兩者之間的交換關係，透過提供事務官參與政策討論以及互動所建立的信任關係是影響政策推動的重要因素。A01認為首長願意給部屬機會，當中還給予討論空間，爭取資源讓部屬嘗試，在擬議政策後，文官則提供專業，協助政策推動。B01認為互動後的「信任關係」會影響政策的產出結果，更具體而言，政務官勇於擔當，事務官樂於執行。相反地，沒有信任關係，雙方存疑互動，長官必須多花監督成本，部屬則擔心執行出錯變成代罪羔羊，因此推動力度有所保留，而首長也會懷疑事務官

是否盡全力推動政策，形成了一種惡性循環，將不利於政策的推動。B01生動地描述政務官與事務官信任關係建立的動態：

> 信任關係就是長官讓部屬覺得他是被長官信任的，當這個信任關係感覺出來了以後，政務官所下的政策指示，事務官敢去做，為什麼敢去做，因為他做了以後萬一有出錯，他信任政務官不但不會把責任全丟給他，不會因此而讓下屬當替死鬼、代罪羔羊。所以這信任關係要出來，那個長官覺得這個部屬可信任，他敢把東西交付給他，他也知道萬一這個部屬覺得這個有問題，會把真話告訴他，如果這個信任關係不存在的時候，那就麻煩了，就長官一方面不太敢交給他，交給你之後又派一個跟監的或是從旁邊給你弄人，那你感覺隨時有人想抓你包，那個感覺就會不好，不好他做起來就會打折。（B01訪談記錄）

相對於大部分受訪者認為互動和諧關係對於政策推動的正面影響，少數受訪者持不同的觀點。C04表示，有衝突也不見得是壞事情，沒有衝突可能來自上面一頭熱，下面只是陽奉陰違或消極的配合，卻沒有積極的執行。更進一步以時事為例子，說明有時衝突所突顯的正反兩邊意見力量反而可以創造更大的綜效，此種看法與前述文獻Peters（1987）所提出的「村落生活模式」的互動，並不見得有利於績效的產出的觀點不謀而合。

> 在政務官跟事務官之間，目前是沒有太多的衝突，……，所以說反正如果會有衝突，那第一個就是政務官他很理想，就是他一直往前闖，那下面的話，不想跟，我能夠朝九晚五就好了，就是說他的使命感沒有啦。那只要是進來的人，我只

是要這個職位而已，就是說我有權力有影響力等等的話，那下面你配合好就好了，那下面的也就想說我就配合好就好了，那這種即使磨合好的話，也不是好事，所以很多事真的都沒有絕對啦。（C04訪談記錄）

第五節　小　結

Heclo（1977）及Pfiffner（1987）等學者指出，政務事務需要經過一個所謂的「調適週期」，研究訪談中，多位受訪者也提到「磨合期」的概念，與前述的「調適週期」有異曲同工之妙。在這個磨合期過程中，政務官從被任命、經過個人以及機構等正式與非正式的準備，逐漸瞭解業務，而事務官則透過種種測試，逐漸建立與政務官之間的「默契」與「信任」。這個過程的長短與政務官的背景有關，如果政務官是從文官轉任或從其他機關轉任，調適的過程將較為順利，時間也較短。如果政務官完全是政府的新手，則需要更投入，才能在短時間內進入狀況。因此過去在短時間內下台的政務官大都是政府的新手，較少是從文官轉任的政務官。

從過去行政院內閣組成時間的倉促，以及受訪者對於接任後的準備方式，顯示目前政府缺乏系統性的方式，讓具備不同背景的政務官能夠在短時間內熟悉部會運作，以及培養其所需具備的條件與能力。在實務上，政府相關單位有必要針對政務官治理上所需知識與能力，透過訪問或座談，整理過去政務官的經驗，製作文字或影音資料，讓政務官在接任前及接任初期，能夠彈性的利用自己的時間，進行有系統的準備。而非依賴個人零散缺乏系統的準備，甚至透過稗官野史的方式吸收知識。

在政務官接任後，透過正式的簡報以及公文的批閱，逐漸瞭解機關業務。事務官在調適得過程中，則主要透過對於政務官批閱公文數量的觀察，探知其授權程度，兩者逐漸在此形成默契。就行政組織運作以及官僚的研究而言，將公文批閱做為一個磨合的過程以及觀察首長授權的指標，雖然在實務上可以理解，但是這個程序是否可以做為一個觀察的指標，並未被學術界做為一個嚴肅的課題進行深入的研究。未來有關繁文縟節（red tape, Bozeman, 2000）的研究主題，可將公文的流程、批閱內容以及數量等納入研究，並探討其對於治理的意義。

學者指出政務事務的互動將影響到政策的推動，本研究大體上支持此種論述。不過，正如Peters（1987）所指出，「村落生活」（village life）的政務事務互動模式並不見得有助於政務的互動，本研究中有部分受訪者也同意此種看法。本研究主要是針對一般情況，透過政務官及事務官的互動去探討互動與政策之間的官僚。未來可選擇政策個案，針對該個案中政務事務關係與政策結果之間的連結進行更深入的觀察與討論，以對政務事務互動以及政策結果之間的因果連結能有所貢獻。

最後就政務事務的衝突而言，在政黨輪替初期，政務事務的衝突往往由於官僚的爆料，而引起立法部門及媒體的關注，這些衝突主要導因於新首長對於事務官的調動、或事務官對於新任首長大規模革新管理策略或新政策的反彈、或新政府對於官僚敵對態度所引起的情緒反彈。整體而言，民進黨時期此種外溢性衝突較為頻繁，一方面是民進黨從反對黨轉型為執政黨調適上的不順，也可能是民進黨帶有強烈的改革性質，在反對黨期間即對於文官存有敵意，執政後改革不順，透過指責文官的過程分攤責任。此種控制官僚所引起的反彈，與前述美國雷根總統時期對於官僚控制及指責所引起反彈的情況有些神似。

而在機關內部的衝突部分，大概可以歸因於角色認知差異以及個人之間的差異，呼應Peters（1987）以及Denhardt et al（2002）有關角色差異的論述。另外，對於角色的認知差異也可以解釋管理策略及政策理念不同所引起的外溢衝突。

以上衝突產生原因的研究發現除了有理論上的貢獻，也有實務上的意涵。公部門可針對以上的衝突原因研擬對策。例如，如果調動是引起衝突的原因，則應讓新任首長瞭解調動的潛規則。如果角色認知差異是衝突產生的原因，公部門權責單位應回歸到政務事務分工上的規範，清楚地界定在行政過程中政務事務個別的職務與權責，並在教育訓練中以及實務的運作過程，強化對於彼此分工規範的認知，以避免因角色認知所產生的無謂衝突。

第九章　體制改革與互動策略

　　第四章至第八章分別從組織層次、團隊層次以及個人層次分析影響政務事務互動的因素，並探索互動的動態過程。以上的描述與分析，呈現各個不同層次運作上的問題。本研究部分受訪者也針對這些議題提出不同的興革建議。本章第一節先就多位受訪者針對我國憲政體制上有關總統制及內閣制的建議進行分析，第二節歸納過去學界有關政務事務互動介面人力配置的相關建議，第三節則呈現目前政務官的待遇及培訓制度上的問題，並提出可能的制度設計，第四節歸納受訪者對於建立政務事務夥伴關係策略的建議。

第一節　憲政改革議題

> 我們又有一個很錯誤的觀念，一直都認為國安屬於總統，所以長久以來……國防、外交、兩岸都是總統的，其實他們都在行政院裡面，怎麼會說是總統的呢？行政院長要負責阿！但是有這樣一個傳統的觀念，變成這幾個部會的人都直接跟總統那邊聯絡，很多事情院長根本不知道，或是院長不方便去管……（A10訪談記錄）

　　我國目前憲政運作上所產生的問題，導致政務事務互動上的困難，可從英美等國家的運作經驗得到參照，李國雄（2004）整理英國（內閣制）和美國（總統制）在閣員任命上的差異以及其對於治理效率所產生的影響，指出英國由於組成政府的過程先從內閣閣員的任命開始，因為事前已經有影子內閣的安排，首相及閣員都已在國會共處

一段時間，彼此熟悉，對政府事務也不會太陌生，且一上任便很快就能掌握政務。而總統制下的美國，總統及其所任命的閣員，不只大部分閣員沒有全國性的政治及政務經驗，而且來自全國各地各種背景，彼此之前可能並不相識，因此上自總統下至每位閣員都需要一陣子適應期才能熟悉政務。對應以上學界的歸納，作為憲政體制的執行者，本研究的部分受訪者對於當前憲政體制也從其個人經驗，表達不同的看法。部分受訪者不滿目前半總統制運作上權責不分以及治理人才招募的困境，而提出體制改革的建議，在提出的興革意見中，一部分受訪者偏向政治行政劃分較為清楚的內閣制，而另一部分受訪者則主張落實美國實權的總統制。

　　有關我國體制運作上的問題，受訪者指出我國目前體制運作上最大的問題是總統與院長之間權責的問題，A09認為目前我國的制度是「不好的制度」，因為經過民選的總統有民意基礎，對人民負責，總統任命行政院長來達到其政策目標，行政院長必須代替總統向最高民意機關的立法院負責。因此，A09認為如果總統對於行政院長不夠尊重，將使行政院長成為總統在立法院的代罪羔羊，「不就作死，被人家盯死」。A10更具體地以其在任時，行政院長因總統未先告知某項政策，而從報紙得知該項政策最新發展的案例，來說明此種運作上的問題。A10清楚地點出目前我國體制之下，總統與行政院長因為權責不清所產生運作上的問題：

> 不管叫做二元行政首長，還是叫做半總統制，或是雙首長制都好，是總統跟行政院之間的問題。……這些事情跟院也有關，經費預算是行政院這邊的，所以有時候院長很可憐，在立法院被問到：這些事情部長或主任委員有沒有告訴你阿？院長也不能說他不知道，但是他們可能直接告知總統，但

是院長不能說不知道，我相信不只現在是如此，以往也是。
（A10訪談記錄）

除了權責不清的問題之外，也有受訪者從人才招募以及治理經驗的角度探討目前體制運作上的問題。A05指出當前我國非內閣制，又未具備總統制的文化，雖然需要延攬較為專業的人才，由於政治惡鬥，使得政務官離職後在謀職上產生問題，導致企業界及學界不願意到政府部門服務。由於此種因為體制上人才招募上所產生的問題，難以招募較具治理經驗人才，雖然仍能找到高學歷背景的政務官，但是由於缺乏歷練，延長政務事務磨合的時間。B02指出：

總統制中，總統一下要任命很多人，像博士內閣都是博士，但是對政府運作不熟悉，沒有經過政府行政體系的歷練，你一來當然有問題，雖然博士學問很好，但是行政又是不一樣的，所以來要磨合比較困難。更何況現在民意那麼強，做不好就換人，那更是困難去累積這種行政的經驗。（B02訪談記錄）

由於當前體制運作上所產生的問題，受訪者對於未來憲政體制提出改革方向，部分受訪者從治理效率的角度提出內閣制的構想，也有受訪者以當前我國的政治現況，反對內閣制，另有受訪者建議回歸實權的總統制。

主張內閣制的說法主要是基於該制度在立法及行政上的緊密連結。曾擔任過國會議員的首長A04提及：「擔任過國會議員之後，再來擔任部會首長，內閣制的設計就是如此，這樣一定會有幫助，因為政策最後要國會同意。」擔任常務副首長的B01認為與國會的聯繫以及媒體的公關應該是屬於政務官的職權，因此主張若我國制度為內閣制，對於政務官的角色扮演有較大助益。若政務副首長由國會議員來

產出,較能發揮政務副首長的兩大功能,即與國會以及媒體溝通。但由於我國目前總統制下,招募的對象以議題專家為主,對於國會與媒體並不熟悉,因此產生許多問題:

> 因為內閣成員他基本上就是會由國會議員來兼內閣閣員,他普遍上就具有這樣的兩塊,就是他的角色,他就會扮演,可是我們這邊不是,我們這邊有很多是掛學者專家啦、校長啦、不知道搞什麼東西啦,尤其是他們以前的性格就是不喜歡搞這個的,現在政府的內閣就出現我剛剛講的問題,所以現在立法院他沒有辦法駕馭,你完全執政的執政黨,你的立法委員不聽你的而且不支持你的內閣,問題就在這裡。(B01訪談記錄)

有幾位受訪者皆表示內閣制的確有助於在治理經驗上的延續及傳承。C02認為內閣制由於制度設計使然,讓政務官在野的時候可以持續關切該項議題,因此上任後馬上熟悉事務,對於治理經驗延續的確有所助益。同樣地,A05認為在內閣制體制之下,由於擔任政務官的內閣過去都有國會議員的經驗,對政府的運作有一定程度的瞭解,較能快速上手,也有助於政務官治理經驗上的傳承,所以從治理與經驗傳承的角度來看,內閣制比較恰當。A05更以日本退休官僚如何參與國會議員選舉,而逐漸由政務官成為大臣的過程,以及此種機制對於政務官經歷的累積經驗來說明這個制度的優點:

> 像在內閣制的國家,大臣與政務官都是國會議員,國會議員來擔任之後,像日本我比較熟悉,他們很多國會議員都是政府高官或是局長,出來以後升不到常次,那往往就會到地方選國會議員,……一般來說比較資淺的會做政務次官,所以他已經熟悉了政府的運作,而當議員慢慢變成資深議員,資

深議員裡面都會變成一個派系的頭頭，就會來擔任大臣，政策因為派閥、派系與黨之間形成，還有強大的幕僚群與官僚體系，所以內閣制不會有這樣的問題。……你在內閣制中，有選舉、影子內閣，無形當中就會累積行政的歷練……。（A05訪談記錄）

另一種贊成內閣制的觀點，主要是基於該制度在政務事務分工的清楚，使得行政事務不會受到政治的干擾，而維持穩定的運作。因為在內閣制之下，政務官主要在國會負責法案的推動。而行政部門內部預算、人事以及法案的推動等事項，則交由文官長來處理，政務官則不過問，以免侵害行政部門的中立體制，造成行政部門內部紛爭。C03以英、日等國家內閣制的運作為例，對照我國總統制之下政務官未與事務官明確分工，而必須負全責之下所產生的問題：

國會議員的任務就是在國會裡面替我的法案辯護，雖然這個大臣在部會裡面有一個辦公桌，但是他還是在國會裡。……常務次長的職責，一方面要替國家培養人才，另一方面要帶領整個常任文官，磨合要非常夠，……沒有部會首長上任以後企圖去破壞掉體制，再加上，如果一個政務的首長或政務官，去參與經費或人事調動，就很難保證常任文官……，如果政務官可以高興怎麼調動就怎麼調動，中立的傾向就被破壞。當然我的想法是有點太過理想化，畢竟我們不是內閣制的國家，我們的部會首長是完全負責，既然完全負責，到立法院去問你一些……，所以這個將來還要努力。（C03訪談記錄）

對於以上支持內閣制的說法，部分受訪者並不表贊同。反對者主要是參考其他內閣制國家的運作實況來反對此種制度。A12以近年來

日本內閣頻頻改組的情況「亂七八糟」，表達其對於內閣制的質疑。同樣地，C04借鏡日本、美國或是英國的經驗，認為政治與行政磨合順暢與否，與制度並沒有一定的關聯。因此沒有一個制度是完美的。

> 我是覺得說一個制度真的沒有絕對，你看日本內閣制搞到現在，經常換首相，也沒有磨合得比較好……，那這個英國應該也是內閣制，有一些他也做的還不錯。……，把磨合度放在總統制跟內閣制來看，我是覺得這個關連度不是很高，因為那只是在總統跟內閣之間……（C04訪談記錄）

除了借鏡國外經驗來參考以外，部分受訪者以我國當今的治理現況為出發點反對內閣制。A10引用2007年台灣智庫執行的一個有關於總統制或內閣制的民意調查，出現了矛盾的情況，調查數據中一方面希望內閣制，但一方面又希望總統可以採用直選的方式產生。而且目前台灣在總統直選不可能取消的情況下，總統制已是一條不歸路，改制的機率微乎其微。另外，當今國會議員素質參差不齊，立委兼內閣也無法得到民眾的信任，使得朝內閣制的改革更加困難。A07則從目前國內藍綠對立的政治文化角度，主張目前在國內探討內閣制是不夠成熟的：

> 從實務來看，內閣制不一定比現在的制度還要好。第一個，台灣現在的政黨對立，到了一個無法用理性來思考的狀況，到了選舉的時候，大家都對立，沒有那種不藍不綠的。你再注意看一下，其實民進黨所任命的政務首長，除了少數有民進黨籍之外，……很多從學界過來，他願意來幫忙，可是幫忙完之後就會被染上顏色，被說是綠軍，藍的就不會請他回去。那現在藍的在執政，會不會有這種狀況？一定也有，所以我的想法就是說，當一個民主政治還沒有辦法到理性的互

相對待，選舉完就到此結束，回歸到政黨的正軌的時候，你是總統制、內閣制或半總統制，我都會打一個問號，因為你脫離不了人治色彩。就算我是內閣制，我也可以半個月就換一次黨主席，就重新任命，……若內閣總理不是執政黨黨主席，像日本這樣子，我跟你鬧啊，那政黨就換一輪，你就跟著亂。就算是人沒有變，那心情也會亂。（A07訪談記錄）

由於體認當前制度上運作的問題，又預見內閣制在現實上無法落實的困難，部分受訪者主張在現制上釐清總統以及行政院院長的定位，C04提出實際運作起來總統制下的樣貌，總統有如董事長，行政院長比較像是總經理，兩者若能清楚定位角色，並且相互尊重，應該可以提升行政效能。A18則認為可以透過目前現有的種種機制，強化總統的決策，主張總統是有民意依歸、授權的最高領導者，「就是政策的領導者，他應該是決策者……」，在不違憲的情況下，有幾種決策機制是可行的，「當然他可以回到九人小組的模式，……，或者他可以再繼續用國安會議、高層會議的模式」。前述實際體驗行政院長有責無權的A10則主張走向「完全總統制」，讓權責可以更清楚。

最基本的就是朝向完全的總統制改革，這樣就很清楚了，權責分明。你若用雙首長制，這問題一定會存在，你看過去國民黨兩蔣時代，那比較沒有問題，因為決策只有一個人，但是從李登輝時代開始，就存在問題。（A10訪談記錄）

第二節　政務事務互動體制改革議題

本研究受訪者除了對於憲政體制興革的意見，基於政務事務運作以及互動上的實際經驗，受訪的政務官以及事務官也對政務事務互動

介面的人力配置以及政務事務人力交流體制提出建議。前者聚焦在政務副首長、常務副首長、政治參贊人員以及機要人員的人力配置。後者則集中在事務官轉任政務官的體制爭議。

一、政務事務互動介面人力配置

> 因為我們現在一般來講，我們原來的體制裡面，若有兩個的話，一個是政次，一個是常次，如果有三個話，通常是一個政次兩個常次，但是有些機關比較特殊，像經建會都是政務。照我的看法，常次照理應該只有一個，你政次可以多幾個沒關係。（A10訪談記錄）

如前所述，目前行政院各部會現有法定政務副首長以及常務副首長人力配置以及實際配置人數並無一定規則可循，受訪者對於目前政務人力配置的混亂情況，表達不同看法。對於這些議題的討論，也牽動到其他屬政務性質相關的機要人員及擬議中的政治參贊人員等政治幕僚人力配置的意見。

對於政治行政互動介面體制人力的配置，主要是針對政務副首長及常務副首長，以及「政治參贊人員」與「政治機要」等政治任命人員。首先是有關政務副首長人數的建議，有的受訪者認為目前人數不夠，有必要增加，有的受訪者則反對增加，多數受訪者則認為政務人員應該依各部會不同業務性質而定。

主張增加政務副首長的受訪者主要是從減輕工作負擔以及強化決策品質的觀點著手，如B08認為政務副首長人數增加有助於分擔首長工作負載量，主張：「一個政次確實是不夠，會讓部長忙翻天，所以呢，兩個政次其實多擔負一點政治責任，政治的判斷力，其實並沒有

什麼不好」。C03也贊成適當地擴充政務職位，可以解決政務官跟事務官劃分以及業務上的問題。A18也認為可以增加但不可超過三位，「一個我覺得size太小，那有一定規模我覺得……如果是重要部會，我覺得……國家多養這個人沒差。……（多於三個？）可能就有點太亂，可能就有點多。」另外，A10認為機關常務副首長只要一個，而政次可以視機關需要增加。

> 我認為可以說你有兩個政次，各自負責各領域的政務，但是
> 常次就是最高的文官長，我的看法是這樣。（問：一個政次
> 兩個政次會比較好？）如果需要啦，這要看部會的任務，有
> 的部會一個就可以了，但是如果要三個以上的話，我一個基
> 本的觀念就是常次應該只有一個就好。（A10訪談記錄）

而持反對意見的受訪者，主要擔心過多的政務副首長將影響政府運作的穩定性以及造成權責難以釐清，B05認為政府機器穩定力量來自事務官，增加太多來來去去的政務官，干預常務運作，反而增加了國家治理的不穩定性與不確定性，造成對於治理負面的影響。A16也主張政務人員不應再增加，否則會有多頭馬車之困擾，「三人已經成眾了，五人就成幫了。裡頭會產生新的三角關係到五角關係，我認為會很複雜。那我認為對於部屬他會不知道聽誰的。」A12則是考量到政務人員的特性，若人數增加，隨選舉政策成敗而進退，如此可能使得機關的穩定性受到影響，課責的問題也難以釐清，況且增加太多的政務人員對彼此信任亦是一大考驗。

> 各有優缺點啦。你如果說政務官，一個部會的政務官太多的
> 時候，這些人做完，拍拍屁股就走了，他們都沒有責任啊。
> 你看像○○○（政黨名）在換那些行政院長，換來換去，他
> 們都沒有事情啊。……不要太多人啦，你增加幾個就可以

了，你增加太多，那以後這些事務官看你們這些政務官，他
們就都乾脆都把事情放給你們去做就好了，也是會有問題，
對不對？（A12訪談記錄）

　　整體而言，除了贊成與反對增加政務官人數的意見，多數是主張
有條件地調整人數，如前述A12認為現況與增加政治任命人數各有利
弊，政治任命一多，當隨選舉成敗而同進退時，會有責任歸屬的問
題，因此贊成有條件、有限制地增加。A10持類似觀點，他認為與部
會特性較相關，「有些機關比較特殊，像經建會都是政務。照我的看
法，常次照理應該只有一個，你政次可以多幾個沒關係。」。A09則
覺得這個問題與政務官人數增加無關，反而與不同機關的執掌與業務
較為相關，若只求一味地增加而忽略在組織設計及編制上的需要，這
樣問題就有點本末倒置。

　　我覺得這個不是部會政務官人數多少的問題，而是部會的職
　　掌。像交通部，他一個部長坦白講是不夠的。……，你不應
　　該說他太多或太少，而是說……現有的……政府的運作裡
　　頭，需要哪一些單位……那這些單位要怎麼樣最能夠有效率
　　的發揮。（A09訪談記錄）

　　雖然受訪者對於政務官的人力的增加與否似乎沒有共識，不過幾
位受訪的政務官對於增加機要人員態度頗為一致。A06認為：「讓機
要人員稍微多一點，真的有些位置讓政務任命……，這樣的話在政務
的銜接上面會比較完整一點。」政務任命增加有助政務銜接。A11主
張政務任用的機要名額需要增加，以分擔政務官的工作負載。A01也
認為當前部會機要人員太少，「主委帶著兩個機要進去，我帶著一個
機要進去，六個人而已」，所以之後政府改造也應朝增加機要的方
向。A16雖然反對增加政務副首長，但主張應該要增加機要任用人員

配置，A16分享其接任時的經驗，由於只有一位機要人員協助，因而延長其對於工作銜接以及業務熟悉所花費時間。A16指出：

> 這個機要人員蠻重要的，因為那是你最可信任和唯一的支援。像我現在只有一位，這個是不是可以看部會的大小，你可以多到兩位？……。我們兩位就很像唐吉軻德跟他的僕人，風車和敵人也分不清楚。……我們其實是相依為命，那個黑暗和那個也許是坦途自己也不知道，就是走了大概兩三個月。（A16訪談記錄）

同樣贊同增加政治機要人數，A07主張增加政務任命的機要，可以協助首長，但必須給予這些政務任命一定的規範，例如申報財產或者受旋轉門條款的限制等。

> 一般來說，首長的機要是被歸類為幫首長處理一些daily的事情，像是秘書一樣，但是他不是秘書，他會屬於這位首長旁邊的一個政治秘書，我所謂的政治是廣泛的，他並不一定屬於某一黨，這個我覺得是蠻重要的。當然你可以規範他，例如他跟首長一樣，同時也要申報財產，受旋轉門條款之類的限制，我覺得沒有什麼關係。（A07訪談記錄）

除了有關對於政務副首長及機要人員等政治人員的設置，施能傑（2006）曾提及在部會增加「政治顧問」或「政治參贊人員」，以輔助政務人員進行政策規劃以及細緻化政務首長的政治判斷。對於以上主張，C04贊同可以增加政治任命人數，但需要找真正的專家，真正能對政務治理有所作用，才是增加政治任命的真義，即需要增加政治顧問的人數。B07認為政務顧問適度增加是必要的，除了人數之外，部會內政治顧問的能力也有待加強，「適度的增加那些政策參贊人員

是有必要的，……部會的參贊的那個能力事實上是不足的……」。C03認為有足夠的政務任用顧問可以幫助政務官規劃與注意政治敏感及社會脈動。

> 制度上必須要讓部會首長能夠有一部份的政務幕僚，……假設說一個……，或者是行政院裡頭讓他有顧問，三五個都沒有關係，讓這個部長他可以隨時對政治敏感度比較高，會注意整個社會的脈動。（C03訪談記錄）

二、事務官轉任政務官議題

> 一個文官進來當政務官，可能有助於這樣一個互動，至少在溝通上面你比較容易去瞭解他們所面對的困難，或他們擁有的一個資源跟可能性在哪裡。那免得說你這個政策要推的時候，你根本不知道怎麼動起來，或者說根本在評估上面就出問題。因為沒有資源或沒有人，這些東西都是一個很大的問題。（A06訪談記錄）

> 民進黨執政的時候，少數由常務官轉任政務官的，有的很成功，但是有的就停留在原來常務的層次，沒有辦法跳脫去做一些政治上的決策，這比較困擾。（A07訪談記錄）

前章述及我國兩次政黨輪替初期，由於政務官不嫻熟政治生態或業務，發言不慎或施政不當而致匆匆下台的案例，顯示我國體制在政務官甄補方面的問題。目前，我國政務官的來源主要為長期從事黨務或經選舉擔任公職人員、企業界人士、學術界人士以及常任文官轉任。由於常任文官轉任與政務事務互動關係議題較為密切，受訪者對

於此問題也多所發揮。受訪者對於常任文官轉任意見分歧，有的贊成或有條件贊成、也有部分受訪者持反對意見。

贊成的觀點主要是從事務官對於業務熟悉度的優勢，將使得溝通及磨合較為順暢，也將能避免之前政務官因為對於業務不熟悉的「誤闖叢林」困境。B03認為政務官由文官轉任，一來對於行政流程原本就熟悉，可以少去熟悉過程中的成本。A06則表示該轉任政務官的文官來自原本機關體系，能更熟悉機關內部，知道所面對的困難以及所擁用的資源。B03比較具政黨淵源的政務官以及事務官轉任的政務官，認為：「常任文官來的廣度沒有政務官來的大，但是從政黨來，他對於行政以及官僚體系的熟悉程度，又沒有那麼強。」A06則從政策推動的角度來探討事務官轉任的政務官，其相對於其他來源的政務官在資源動員上的優勢。

也有受訪者雖然能夠體認事務官與政務官性質上的差異，不過還是主張可以從事務官中篩選有論述能力及有願景的擔任政務官。B07原則上不贊成事務官轉任政務官，「當然長遠是事務官不應該是走向政務官這部分，不贊成……」，但若具有良好政治判斷的事務官轉任也樂觀其成，「有時候歷練很好的一個事務官如果在政治性判斷還不錯的話事實上也未嘗不是一個很好的……」。B06指出一般情況下政務官及事務官本質上的差異，「他是事務官變政務官，沒有意義嘛！他個性如果很保守，做政務官還是很保守。」雖然有這些差異，B06認為可以從既有的優秀文官中去挑選拔擢，進而訓練轉任政務官：

> 經過長期規劃培養的政務人才，我想是可以的。事務官你去篩選，有論述能力、有遠景、有眼光的，表現不錯的讓他去培養，事務官培養一段以後，叫他去轉任政務官。（B06訪談記錄）

　　對於事務官轉任政務官的議題，有幾位受訪者持反對立場，主要是從過去的經驗，事務官不易改變其本質以及在體制上並不恰當。C03直截了當地表示不該有這樣的轉任。A07根據過去的經驗，指出事務官轉任一些不成功的案例。A10提到在我國政治行政不分體制之下，文官轉任政務官並不恰當，「常任文官……業務非常熟，所以用他，但是照道理說，這並不是政務官的首要考量，政務官是擬定政策方向，然後幫它辯護，但是我們這邊很多不是這樣。」。曾擔任短暫事務官的A05主張事務官要以事務官為榮，而不是以轉任政務官來當作更上一層樓的目標，發揮影響力而不是握緊權力，A05舉日本的例子說明：

> 在日本擔任公務人員的最高榮譽，就是希望能當到事務次官，事務次官通常是不太會轉任到政務次官，不像台灣是亂搞的，你做到事務次官會感覺到擔任政務次官更大，現在還有人這樣想。這是頭腦壞掉的想法，事務次官不會以轉任政務次官為光榮，反而是以事務次官退休為光榮（A05訪談記錄）

第三節　政務官之培育與待遇

　　政務官的甄補來源除了文官之外，如果能夠透過不同機制與管道培育社會上各種不同菁英，而成為甄補對象，將擴大政務官的人才庫，讓執政黨有較多選擇空間，也使政務官的背景更為多元。前章分析顯示，政務官人才庫的不足和同質性過高的問題，以及我國政務官主要來源為政黨以及學術界，對於要如何培養文官以外的政務官，受訪者認為可以透過智庫、政黨及國家體制來培養。

一、智庫

> 他們在培養人才通常是選舉人才，他沒有在培養執政人才，
> 這點你可以說，我們看到的政黨都是在短利啦，以獲得政權
> 但是沒有在經營政權。（B01訪談記錄）

就智庫的部分而言，受訪者認為政黨在朝或在野可以透過各種不同的機制扮演培育政務人才的重要角色。B01批評台灣當前政黨「重短利、炒短線」，他主張政黨應該「要有牛的耕耘跟紮實」。至於要如何培養人才，在國民黨執政時擔任政務副首長的A16，認同政黨智庫在篩選以及培育人才方面發揮的功能：

> 我瞭解像國民黨原來有革命實踐研究院。像這樣的機制呢，
> 我覺得是非常好的一個訓練政務官的一個搖籃，也是這個選
> 拔政務官的一個基地。……其實你那個地方，你已經經過第
> 一層的這個sorting，然後在那裡呢，其實你就可以identify你
> 要的人。那再選出來以後，我們剛剛說的很多部分呢，都可
> 以在那樣的一個環境裡面去完成，他還不是政務官對不對，
> 他只是你的備用人選嘛。（A16訪談記錄）

除了由民間捐款讓智庫運作，部分受訪者也認為由國家補助一部分，讓政黨相關智庫得以永續經營。更具體而言，A17提及可以由政黨補助款的一部分經費作為人才培養之用，或透過政府補助智庫培養政務官，但需要注意設計上的公平性，A17認為：「是不是應該國家出錢，讓政黨……可以養智庫……我覺得應該啊……制度上的設計比較公平」。B07認為，國家政府應該不分執政黨與在野黨，補助政黨來培養政務人才，「韓國有培育政務官的人才，然後朝野都應該有培育政務人才的單位跟強化他的功能，重要是政府有沒有補助。」

二、政黨體制

> 對政務官的訓練就是讓選舉公平，在選舉制度上就是由公費
> 來協助貧窮者的選舉，這樣的話，各種有能力的人，不管貧
> 富，透過選舉來展現，像是Obama這樣的人能夠出現。（A04
> 訪談記錄）

政黨除了以智庫培育政務官，政黨本身的許多機制即有培養政務官功能。首先是選舉，A04認為培養政務官最有效也最有用的方法就是透過選舉，A18則認為政黨培養都是從選舉中去挖掘，「民進黨沒有什麼，政治上的甄補系統……甄補過程常常就會靠選舉呀」，或是從立院助理或黨團去拉拔「以前立法院的助理，然後黨部的幹部……」。另外，也可以在政黨中舉辦政策會議，來發掘及拔擢人才。C05指出不管在國民黨或民進黨執政時期，政策會議都是一個重要機制：

> 比如說像民進黨他現在，現在他也常常在開政策會議，就會
> 邀請一些學者啊什麼進來，那國民黨也是一樣，到時候你就
> 要看，哪一些人是比較適當的，就會讓他在組內閣裡面，出
> 來選……。（C05訪談記錄）

以上是政黨在執政或在野時都可以運用的政務官培育機制，除此之外，政黨執政時有更多的資源培育政務官。首先是以副首長的職位作為培育新人的場域，A17則提及：「我覺得說那種人才的培養，也可以在次長當中，作為政黨……政黨在人才培養喔……一個非常好的一個部門，這也是國家的人才嘛，那我覺得利用次長、政次來做培養，我覺得這是可行的。」曾擔任政務副首長的A02同意此種作法，除了指出智庫在政黨執政時可以扮演更重要的角色，更以親身體驗說

明副首長職位對於培育政務官的重要性：

> 多多的培養像我這種人是很重要的，那我這種人的培養，個
> 人因素當然不算，沒有辦法那是個人的因素……但是至少要
> 進去讓他……兩年，兩年才有辦法把所有的事情都看過一
> 遍，跑過一遍……。（A02訪談記錄）

除了以上機制，A06認為比較長久的方法應該是要透過智庫去連結政黨的主張以及國家的政策，因此更主張國家應該透過種種減稅方法讓企業願意捐款給政黨或智庫，否則不同政黨的政務官如果「比爛」，對國家是個不幸。A06指出：

> 由政黨來培養這個人才，……，國家現在很大很大的一個問
> 題就是，國家沒有智庫，沒有獨立的智庫，幾乎沒有。……
> 所以國家應該要想辦法讓這個智庫的功能能夠發揮，……，
> 就是讓智庫能夠建立一個資源，對於企業要更加的減稅，因
> 為民間智庫跟政黨會自動去連結，因為他必須要跟政策有相
> 關……（A06訪談記錄）

三、國家體制

> 研討會充其量是把新的政府成立重大的政策，或者是說再加
> 上立法運作，再加上過去兩千年政黨輪替，政黨輪替它要在
> 新政府成立之前一個禮拜，……，它在召集內閣，它要找我
> 去○○○（機關職位），當一個首長到那裡，有一些○○○
> （業務名稱）的規定會讓你知道，大概的制度是如何，有怎
> 麼樣的人要怎麼用……（C03訪談記錄）

　　有關政務官的培養，除了政黨在平時透過智庫或政策會議等不同機制的培養外，國家的許多訓練機制過去也培養或訓練了許多政務官。首先是有關政務團隊的一些訓練機制。這些機制包括民進黨或國民黨剛上任時舉辦的「內閣研討會」，或者在民進黨時期舉辦的「首長策勵營」，「……首長的策勵營，大概每半年或每三個月會辦一次，……所以事實上是有作這方面的訓練，就是讓他們知道一下一些其他不同的看法，其實我覺得還可以……。」（A07訪談記錄），或者屬於私下聯誼性質的首長聚會，A18提到聯誼性質的首長聚會，「就把所有首長搞到山林……搞到某一個地方弄兩天這樣子」，目的是希望可以透過接觸與交流做經驗的交換，「是一些觀念的溝通，然後也許試著讓某一些……政治經驗不足的首長，聽一些政治上的判斷……的操作的思維是什麼」，但他也表示效果不大，「偶爾會做一下，沒有什麼用，聯誼性質居多」。

　　以上主要是政黨執政時期是利用國家資源，針對政務官所舉辦的正式或非正式的不同訓練機制。另外一些訓練機制是將常任文官與產業界及學界集中上課的訓練機制，其中兩位曾任事務官的受訪者都提及類似機制。B03借鏡國民黨執政時期的國建班以及法國的行政管理學院的培育制度分享可貴的經驗：

> 國民黨執政的時候，他有開一個叫做國建班，像那個○○○（人名）就是從裡面取才出來的，我想這個可以從法國行政管理學院的培育制度來研究，我想可以得到些東西。他們的官僚體系非常嚴明，他只有學長學弟的問題，他的政務官都從司處長來取材，我發現法國的行政官僚體系就非常堅強。
> （B03訪談記錄）

　　類似以上B03的經驗，C05以他親身參與訓練的經歷，暢談「國

家策略整合班」經驗，認為由國家培養，聚集事務官與政務官一起上課、培養革命情感不失為一個養成政務官的途徑，此途徑優點在於，

> 不是用政黨的方式，事實上裡面培養出來的人哪一個政黨都可以用……其實我在當組長的時候，我上過一個……，在我那個時代就叫做國家策略整合，我們叫國策班，……那是由政府辦的，那個時候，我們那個班啊，當然三四十個人，那裡面到現在，當過部長的，大概有七八個……當時候的組合，事實上有點像產官學，……是找組長以上的事務官，一部分是大學教授，一部分是企業界……白天上課，晚上還住在那邊，……然後晚上大家都一起討論這個時事啊，總會有人，晚上的那個點心，糖水，革命感情……。（C05訪談記錄）

四、訓練內涵

> 我們的黨因為是第一次執政，也沒有方法給我們，也沒有行前訓練，什麼都沒有，連預算書也沒人教我們怎麼看，那就是自己看，自己去認識跟瞭解，自己摸索。我是覺得說，如果有一個比較好的方法論，是比較好。（A11訪談記錄）

由於我國政府體制造成政府生疏政務官的現象頗為普遍，受訪者根據其從政經驗，對於該培養機制應該有何種「課程內容」提出建議。首先A03表示應該要讓政務官訓練政治敏感度，而政治敏感度的訓練方法主要應該由總統或行政院長帶領，清楚說明執政願景及政治理念。

你當政務的話,這個political sensitivity就更重要了。(問:
這個有辦法訓練嗎?)這個應該也有辦法訓練啊!這個……
譬如說我是覺得……假如總統,能夠articulate他的policy,
我是覺得把所有的部長,……次長……請他們來,然後這個
總統或者是行政院長,要把他的政治理念講出來,然後把
他的vision講出來。……現在我是覺得,在行政院院會大概
都是formal coordination、informal exchange,而不是清楚的
articulate。(A03訪談記錄)

　　相對於A03對於敏感度等抽象能力的訓練,A11則從政策過程所需
的各種能力,主張有系統地建立政務領導方法論,從適應、規劃、落
實、執行步驟分別讓政務官瞭解如何擔任一個政務官。

我們在做那個八年施政回顧,就有在想要不要建立一些方法
論。……就是一個政務領導,他有一個比較好的方法,從適
應到規劃到落實,他到底要怎麼作,當然這不是普遍適用,
每個部會的差異性很大(A11訪談記錄)

　　除了政務官之間對於執政願景的認知一致性以及執行的方法論等
能力,A16則提出:「從政府的組織、從法令規章的認識、從人與人
之間的互動與瞭解,到領導統御的訓練,全部都有。」同樣地,C05
就提到對於從學界甄補的新進政務官,應該要提供其「與政府部門互
動經驗」,並在訓練課程中提供「專業」及「領導」等相關課程。
C03也談到政務官在進入行政部門前可能需要具備的三個訓練課程,
增加對行政部門運作的瞭解、經營府會關係、瞭解當前重大政策等三
項是需要特別去注意的:

我覺得政務官的訓練對行政部門體制的瞭解很重要。……比

如說有什麼公務運作啊……除了對公務部門瞭解這件事情之外，還有其他他們需要具備的……？這是一個。再來第二個就是，這個……跟民意機關的互動，府會關係。如果要再加第三個的話，……就是說你這些人要進來，我要讓你瞭解我現在政府裡頭的重要政策是哪一些……。（C03訪談記錄）

五、政務官待遇

我覺得政務官的待遇喔，其實蠻低的，相對於他的責任和他付出的時間喔，身體的消耗啊，還有風險喔。……實質的salary或reward，其實是少的。所以這樣我要為政務官抱不平，為什麼負這麼大的責任，風險也蠻高的喔，要拿這麼少的錢。（A16訪談記錄）

本節之前所述是有關於政務官的甄補、培育與訓練，為了要讓更多元人才投入政務官的職業或者讓在位政務官能久任其位，對於政務官應有一套合理的待遇及福利制度。本研究受訪者認為相對於政務官所冒的風險以及其所負的責任，我國目前政務官的薪資及福利有頗大改善空間，因此窄化了政務官的來源。A16認為擔任政務官誘因不足且責任重大，特別舉了政務官在住宅待遇方面的不足，藉以強調提供基本的待遇是給予政務官最基本的誘因：

你是國家的政務副首長，住的一個宿舍，是二十六坪的可使用面積，我認為這待遇太差了，這待遇太差了，幾乎是不可思議，它是國民住宅。這是不可思議的事情，那我覺得如果要讓這些政務人員，他有一個家庭和樂可以住進來的地方，這是做不到的。……我們這樣的資源喔，到底是什麼原因讓

這些人願意作政務官。……（A16訪談記錄）

　　B06也認為目前對於政務官的制度缺乏待遇誘因及保障，特別與91年之前的制度比較之下大不如前，所以B06指出：「以前的政務官待遇太優厚了，現在政務官根本……待遇太差了！……以前喔，你如果說在91年以前，你如果做政務官做兩年的話，你全部……你的事務官的年資可以併計的話，他退休可以乘一點八。……與過去優渥的待遇及保障相比，目前制度對於轉任的公務員而言，甚至比學校『臨時工』還不如！」因此更進一步主張國家對於政務官，應該要有更禮遇的任用制度：

> 你現在做政務官，你把前面事務官先結算掉，後面政務官就一年一年算，所以沒有人要做啊！沒有保障，就說是臨時工。還不是約僱人員，約僱人員還一年一聘！你這是臨時工啊！說走就走啊！……我是認為你就要去培養啊，你不是說想到才去找人啊！而且第二個部分，你任用跟制度，對待遇也要禮遇啦！（B06訪談記錄）

　　部分受訪者指出政務官過多的風險及過低的待遇，造成政務官的來源窄化，更從比較的角度表達政務官薪水待遇過低的不滿，例如已經退休的C05也同意以上的說法，「是很低沒錯啊，我現在薪水都比以前當部長還要高」，更進一步提到政務官的待遇不夠完善，故轉任政務官風險太高，有可能領不到退休金，也會減少文官甚至其他來源的人對於政務官一職有所抗拒。B07提到現今的政務官來源過於狹窄，「大概只有限縮在教育，教育系統願意來，因為教育系統裡面他是借調，借調的多，其他的私部門沒有誘因」，也指出造成這個現象乃是由於缺乏誘因及薪資過低之故：

政務人員那一部分，我們有時候講說新加坡的總理一個月
五百多萬台幣，一個月薪五百多萬，我們台灣的行政院長一
個月薪水三十萬，特別優惠不算三十萬乘以十二個月，四百
多萬，他這一個月薪水比你一年薪水還多。當然你也可以說
他有邊際利益，那是另當別論，但至少你一個月五百多萬的
東西，和一個月三十萬的薪水……。（B07訪談記錄）

第四節　建立政務事務夥伴關係的策略

　　影響政務事務互動的順暢，除了體制上的改革外，如何建立政務
官及事務官之間的互信是另一個關鍵要素。本節從積極面及消極面的
角度，歸納受訪者實務上的建議。

一、積極採取的策略

尊重專業才能獲得常任事務官的信任，因為你是訂定政策，
事務官是專業，若事務官沒有獲得尊重，那事務官會不願意
配合，事務官的心態會是看你做的久還是我做的久，他們都
會這樣想，政務官做了一年半載走掉，我事務官還是在這
裡，我就不理你，你要什麼我都不告訴你。（B02訪談記錄）

　　在積極面的部分，多數受訪者主要聚焦在政務官在政務事務互信
建立可以採取的策略。這些受訪者建議的策略包括積極投入以累積專
業、主動與文官建立關係、勇於擔當以及彼此尊重等。

　　首先，對於生疏首長而言，要獲得部屬的信任，應該積極投入部
會相關業務，儘快建立自己的專業。A07舉央行總裁彭淮南為例，雖

然剛上任的時候並未有之前幾位總裁的聲望，由於積極投入，在累積相當的專業後，不僅獲得不同政黨總統的信任，也獲得文官的信任。而不管在哪些機關，建立信任之後，所屬事務官則將更願意分享組織資訊，「下面的文官覺得跟你互動很好，他會告訴你以前發生過什麼事，當然也會有一些負面，譬如說a跟b常常吵架，你新來不知道，久而久之就會知道a跟b常吵架，所以叫a來開會就不要叫b之類，這些小事情是以後的。」相反的，如果不夠積極投入，在接任兩三年後，對於業務仍不熟悉，則難以獲得部屬信任。A10指出：

> 我一開始也很坦白的說我是外行人，我尊重專家，但是你不能來了兩年三年還是尊重專家，你自己一定要熟稔這個業務，所以第一個你要讓同事覺得你是自己人，但是覺得是自己人後，你若是阿斗，也會被人家看不起，所以要趕快進入狀況，瞭解業務，建立大方向，同仁就會覺得你不一樣，而不是要來消滅他們的。（A10訪談記錄）

在積極投入業務並累積專業的同時，政務官應該利用各種管道主動與事務官溝通並建立關係以利於共識的建立及政策的推動。A08認為「要讓主管很清楚的知道自己在做什麼，而且要有能力去論述一套東西，超乎他原來所想像，又能夠讓他理解。」擔任主秘的B04從事務官的角度強調溝通的重要性，指出：「其實就是……溝通，議題越討論越瞭解啊！那○○○（職位名稱）如果說有什麼不清楚的話，我們利用這個機會跟他說明，讓他瞭解，得到他的認同。」對於政務事務互信的建立，A06認為如果不是政務官主動去與事務官建立關係的話，事務官將不會輕易信任政務官，因此建議政務官應該要利用各種互動的機會與場合，主動與事務官建立關係，至於如何建立互信，A06指出：

要怎麼去跟他們建立互信？我覺得坦誠溝通，還是必要的！
有一些業務，必須要符合我們的需求，就坦率的跟他溝通，
那他遇到什麼困難，我們拿出來溝通，所以私底下的互動，
我想辦法建立一個平台。……甚至出去宣導或者說有些場
合……有些機會來互動。（A06訪談記錄）

有關政務事務信任的建立，除了首長的積極投入以及與部屬的溝
通，如之前所探討的領導特質，最常被提及的是政務官的「擔當」。
A01提及若首長敢於向部屬表達其勇於擔當責任，具體而言，就是
「那你就是要幫我，記住這樣做，有責任都是我扛，公文程序都可以
這樣走，都是我最後簽」，將得到部屬的信任，並放手去做。同樣
地，A08也提及擔當的重要性，指出：「所謂的擔當就是說，難免每
個人做事情都可能做失敗，甚至做錯，有失敗或錯誤的時候，做主管
的一定要擔起來。」B01更提出「擋子彈」的概念，具體而生動地描
述信任關係建立的動態：

信任關係有些會來自一兩個個案之後就信任，舉一個例子來
講，這個事做了是要挑責任有危險的，可是那個部屬願意為
長官擋子彈，也承擔責任，那必然就會信任他，有人敢替你
去死，對不對。那當然這是從負面裡頭跑出來的信任關係，
從正面跑出來的信任關係就我每次交給他，他都不打折扣，
績效都很好，我當然就信任他，信任他的能力、信任他的忠
誠度。（B01訪談記錄）

另外一個建立信任關係的要素是政務官需要尊重事務官，A08表
示不會任意地更動與調動職位，一定是公事公辦，不會有恣意而為的
情形發生。另外，B02也強調相對於政務官的來來去去，事務官是一
個機關的常務官，具備專業知識以及組織記憶，政務官應尊重事務官

的專業，才能獲得事務官的充分配合，以順利推動政策。

二、消極避免的事項

> 你問我說要如何領導同仁？其實這中間的環節，機要的任用
> 很重要，有的機要沒有本事，又狐假虎威，這時候不只是機
> 要被人家罵，連首長都被人家罵，罵你不會用人。……因為
> 有時候機要都是自己帶來的，而且用非常年輕的，又不知道
> 謙虛，這樣會害死首長，替首長樹敵。（A10訪談記錄）

> 有時候雖然他表面上說不行不行，但他會變動方式叫你去，
> 晚上叫你去。……叫你去支持或者是籌措經費部分，像我就
> 不敢，他也不敢找我。（B06訪談記錄）

促進政務事務官之間互信關係的建立，除了積極的做法外，也應
盡量避免破壞此種關係的禁忌。受訪者分別表達對於政務官以及事務
官應該盡量避免的事項，作為政務官以及事務官互動的參考。就政務
官而言，主要是個人修為以及管理策略方面，前者包括避免貪腐、公
私不分以及避免對於文官負面的刻板印象；後者則避免政治干預、避
免放任機要以及避免細節管理。就事務官而言，受訪者主要關切在於
文官的政治化，包括應該避免政治及選舉活動、行政不中立以及利益
勾結。以下就政務官以及事務官互動的禁忌分別討論。

就政務官的部分，受訪者聚焦在政務官個人修為與管理策略。就
個人修為而言，C04特別強調要盡量避免爭權奪利、貪腐與濫權，要
求「政治家本身必須要道德的崇高」。B03也著重政務官的道德操守
不可以要事務官奉公守法，但是「自己去招搖撞騙」。A13就過去在

政府部門服務的經驗，指出兩黨都有公私不分的情況，而首長如果無法以身作則，所謂上行下效，首長個人偏私的情形對於整個機關的運作將會產生深遠而不良的影響。

> 我覺得第一個應該要避免的當然是，因為你自己的某一種偏好，或私心，而去要他做什麼。……事實上過去兩黨都絕對有這種公私不分的情況，那有一些非常非常嚴重，那在公務機關來講，絕對是上行下效的，當你這個首長是可以這樣那樣的時候，他就一定會對於他下面的人睜一隻眼，閉一隻眼，甚至於還來把本來是很自愛的人帶壞掉了，所以我覺得這個首長他要以身作則。（A13訪談記錄）

個人廉潔方面的修為是對於政務官最基本的要求。如前所述，在兩次政黨輪替初期，執政黨的政務官對於文官的負面心態是過去造成政務事務磨擦的原因之一。所以A10提到：「像〇〇〇（首長名）那種作法（與同仁為敵），是絕對不能做的，所以以後一定不順利。」A18也提及在擔任政務官過程中，〇〇〇（政黨名）黨中央對於文官的負面觀點造成執政過程政策推動的困境。長期擔任事務官的B08建議，身為一個政務官「不要太急躁」，因為「急躁會帶動事務官的不安定」，再來就是不能對文官以偏蓋全帶有刻板印象「事務官沒有做好該罵，但是，不要以偏概全……其實我很受傷的就是，第一次聽到那個所謂的新政府、舊官僚」。因此A10提到初接任機關首長應該避免與同仁為敵，更積極的要透過各種機會去營造與事務官是「同路人」的感覺。

破壞政務事務的信任關係的因素除了政務官個人的修為及心態，領導或管理上的作法也將影響兩者信任。雖然政務官有實踐政見的壓力，為了政務事務的信任，應避免逾越政務官的份際，侵害事務官的

職權以及在政策過程中加入過多的政治考量。A12提到：「你政務不要說要管人家常務，那個又不是該你管的啊，因為一樣是次長啊。」A17認為要避免在政策過程中對於事務官專業有太多的政治干預，「政務官……盡量避免去加注太多的政治考量……。」雖然政務官有政治上的壓力，但是如B06認為：「政務官他有他的壓力，有上面高層的壓力，你要達成……你要考慮要怎麼樣去化解，……用很高壓的手段你會出問題。」特別是如果事務官認為不妥而有所勸告時，政務官應該謹慎衡酌。如事務官B05及政務官A13分別指出：

> 當常務官一而再再而三的提醒、建議，甚至簽呈上來，白紙黑字建議，那一定有他的道理在。政務官如果要捨棄那些建議之前，最好再進一步的考量、進一步的思考。（B05訪談記錄）

> 當他也許，如果說他在政策面上，那要推動，那麼必須有一些彈性的做法，那彈性的做法，說不定會造成他的這個底下的作業的一個困難，如果在我來講，我會選擇改變我自己，而不是改變他們，那這也是我說的要尊重他們的地方，除非他的是錯的。或者說他對於原則的解讀是錯的，那這種地方，我會很慎重……。（A13訪談記錄）

除了避免侵害事務官的職權，應該要嚴守政務官的份際，有多位受訪者提到要慎用機要，避免放任機要人員濫權或指揮局處首長。機要人員為首長的耳目及傳令，一方面可能造成首長的偏聽，另一方面則可能逾越權限而影響首長形象。B07認為首長對於資訊要有所判斷，不能隨意聽信流言，「他……他耳朵要兼聽但是不能聽小人的話，你偏聽有問題，偏聽……就忌諱偏聽，那偏聽的話他的資訊不完

整性,兼聽就是要有篩選判斷的能力。」C03認為:「我們所謂的機要人員或機要秘書,他是有一定的工作範圍,那麼超出這樣的工作範圍是不對的」。同樣地,機要的工作要單純化,只要在於提醒首長與對外聯繫,而非指揮,「當你一個機要出來指揮司處長的時候,專業就蕩然無存了。」同樣地,A10也認為機要運用不當,有可能幫首長樹敵。

最後,是有關政務官的領導風格,B01指出:「政務次長最重要的兩個工作就是他瞭解了整個○○○(部會名稱)的重大政策,很detail他不該管,它是瞭解比較重大的政策。」,政務官應該管大方向就好,避免管到太細部、細節的管理面事務。對應具政務官背景的C05認為:「很多政務官他的問題就出在他批評他不懂的事情」,由於政務官曝光度已經很高,很容易成為矚目焦點,更需要謹言慎行。C03則認為政務官儘量避免干預機關內部的經費及預算:

> 我一直不贊成說,一個政務官去參預人事跟經費。我在當政務官的時候,人事的事務我不會管,因為我不能去碰內部人事的事,如果去碰的話,就會讓員工有靠邊站的情形。……如果今天我這個政務官可以高興怎麼調動就怎麼調動,中立的傾向就被破壞。(C03訪談記錄)

信任建立不僅在於政務官,事務官對於信任建立也扮演重要角色,不管是何種背景,受訪者認為事務官應該避免的事項主要是違反政治中立。A09認為:「我都叫文官他們不要去理選舉的事情,不可以私底下去做政治的工作,這樣就好啦!」意即,事務官要避免參與政治活動及選舉活動。A09也提醒事務官應避免有任何黨派色彩,「因為我自己是不加入任何黨派,那也是覺得這個君子群而不黨……」。就事務官看法而言,多數受訪者皆表示應該要避免「行政

的不中立」，如B05、B06皆認為應該要避開政治活動、選舉活動，這部分的防線是事務官必須堅守份際。

> 你像政務官有的有什麼競選壓力啊，要去輔選的部分啊！就不會找。……我也不會去，因為我行政中立，我也不會去。
> （B06訪談記錄）

除了政治中立或行政中立的問題，如前述對於政務官的要求，受訪者也強調廉潔對於事務官的重要性。A13認為：「不要跟人家勾結……各類的勾結……」，同樣地，C05指出：「不能做犯法的事情……，違法的事情」，事務官應該要堅守法律的底線。C04提到事務官應該避免弊端發生以及利益勾結：

> 我們常講說防弊跟興利，所以我們說弊的話，大抵上就是說因為你的關係，因為你利益的誘惑，因為你為了要保住你的位子等等，所以說為所當為，不為所不當為，因為公務人員一定是要清廉嘛，一定是要清廉，一定要堅持原則，一定要有心建立制度……。（C04訪談記錄）

第五節　小　結

本章呈現受訪者從憲政運作經驗的角度，檢視台灣目前治理上的困境。一方面，憲政改革後，賦予民選總統在統治上的正當性，但是總統與身為憲法上「最高行政首長」的行政院長之間的權責劃分，並未有清楚的規範，導致總統有權無責，而行政院長或部會首長有責無權的窘境。延伸自此種憲政問題上的是更實際的治理議題，內閣制在政治上不可行的情況下，如果改變現有體制，落實美國的總統制，廢

除行政院由總統直接任及領導執政團隊，則將使生疏政務人員現象反覆出現，必須付出延長治理過程摸索時間的代價。因此，未來的憲政改革必須權衡不同制度對於治理制理效能產生的影響。

就組織層次體制上的議題而言，除了憲政運作上的困境，政務官體制的不完整是另一個急需改革的面向。在政務官缺乏訓練、接任時間短、待遇不佳以及政治風險偏高的情況下，延攬事務官入閣似乎將成為未來執政團隊組成的一個主要來源。但事務官其長久處於官僚文化之中，雖然較嫻熟業務，但是往往陷於機關窠臼，較缺乏創新。在目前憲政體制無法進行大幅度變更的情況下，如何從事務官中挑選較具前瞻性以及開放性的事務官，以及任命之後如何培養其一般政務官該具備的創新、宏觀、治理的理念以及領導與溝通技能等，將是未來執政者的重大挑戰，也是國家人才培育機關的一個重要任務。

政務官體制另一個值得關切的面向是政務官的培育及待遇的議題，除了對於事務官轉任政務官的任用及培育，就長遠來看，應該由國家透過政黨補助的方式，特別指定專款用於政務官的培育，使得政黨不管在執政或在野都能夠長期持續地培育國家政務人才。其次，政府相關培訓機構應該延續過去舉辦的跨產官學的訓練，讓產官學互相交流與學習，一方面擴大文官的視野，另方面讓學界及產業界瞭解政府部門運作。其三，政府也可採取美國白宮學者的方式，讓民間人士得以進入政府政策核心部門實習，實地瞭解政府部門運作，為國家貯備更多元的人才庫。在政務官的待遇方面，作者也建議參考其他國家政務人員待遇，調整我國政務人員的薪俸與退休制度，並適時向立法部門及大眾說明政務官對於政策推動的重要性，爭取支持，為國家建立永久的政務人力待遇體制。

最後，如前文所述，政務人員接任時間短，準備時間往往不足，造成內閣磨合的困難。所以除了在就任之初，行政院應召開內閣研討

會，宣示執政團隊政策方向，加強閣員之間的互動外，也應該舉辦非正式的活動，加強首長之間的聯繫。在機關內，則應舉辦政務以及事務官之間的正式或非正式會議，使得政務官從生疏變成治理的夥伴。由於機關首長或其他高階政務或事務人員平常忙於公務，建議相關單位能夠透過案例或訪談方式，以書面或影音方式，製作政務官以及高階文官所需的治理工具箱，利於政務官及事務官對於彼此之瞭解以及核心能力之培養。

第十章 結 論

　　本章總結前面九章的研究提問、文獻及理論回顧、資料蒐集及分析，第一節摘要本書發現，以回應前述的研究提問，第二節根據研究發現，討論規範及實證理論上的意涵，第三節亦植基於前述發現，提出政務事務互動體制及互動策略實務之建議，第四節則檢視本書在研究議題、範圍、對象及研究方法上的限制，並提出未來的研究建議。

第一節　打開黑盒子

　　本書整合政務事務互動文獻，從組織、團隊及個人層次核心要素的分析，嘗試打開我國行政院所屬部會政務事務互動界面的黑盒子，作為建立兩者夥伴關係的基礎。就組織層次的政務事務互動結構及規範而言，由於憲法體制中對於總統及行政院長的職權劃分不清，使得部會政務官及高階事務官必須面對兩個不同指揮鏈的指揮，違背組織理論中「指揮統一」的原則。而在部會有關政務事務的行為規範中，對於兩者的職權規定也並不清楚，主要是由首長進行分工，在組織結構及行為規範並不清楚的情況之下，團隊及個人的因素在政務事務互動及夥伴關係的建立，就發揮較大的影響。

　　就團隊的因素而言，陳水扁擔任總統及馬英九擔任總統時期呈現不同的控制策略，基於民進黨的發展、首次執政所面對的壓力，以及個人特質等種種因素，相對於馬英九執政時期而言，陳水扁對於政務官及官僚採取較嚴密的控制策略，導致政務事務較多的衝突。而馬英九則持較授權的控制策略，加上國民黨早期與文官的淵源頗深，因此

政務事務互動衝突的檯面化只有在2008年第二次政黨輪替初期零星發生。

陳水扁與馬英九擔任總統時期，除了對團隊控制策略上的差異，在團隊所呈現的特質上也有所差異。整體而言，就性別來看，女性比例遠低於男性，在陳水扁執政後期，女性首長比例低於20%，而馬英九時期的首長比例則勉強維持在20%以上，兩者都未達其競選所承諾的女性閣員比例。在首長的年齡方面，陳水扁時期所任命之政務官年齡較輕，學歷背景，特別是具博士學位的政務官較馬英九時期的比例低，資料的分析與一般媒體的報導符合。不過，在後續的分析中顯示，性別及學歷並非影響政務事務夥伴關係的重要原因，但政務事務年齡差異，在講究資歷的文官體系中，則是造成衝突的一個因素。

在個人層次的因素部分，本書聚焦在部會首長的領導、部會內政務事務介面的分工，以及政務事務官角色的認知及落差。本書雖然無法深入評述每一位首長的領導及控制策略，不過經常被提到的一個領導方式是「願景領導」，在這個領導的模式中，強調價值及願景的建構與溝通，以及系統性的前瞻規劃。個人層次的另一個面向是，首長對於部內分工的安排以及政務事務的角色認知。從大部分部會對於政務、常務副首長的業務採取功能性的分工安排，呈現政務事務分立的劃分在實際運作上並不清楚。相對地，在政務官及事務官的角色認知上，對政務事務卻有大致上的劃分，顯見在相關制度規範模糊的情況下，實際運作及主觀認知上有嚴重落差。

在政務官及事務官彼此角色的認知方面，兩者對於政務官在「政策發動與決定」、「政策協調適應」上有所共識，也都能同意事務官扮演「政策執行」、「專業幕僚」、「依法行政」的角色。對政務官的能力特質，共同認為「政治歷練」、「操守」、「擔當」、「膽識」及「氣度」等，是成功政務官的必備條件。在實際運作上，政務

官被事務官認為不妥的行為包括「不尊重部屬」、「濫權」以及「侵犯文官中立」，事務官則被認為「缺乏開創性」、「政策幕僚能力不足」以及「行政中立不夠落實」。

從政務事務互動歷程來看，在我國特殊的體制結構及行為規範下，政務官從接任前準備，上任後業務熟悉，到與事務官彼此的測試與磨合，需要相當時間，在這個過程中，公文的流程與管控是呈現分工、授權及政務事務互動良窳的指標。政治事務夥伴關係的建立對於政策推動將有顯著的影響，不過兩者關係過於密切，對政策推動也未必是完全正面。

以上是對於可能影響政務事務夥伴關係建立各層次因素的分析，以及對於政務事務衝突原因及互動動態的描述，除了各層次主要因素的描述，也可發現各層次之間互相影響的路徑。筆者根據以上的歸納，提出以下幾個假設：

（1）組織因素中政務事務體制權責不清及行為規範模糊，使得團隊因素中的府院領導對於部會領導、政務事務分工，以及角色認知有較大的影響。

（2）控制策略較嚴密的總統，例如直接任命次長，相對於授權程度較多的領導，影響部會領導與分工，以及角色認知差異，對於部會政務事務建立夥伴關係較為不利

（3）執政團隊的任命行為，將影響團隊成員整體的基本特質。

（4）擅長型塑願景與溝通的部會首長，將更能建立政務事務互動夥伴關係。

（5）個人差異及角色認知的差異，是影響夥伴關係建立的重要因素。

（6）在透明課責的情況下，政務事務夥伴關係有助於政策推動。

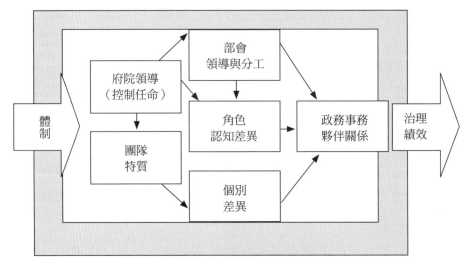

圖10-1　調整後的架構圖

資料來源：作者彙整

　　從以上假設，本書提出調整後架構如圖10-1所示，與本書第三章
所提架構主要有幾個差別：首先是組織的體制是一個整體性的影響因
素，雖然其對於府院領導策略有最直接的影響，但其他層次也多少受
其影響。其次，在每一個層次，除了先前根據文獻所聚焦的議題外，
也補充幾個重要因素，如團隊層次中的團隊特質，如個別層次中政務
事務個別差異。其三，原先的依變項是政務事務治理夥伴，在此架構
中，最終的依變項為治理績效，這個變數包含在民主課責下，夥伴關
係所能達到的政策推動過程順利，而能達到效率與回應的價值。此概
念乃符合前述Denhardt et al.（2002）所提的公共利益，或Robbins &
Judge（2007）在私部門組織行為模式中的產出（output）所包含的項
目，是一個綜效（synergy）的概念。

第二節　理論意涵

　　上述的研究發現對第二章有關政治行政分立的規範性探討、民主
治理夥伴關係概念的延伸、政務事務互動實證模型，以及公部門組織
行為都有理論上的意涵。

　　從規範的層面而言，本書第二章闡述政治行政分立在公共行政領
域的辯論（Svara, 1985, 2001, 2006; Overeem & Rutgers, 2003; Overeem,
2006），從本章的發現來看，雖然政務官及事務官對彼此在政策過程
的角色認知差異不大，大都認同政務官主要職責在發動、批准政策，
而事務官的角色在執行政策，但是在體制上及行為上，我國行政院部
會在政治、行政的分野上並不清楚。歸究其原因，主要在於「政策決
定」及「政策執行」在本質上即難以劃分，也無怪乎政治、行政分立
的辯論在公共行政學界仍持續不斷。由於體制上的模糊，因此，其他
管理面因素，如領導、控制、角色認知等團隊層次及個人層次的因
素，對於夥伴關係的建立就更顯得重要。

　　在政治行政分立所衍生的官僚控制及文官中立能力的論述而言，
本書的發現頗能呼應Meier（1993）及Pfiffner（1987）等學者有關官僚
政治化的原因及後果。特別是在新政府剛接任時，謾罵官僚往往是新
政府獲得民眾支持的策略，但過度與官僚作對，容易引起官僚反彈，
導致夥伴關係無法建立，衝突外溢，而致績效不彰。此種情形可能惡
果循環，使得政務官頻頻下台，任期過短，而新人不斷地「學習駕
馭」（Ingraham, 1987）。2000年陳水扁執政初期，某種程度呈現此種
窘境。

　　在民主治理理論方面，學界過去在民主治理相關研究所強調的夥
伴關係，大都集中在公私部門、或者跨政府組織之間。然而，基於政
務事務互動對於治理績效的重要性，以及民主制度為了兼顧「回應」

與「效率」的設計,使得政務官事務官彼此之間在價值、生涯發展、個人特質、角色認知等面向,都有頗大的差異。而如何讓這些具有不同特質的政府官員,能夠跨域鴻溝,建立夥伴關係,其重要性及可能面對的挑戰,可能不亞於公私部門之間或跨機關間的協力夥伴關係。而本書將治理夥伴的概念擴充,為民主治理的內涵開拓一個新的研究領域。

在實證理論建構方面,本書嘗試整合研究官僚控制、官僚政治化以及Peters(1988)、Peters & Pierre(2001)有關政務事務互動的跨國比較研究,透過組織行為理論三個分析層次的指引,提出一個初步的研究架構,並在結論中,根據前述研究發現修正此架構。Heclo(1977)、Peters(1988)、Peters & Pierre(2001)都指出政務事務互動是影響政府績效的重要因素,本書的訪談也支持此種論述。而在Peters(1988)對於政務事務互動的分類中,指出村落生活模式不見得促進政府績效,在本書訪談中也得到支持。在此研究基礎上,本書透過歸納質化訪談資料,提出幾個假設,並形成一個更細緻化的模型,作為未來檢驗的基礎,其中如團隊上層任命、控制策略以及個人差異等因素是Peters及Peters & Pierre等學者未曾提及。

本書的研究發現對於組織行為理論及公部門組織行為理論也有所啟發,如文獻回顧所述(Denhardt et al., 2002; Robbins & Judge, 2007)組織行為理論將影響組織行為的因素分為三個層次,此種分法有其分析上的清晰及簡潔性,經對照本書前述模型,顯現三個層次之間的部份因素有許多關連。因此在模型的建立上,未來學界必須嘗試將三者的關連釐清,以對公部門組織行為理論有更進一步貢獻。

本書對其他領域的研究也有貢獻,首先,作為華人地區第一個歷經民主鞏固的國家,本研究提供轉型國家中政黨輪替初期國家治理的一個案例,在比較政治及比較公共行政的領域中,指出一個新的研究

領域。其次，本書所探討不同層次的領導控制策略及任命，對於我國公部門服務領導的實證研究，有其參考價值。其三，政務事務的分工及角色認知等發現，也能增進對於我國政府內部公共政策制訂過程實務的瞭解，並提供公共政策及行政倫理等議題的研究素材。第四，政務事務的互動歷程、衝突的原因與解決等議題的探索，得以充實政治管理研究動態面的內涵。

第三節　實務建議──從價值分立到治理夥伴

本書的研究發現除了有理論上的意涵，對於體制改革以及政務事務的互動策略也有實務上的啟發。本節從憲政體制、人力配置、政務官培育與訓練、甄補與待遇，以及政務事務互動策略等方面進行討論（如表10-1所示）。

在憲政體制部分，本書的研究結果顯示，現行雙首長制下，總統與行政院長的權責劃分不清，總統可能跳過院長指揮部會首長或副首長，院長有責無權。或者總統所任命的副首長直接威脅首長的權威，政務首長及副首長間不睦的情況，可能使得其中一人被迫去職，或者兩者之間的不睦，讓事務官將無所適從，影響機關的正常運作以及夥伴關係的建立。在目前民眾權利意識高漲，並且已逐漸內化民選總統機制的政治文化下，往政務事務關係較為和諧的內閣制改革可能性低，為了讓權責相符，作者建議未來憲政體制可以朝類似美國所運作的完全總統制方向進行改革。在憲政體制未改革的清況之下，總統與行政院長對於兩者的職權劃分，宜有相當的默契。而對於部會副首長的任命，應在考量專業互補、人才培育的條件下，授權政務首長選擇，以避免首長、副首長或政務事務之間的衝突。

　　在政務人力配置部分，目前政府規畫未來行政院組織改造之後，每個部會設置兩位政務副首長及一位常務副首長，就未來調整後之部會的規模及業務多樣性而言，此種設計似乎有待商榷。作者建議應依其規模大小及業務複雜性，調整政務副首長人數。除了副首長人力配置的部分之外，目前政務人員法草案規劃在行政院設置政治性幕僚，作者肯定此種做法。但是，現行各部會機要人員人數過少，而且其主要職責在處理行政庶務，加上各部會文官嚴守行政中立，政策規劃能力較為不足，對於社會脈動敏感度較低，因此作者建議行政院所屬各部會也應設置政治幕僚。特別是未來行政院組織調整後，如果各部會不論大小及業務性質，只設置兩位政務副首長的體制未改變的話，更應該以政治幕僚來補足政務副首長人力上的不足。

　　在政務官的培育與訓練部分，就培育而言，政府應透過政黨補助款項，專款補助政黨成立智庫，或透過民間智庫，長期培育政務官，以避免執政時人才不足的困境。除此之外，也應透過政府資源，舉辦集合產、官、學的訓練課程，一方面擴展事務官的視野，另方面，讓企業界及學界專業人士瞭解政府運作，培養擔任政務官的興趣、所需的人際網絡及政治能力。在政務官就任前後的訓練部分，政府相關單位應及早針對政務官所需的政府運作知識，準備書面或影音資料，讓政務官在就任前可以先做準備。在就任後，除了就任初期所舉辦的內閣研討會外，應定期由總統或院長召集舉辦正式或非正式的活動，溝通願景並增加閣員之間的互動。

　　就甄補與待遇而言，總統或行政院長在任命首長時，除了因應代表性的性別、省籍、地域等總體考量，以及各部會業務性質的專業考量之外，也應顧及到政務官個人的前瞻規劃、溝通能力、品德以及擔當等特質。而在事務官方面，則需考量其資歷、品德、與首長配合度及中立能力等。另外，基於目前政務官來源的窄化，政府應參酌其他

國家政務官待遇體制，適度調整政務官之待遇，以吸引政治人物、學者專家及常任文官之外的企業界或民間人士擔任政務官，活化政務官的來源。

最後，在夥伴關係的互動策略方面，對於業務不熟悉的首長而言，在初期應投入全力的準備，在時間允許的情況下，透過參與學習，型塑機關願景，並適時溝通。在接任初期，除非必要，否則應避免調動人事。也應避免謾罵官僚及濫用權力介入文官職權，並且約束機要不得對於常任文官頤指氣使。就文官而言，除了嚴守行政中立外，應透過各種不同的溝通管道，瞭解首長授權程度，在個人專業意見與首長政策方向不同時，勇於適時提供建言，若首長堅持，在合法的範圍內，則仍應積極配合。

表10-1　體制及策略的實務建議

探討面向	實務建議
憲政體制	1.未來憲政改革方向上，可朝向美國完全總統制，以利權責相符。 2.現行雙首長制運作下，府院間權責劃分有賴總統與行政院長之間默契配合。 3.部會內任命宜授權部會政務首長。
政務人力配置	1.依部會「規模大小」與「業務複雜性」調整政務人力，以因應組織需求。 2.增加設置部會「政治性幕僚」，強化政策規劃力，提升社會敏感度。
政務官培育	1.透過專款補助政黨智庫、民間智庫管道，長期培育。 2.開辦產官學訓練課程，培養視野興趣，擴充政務官來源。
政務官訓練	1.就任前，組織備妥相關知識資料，以利政務官上手。 2.就任後，初期內閣研討會建立方向，定期聚會有助溝通及互動。
政務官甄補與待遇	1.總體考量：代表性及內部平衡。 2.專業考量：各部會業務性質所需專業。 3.個人特質：前瞻、溝通、品德、擔當。 4.調整政務官待遇、活化政務官來源。
政務事務互動策略	1.政務官全心準備、規劃願景，初期不動人事，溝通尊重、約束機要。 2.事務官行政中立、瞭解授權，勇於建言，充分配合。

資料來源：作者自行彙整

第四節　接續的研究

　　本書的分析奠基於探索性研究所蒐集的資料，在研究主題、範圍、對象、方法上仍有其限制，本節檢討這些面向上的限制，並提出接續研究的建議。

　　在主題部分，本書建議未來可針對政務領導的議題、政務事務夥伴關係依變項的議題，以及其他管理面向的議題進行更深入研究。首先，在領導議題的方面，本研究主要從政務事務互動議題出發，並透過組織行為理論架構的指引聚焦議題，對於領導並未進行深入而多面向的探討。從本書研究發現可知，「政務領導」這個重要的因素，不管呈現在團隊分析層次的府院領導或者個人層次的部會政務領導，對於夥伴關係的建立都扮演重要的角色。不過國內對於相關的研究正在起步階段（王光旭、陳敦源，2010；黃東益、楊麒翰，2010），針對該主題系統性的實證研究仍是相當有限（江大樹、張力亞，2009），因此未來學界可以透過個案的研究或者量化的實證研究，長期持續地解開公部門政務領導的謎題。

　　其次，如前所述，在政務事務互動研究中主要依變項的測量仍未有進展，使得理論化的進程停滯不前。依變項的測量有兩方面的問題，一方面是政務事務夥伴關係的類型化，Peters（1987）所提的五種類型以及Aberbach et al.（1981）所提的四個理想型，在研究上以及實務的運用上仍有其缺陷。另一方面，在政務事務夥伴關係的變項測量問題解決後，應該將其視為中介變項，而關心最後治理績效的綜效變項，如政策推動的成敗、政府績效的良窳或者民眾滿意度的起落等。將政務事務夥伴關係與公共行政所關心的「政府績效產出」或者「回應」與「效率」等核心價值連結。

　　其三，本書只針對政務事務互動中幾個重要因素進行研究，對照

本書第二章組織行為理論中的諸多變項，從本研究初步的發現中，作者建議未來可將組織學習及組織變革加入研究的清單。有關政務人員及高階文官的組織學習過程，本書部分章節雖曾觸及這個變項，但並不夠深入，未來可以從管理學中組織學習的角度切入。基於政務官及事務官本身以及其身處公部門環境的特質，未來研究也可透過政治學中「菁英政治學習」（elite political learning, Mishler & Rose, 2007）的視角，探索政務官及高階事務官組織學習的現象，以及其對於夥伴關係建立的影響。另外，在組織行為理論中組織層次的分析中，學者共同指出組織變革的重要性，隨著我國在中央政府組織改造，及地方政府進行的縣市合併升格等組織變革的進行，提供組織變革研究難得的素材，學界及實務界有必要投注更多心力，探討這些正在進行或及將進行的變革，如何影響政務事務夥伴關係，以及政務事務的夥伴關係如何影響這些變革的進行。

在研究範圍方面，本書主要以2000年5月至2010年7月底為研究的時間範圍，本書付梓時，馬英九政府團隊仍在執政當中，因此本研究有關馬政府的執政時間及對象上仍受到極大限制，未來應持續觀察與研究，以補充本研究之不足。另外，隨著地方政府組織的調整以及政務人員體制在地方政府的變革，地方政務人員以及政務事務夥伴關係，也是研究民主行政以及地方政府的學者未來可以探討的議題，而這方面的研究成果將可以與Svara（1985, 2006）一系列美國地方政府政務事務夥伴關係的研究進行對話。

在研究對象上，本書主要針對行政院所屬部會政務官以及包含常任副首長和主任秘書等高階事務官進行深度訪談，有其侷限。在實際運作上，在行政院所屬部會各三級機關的首長（如局長、主任）以及部會內部的司處長等主管，也都是與政務官頻繁互動的對象，並且掌握政策規劃與執行，扮演政策過程中重要的角色。因此，未來類似研

究應將訪談對象擴及獨立機關首長及部會司處長。其次，本研究發現總統與院長的互動關係是一個重要而未被深入探索的變項，而其與黨主席的關係將使得此種互動變得更為複雜，未來政府、政黨或學界可透過深度訪談或口述歷史的方式，將這個珍貴的治理經驗留存下來。

最後，基於本研究初步探索的性質，在研究方法方面，本書主要以深度訪談並輔以次級資料分析進行。質化訪談方法可以深入探索行為的動機及歷程，適合現象探索、描述與詮釋，不過其代表性較為不足。鑑於國內並未有針對政務官進行量化研究的系統性資料，本書建議政府、政黨、智庫及學界可以參考前述Mackenzie（1987）在美國公共行政學院及民間智庫支助下，於1980年代所進行的大規模政務官訪談。在執行中央政務官的調查研究前，可以先針對地方政府政務官予以試行，以建構及測試概念，並累積政務官問卷訪問之執行之技術。另外，本書主要是針對政務事務互動夥伴關係，進行一般性的瞭解，未來可在政府與學界合作的機制下，針對特定個案深入研究，對於學術研究及實務訓練都將有助益。以下表10-2整理各項研究建議。

表10-2　研究建議整理

面向	限制與建議
主題	1.政務領導：實證有限、應增加個案及量化研究。 2.政務事務夥伴關係依變項測量：夥伴關係類型化，夥伴關係與公共行政核心價值之連結。 3.管理面向探討：增加組織學習、組織變革之研究。
範圍	1.對馬政府研究時間、對象組織受限，應持續觀察研究。 2.中央、地方政府組織變革及夥伴關係的互相影響。
對象	1.往下擴展至行政院所屬部會三級機關首長、部會司處長。 2.總統與院長的互動關係有待探索。
方法	1.量化補強代表性，大規模問卷調查累積系統性資料。 2.特定政策個案的政務事務夥伴關係。

資料來源：作者自行彙整

　　整體而言，本書只是對於民主治理一個嶄新而重要議題的初步探索，希望藉此拋磚引玉，引起政府、政黨、智庫及學界等投入，不分黨派，在民主鞏固的過程中，共同為國家累積治理的智慧資產。而以上對於政務事務介面的初步分析及建議，不管是實務上或是學術上的，都希望能夠讓政務官及事務官這兩種在民主制度上具有不同價值及特質的人，能夠在差異中建立夥伴關係，共同展現民主理論「回應」與「效率」的價值。

內閣時期	內閣甫上任之政務首長	新內閣留任之政務首長	期間流動
唐飛內閣 2000/5/20 至 2000/10/4 35個部會 共37位首長	張博雅、田弘茂、伍世文、許嘉棟、曾志朗、陳定南、林信義、葉菊蘭、徐正光、張富美、彭淮南、林全、朱武獻、鍾琴、李明亮、林俊義、王郡、杜正勝、蔡英文、陳博志、楊德智、林芳玫、夏德鈺、翁政義、林嘉誠、劉達人、陳希煌、陳郁秀、陳菊、趙揚清、林能白、尤哈尼伊斯卡、許義雄、黃石城、王石生		〈北美事務協調委員會〉劉達人→王飛（89/9/4） 〈飛安會〉王石生→劉維琪（89/8/24） （內閣期間更換2位）
第一次 張俊雄內閣 ※新增客委會 2000/10/5 至 2002/1/31 36個部會 共40位首長	張博雅、田弘茂、伍世文、顏慶章、曾志朗、陳定南、林信義、葉菊蘭、徐正光、張富美、彭淮南、林全、朱武獻、蘇正平、李明亮、林俊義、王郡、杜正勝、蔡英文、陳博志、楊德智、林芳玫、夏德鈺、翁政義、林嘉誠、王飛、陳希煌、陳郁秀、陳菊、趙揚清、林能白、尤哈尼伊斯卡、許義雄、范光群、黃石城、劉維琪	張博雅、田弘茂、伍世文、曾志朗、陳定南、林信義、葉菊蘭、徐正光、張富美、彭淮南、林全、朱武獻、李明亮、林俊義、王郡、杜正勝、蔡英文、陳博志、楊德智、林芳玫、夏德鈺、翁政義、林嘉誠、王飛、陳希煌、陳郁秀、陳菊、趙揚清、林能白、尤哈尼伊斯卡、許義雄、黃石城、劉維琪 （共留任33位，更換2位、新增1位）	〈原能會〉夏德鈺→胡錦標（90/3/7） 〈環保署〉林俊義→郝龍斌（90/3/7） 〈國科會〉翁政義→魏哲和（90/3/7） 〈公平會〉趙揚清→黃宗樂（90/1/27） （內閣期間更換4位）

內閣時期	內閣甫上任之政務首長	新內閣留任之政務首長	期間流動
第一次 游錫堃內閣 2002/2/1至 2004/5/19 36個部會 共49位首長	余政憲、簡又新、湯曜明、李庸三、黃榮村、陳定南、宗才怡、林陵三、許志雄、張富美、彭淮南、林全、李逸洋、葉國興、李明亮、郝龍斌、王郡、杜正勝、蔡英文、林信義、楊德智、林芳玫、歐陽敏盛、魏哲和、林嘉誠、王飛、范振宗、陳郁秀、陳菊、黃宗樂、郭瑤琪、陳建年、林德福、葉菊蘭、黃石城、劉維琪	陳定南、張富美、彭淮南、林全、李明亮、郝龍斌、王郡、杜正勝、蔡英文、楊德智、林芳玫、魏哲和、林嘉誠、王飛、陳郁秀、陳菊、黃宗樂、葉菊蘭[1]、黃石城、劉維琪 （共留任20位，更換16位）	〈經濟部〉宗才怡→林義夫（91/3/21） 〈北美事務協調委員會〉王飛→吳子丹（91/7/23） 〈衛生署〉李明亮→涂醒哲（91/9/1） 〈財政部〉李庸三→林全（91/12/2） 〈農委會〉范振宗→李金龍（91/12/2） 〈主計處〉林全→劉三錡（91/12/4） 〈退輔會〉楊德智→鄧祖琳（92/2/5） 〈衛生署〉涂醒哲→陳建仁（92/5/17） 〈新聞局〉葉國興→黃輝珍（92/7/1） 〈北美事務協調委員會〉吳子丹→歐陽瑞雄（92/7/23） 〈環保署〉郝龍斌→張祖恩（92/10/20） 〈內政部〉余政憲→蘇嘉全（93/4/8） 〈外交部〉簡又新→陳唐山（93/4/15） （內閣期間更換13位）
第二次 游錫堃內閣 ※新增金管會 2004/5/20	蘇嘉全、陳唐山、李傑、林全、杜正勝、陳定南、何美玥、林陵三、許志雄、張富美、彭淮南、許璋瑤、李逸洋、林佳龍、陳建仁、張祖恩、許惠祐、石守	蘇嘉全、陳唐山、林全、杜正勝[2]、陳定南、林陵三、許志雄、張富美、彭淮南、李逸洋、陳建仁、張祖恩、歐陽敏盛、林芳玫[3]、李金龍、陳菊、黃宗	〈中選會〉黃石城→張政雄（93/6/17）

1　游錫堃第一次組閣留任葉菊蘭轉任客委會主委。

2　游錫堃第二次組閣留任杜正勝轉任教育部長。

3　游錫堃第二次組閣留任林芳玫轉任北美事務協調委員會主委。

內閣時期	內閣甫上任之政務首長	新內閣留任之政務首長	期間流動
至 2005/1/31 37個部會 共38位首長	謙、吳釗燮、胡勝正、龔照勝、高華柱、鄭麗君、歐陽敏盛、吳茂昆、葉俊榮、林芳玫、李金龍、陳其南、陳菊、黃宗樂、郭瑤琪、陳建年、陳全壽、羅文嘉、黃石城、戎凱	樂、郭瑤琪、陳建年、黃石城 （共留任20位，更換16位，新增1位）	 （內閣期間更換1位）
謝長廷內閣 2005/2/1 至 2006/1/24 37個部會 共42位首長	蘇嘉全、陳唐山、李傑、林全、杜正勝、施茂林、何美玥、林陵三、許志雄、張富美、彭淮南、許璋瑤、張俊彥、林佳龍、侯勝茂、張祖恩、許惠祐、石守謙、吳釗燮、胡勝正、龔照勝、高華柱、鄭麗君、歐陽敏盛、吳茂昆、葉俊榮、林芳玫、李金龍、陳其南、陳菊、黃宗樂、郭瑤琪、陳建年、陳全壽、羅文嘉、張政雄、戎凱	蘇嘉全、陳唐山、李傑、林全、杜正勝、何美玥、林陵三、許志雄、張富美、彭淮南、許璋瑤、林佳龍、張祖恩、許惠祐、石守謙、吳釗燮、胡勝正、龔照勝、高華柱、鄭麗君、歐陽敏盛、吳茂昆、葉俊榮、林芳玫、李金龍、陳其南、陳菊、黃宗樂、郭瑤琪、陳建年、陳全壽、羅文嘉、張政雄、戎凱 （共留任34位，更換3位）	〈原民會〉陳建年→瓦歷斯・貝林（94/3/10） 〈新聞局〉林佳龍→姚文智（94/3/15） 〈環保署〉張祖恩→張國龍（94/6/8） 〈客委會〉羅文嘉→李永得（94/6/20） 〈勞委會〉陳菊→李應元（94/9/15） （內閣期間更換5位）
蘇貞昌內閣 ※新增國家通訊傳播委員會 2006/1/25 至 2007/5/20	李逸洋、黃志芳、李傑、呂桔誠、杜正勝、施茂林、黃營杉、郭瑤琪、許志雄、張富美、彭淮南、許璋瑤、周弘憲、鄭文燦、侯勝茂、張國龍、王進旺、林曼麗、吳釗燮、胡勝正、龔照勝、高華柱、鄭麗君、歐陽敏盛、陳建仁、葉俊榮、林芳玫、蘇嘉全、邱坤良、李應元、黃宗樂、吳澤成、	李傑、杜正勝、施茂林、郭瑤琪[4]、許志雄、張富美、彭淮南、許璋瑤、侯勝茂、張國龍、吳釗燮、胡勝正、龔照勝、高華柱、鄭麗君、歐陽敏盛、葉俊榮、林芳玫、蘇嘉全[5]、李應元、黃宗樂、瓦歷斯・貝林、陳全壽、李永得、張政雄、戎凱	〈研考會〉葉俊榮→施能傑（95/5/1） 〈財政部〉呂桔誠→何志欽（95/7/4） 〈金管會〉龔照勝→施俊吉（95/8/4） 〈經濟部〉黃營杉→陳瑞隆（95/8/9） 〈交通部〉郭瑤琪→蔡堆（95/8/22） 〈經建會〉胡勝正→何美玥（96/1/30）

---

[4]　蘇貞昌組閣留任郭瑤琪轉任交通部長。
[5]　蘇貞昌組閣留任蘇嘉全轉任農委會主委。

內閣時期	內閣甫上任之政務首長	新內閣留任之政務首長	期間流動
38個部會共49位首長	瓦歷斯·貝林、陳全壽、李永得、張政雄、戎凱、蘇永欽	（共留任26位，更換11位，新增1位）	〈金管會〉施俊吉→胡勝正（96/1/30） 〈公平會〉黃宗樂→湯金全（96/2/1） 〈體委會〉陳全壽→楊忠和（96/2/1） 〈退輔會〉高華柱→胡鎮埔（96/2/9） 〈陸委會〉吳釗燮→陳明通（96/4/12） （內閣期間更換11位）
第二次張俊雄內閣 2007/5/21至2008/5/19 38個部會共41位首長	李逸洋、黃志芳、李天羽、何志欽、杜正勝、施茂林、陳瑞隆、蔡堆、許志雄、張富美、彭淮南、許璋瑤、周弘憲、謝志偉、侯勝茂、陳重信、王進旺、林曼麗、陳明通、何美玥[6]、胡勝正[7]、胡鎮埔、鄭麗君、蘇獻章、陳建仁、施能傑、林俊義[8]、蘇嘉全、翁金珠、盧天麟、湯金全、吳澤成、夷將·拔路兒、楊忠和、李永得、張政雄、吳俊凱、蘇永欽	李逸洋、黃志芳、何志欽、杜正勝、施茂林、陳瑞隆、蔡堆、許志雄、張富美、彭淮南、許璋瑤、周弘憲、侯勝茂、王進旺、林曼麗、陳明通、胡勝正、胡鎮埔、鄭麗君、陳建仁、施能傑、蘇嘉全、湯金全、吳澤成、夷將·拔路兒、楊忠和、李永得、張政雄、戎凱、蘇永欽 （共留任30位，更換8位）	〈國防部〉李天羽→蔡明憲（97/2/25） 〈青輔會〉鄭麗君→林岱樺（97/3/3） 〈文建會〉翁金珠→王拓（97/5/21） （內閣期間更換3位）
劉兆玄內閣 2008/5/20至2009/9/9	廖了以、歐鴻鍊、陳肇敏、李述德、鄭瑞城、王清峰、尹啟銘、毛治國、高思博、吳英毅、彭淮南、石素梅、陳清秀、史亞平、林芳郁、沈世宏、王進旺、周功鑫、賴幸媛、陳添枝、胡勝正、高華柱、王昱婷、蔡春鴻、李羅權、	彭淮南、王進旺、胡勝正、湯金全、張政雄、吳俊凱、蘇永欽	〈金管會〉胡勝正→陳樹（97/7/1） 〈國家通訊傳播委員會〉蘇永欽→彭芸（97/8/1） 〈衛生署〉林芳郁→葉金川（97/9/26） 〈金管會〉陳樹→陳冲（97/11/28） 〈新聞局〉史亞平→蘇俊賓（97/12/31）

6　張俊雄第二次組閣留任何美玥轉任經建會主委。

7　張俊雄第二次組閣留任胡勝正轉任金管會主委。

8　林俊義於2007/8/17入閣，北美事務協調委員會於2006/7/31至2007/8/17期間主任委員空缺。

內閣時期	內閣甫上任之政務首長	新內閣留任之政務首長	期間流動
38個部會共45位首長	江宜樺、邵玉銘[9]、陳武雄、黃碧端、王如玄、湯金全、范良銹、章仁香、戴遐齡、黃玉振、張政雄、吳俊凱、蘇永欽	（共留任7位，更換31位）	〈公平會〉湯金全→吳秀明（98/8/1） 〈衛生署〉葉金川→楊志良（98/8/6） （內閣期間更換7位）
吳敦義內閣 2009/9/10至今 38個部會共45位首長	江宜樺[10]、楊進添、高華柱[11]、李述德、吳清基、王清峰、尹啟銘、毛治國、高思博、吳英毅、彭淮南、石素梅、吳泰成、蘇俊賓、楊志良、沈世宏、王進旺、周功鑫、賴幸媛、蔡勳雄、陳冲、曾金陵、王昱婷、蔡春鴻、李羅權、朱景鵬、邵玉銘、陳武雄、黃碧端、王如玄、吳秀明、范良銹、孫大川、戴遐齡、黃玉振、張政雄、吳俊凱、彭芸	江宜樺、高華柱、李述德、王清峰、尹啟銘、毛治國、高思博、吳英毅、彭淮南、石素梅、蘇俊賓、楊志良、沈世宏、王進旺、周功鑫、賴幸媛、陳冲、王昱婷、蔡春鴻、李羅權、邵玉銘、陳武雄、黃碧端、王如玄、吳秀明、范良銹、戴遐齡、黃玉振、張政雄、吳俊凱、彭芸、賴浩敏 （共留任31位，更換7位）	〈文建會〉黃碧端→盛治仁（98/11/15） 〈中選會〉張政雄→賴浩敏（98/11/4） 〈新聞局〉蘇俊賓→江啟臣（99/2/24） 〈法務部〉王清峰→曾勇夫（99/3/22） 〈金管會〉陳冲→陳裕璋（99/5/17） 〈經建會〉蔡勳雄→劉憶如（99/5/20） 〈飛安會〉吳俊凱→張有恆（99/5/25） （內閣期間更換7位）

資料來源：作者自行彙整

9　邵玉銘於2009/5/13入閣，北美事務協調委員會於2008/5/20至2009/5/12期間主任委員由朱文祥代理。

10　吳敦義組閣留任江宜樺轉任內政部長。

11　吳敦義組閣留任高華柱轉任國防部長。

參考書目

一、中文部分

方凱弘、梁縮琪（2008）。政策為何變遷？以桃園縣開徵地方稅為例。**臺灣民主季刊**，13（3），125-167。

王光旭、陳敦源（2010）。政務領導、國會監督與官僚自主：台灣全民健保政策「否決者」之研究。**行政暨政策學報**，50，107-157。

王輝煌（2000）。官僚制度與民主政治：以美日臺的結構性比較分析為例。**中央研究院人文及社會科學集刊**，12（2），347-38。

丘昌泰（1999）。從公共政策過程的「中心論」到「邊陲論」：修憲後地方政府角色的變遷與調整。**空大行政學報**，9，1-26。

交通部（2009）。交通部分層負責明細表（98年8月28日交秘字第0980007908號函修訂）。2010年11月5日，取自：www.motc.gov.tw/mocwebGIP/wSite/public/Data/f1251430396289.doc

任雲楠（譯）（2008）。B. Guy Peters著。**公共行政比較分析**。台北：韋伯。

江大樹、張力亞（2009）。縣市長的領導力與地方治理一一個標竿學習的實證研究。**台灣民主季刊**，6（2），61-125。

行政院農業委員會（2009）。行政院農業委員會分層負責明細表（中華民國98年4月27日農人字第0980080445號函修正）。2010年11月5日，取自：http://www.coa.gov.tw/files/law/9_cikuo_20040927142045/b08_001.doc

余致力（1999）。行政菁英對當前重大政策議題之意見調查。**理論與政策**，13（3），139-170。

余致力（2000）。論公共行政在民主治理過程中的正當角色一黑堡宣言的內涵、定位與啟示。**公共行政學報**，4，1-29。

余致力（2002）。**台灣行政學研究的新課題一政黨輪替對文官的衝突與影響**。論文發表於中國行政學會主辦「張金鑑教授百齡誕辰紀念會　學術研討會」。

吳志光（2010）。**行政法**（修訂四版）。台北：新學林。

吳定、張潤書、陳德禹、賴維堯、許立一（2007）。**行政學（上）**（修訂再版）。台北：空中大學。

吳庚（2010）。**行政法之理論與實用**（增訂十一版）。台北：三民。

吳重禮（2002）。美國「分立政府」運作的爭議：以公共行政與政策為例。**歐美研
　　究**，32（2），271-316。

吳容明（2004）。政務人員相關人事法制之研究。**考銓季刊**，37，1-17。

吳得源（2006）。全球治理在公共政策理論發展之擴充。**行政暨政策學報**，42，
　　1-36。

呂炳寬（2008年9月）。**半總統制內閣總辭時機之研究：比較的觀點**。2008年中國
　　政治學會年會暨「變局與挑戰」學術研討會，嘉義。

呂炳寬、項程華、楊智傑（2007）。**中華民國憲法精義**（二版）。台北：五南。

李長晏、林煥笙（2009）。中央與地方協力夥伴關係之分析—以台中縣潭子段旱溪
　　整治工程為例。**公共行政學報**，31，49-100。

李國雄（2010）。**比較政府與政治**（增訂2版）。台北：三民。

李憲榮（2006）。制定台灣新憲法的必要性。**臺灣民主季刊**，3（1），1-26。

李建良（1997）。論政務官的責任規範與法制建構——淺析「政務人員法草案」。
　　公務人員月刊，14，21-30。

周秋玲（2005）。現行高階文官考選與晉用制度問題之研究。載於彭錦鵬（主
　　持），**高級文官考選與晉用之研究**（頁19-42）。考試院研究發展委員會委託
　　研究。

林子倫、陳亮宇（2009）。重返民主的政策科學—審議式政策分析概念意涵與途徑
　　之探討。**台灣民主季刊**，6（4），1-47。

林水波（1999）。**制度設計**。台北：智勝。

林水波（2009）。協力文化。**T&D飛訊**，87，2-13。

林水波（2010）。洞鑒政治管理—領域、課程與嚮往。**T&D飛訊**，13，75-85。

林嘉誠（2007）。**因緣際會：十二年政務官的回顧**。台北：秀威資訊。

邱育琤、徐永明（2004）。「新」政府，「舊」官僚？——中央政黨輪替與行政精
　　英的流動。**公共行政學報**，12，1-40。

施能傑（1996）。政務職位體制的運用：歐美經驗及其啟示。載於彭錦鵬（主
　　編），**文官體制之比較研究**（頁79-114）。台北：中央研究院歐美研究所。

施能傑（2006）。政務人力體系的新制度設計。**考銓季刊**，45，1-19。

施能傑、曾瑞泰、蔡秀涓（2009）。美國、英國和日本中央政府初任文官的甄補制
　　度介紹。**國家菁英季刊**，5（1），13-34。

施嘉明（1998）。英國的文官制度：政務官與事務官的角色任務（下）。**考選周
　　刊**，684，3。

胡龍騰（2007）。政黨輪替前後高階行政主管流動之比較。**國家菁英**，4，31-41。

徐仁輝、楊永年、張昕（2005）。**公共組織行為**。台北：智勝。

徐正戎（2002）。**法國總統權限之研究**。台北：元照。

徐瑞雄（1974）。論我國政務官適用範圍之界定。**生力月刊**，7（79），13-14。

馬紹章（1998）。民意機構與政務領導。載於黃榮護（主編），**公共管理**（頁178-223）。台北：商鼎。

高旭輝（1970）。政務官的範圍及退職懲戒問題。**政治評論**，24（6），4-5。

張世賢、陳恆鈞（2010）。**比較政府**（第4版）。台北：五南。

梅嶙高（1965）。政務官責任制度。**人事行政**，18，11-19。

盛杏湲（2003）。立法機關與行政機關在立法過程中的影響力：一致政府與分立政府的比較。**臺灣政治學刊**，7（2），51-105。

許南雄（1998a）。政務官與事務官的責任體制。**公務人員月刊**，27，57-66。

許南雄（1998b）。政務官與事務官的責任體制。**公務人員月刊**，28，34-50。

許南雄（2010）。**各國人事制度**（增訂11版）。台北：商鼎。

許濱松（2000）。**各國人事制度**（修訂版）。台北：華視。

陳向明（2002）。**社會科學質的研究**。台北：五南。

陳尚澄（1997a）。建立政務官法制之研究。**人事管理**，34（9），11-13。

陳尚澄（1997b）。建立政務官法制之研究。**人事管理**，34（10），21-24。

陳恆鈞（2001）。政策制定者應用政策知識之困境分析。**臺灣政治學刊**，5，132-177。

陳恆鈞（2008）。協力治理模式之初探。T&D飛訊，69，26-37。

陳淳文（2005）。**法國中央人事行政組織之研究**。考試院委託國立台灣大學研究案。

陳敦源（1998）。民意與公共管理。載於黃榮護（主編），**公共管理**（頁127-173）。台北：商鼎。

陳敦源（2005）。**民主與官僚：新制度論的觀點**。台北：韋伯。

陳敦源（2009）。**民主治理：公共行政與民主政治的制度性調和**。台北：五南。

陳敦源、呂佳瑩（2009）。循證公共行政下的文官調查：台灣經驗的觀點、方法與實務意義。**公共行政學報**，31，187-225。

陳敦源、張世杰（2010）。公私協力夥伴關係的弔詭。**文官制度季刊**，2（3），17-71。

陳敦源、黃東益（2008）。**台灣民主治理機制鞏固之就柢子計畫一：權力轉換與文官中立：態度、可信承諾與政務/事務人員關係**（NSC-96-2414-H-004-037-SS2）。台北：國立政治大學公共行政學系。

彭錦鵬（譯）（2007）。Luc Rouban著。公共管理和政治之間：法國高階文官。**國家菁英季刊**，3（4），109-130。

彭錦鵬（1998）。高級文官甄補與培訓之模式。**政治科學論叢**，9，329-362。

彭錦鵬（2002）。政治行政之虛擬分際──由「兩分說」到「理想型」。**政治科學**

論叢，16，89-118。

曾冠球（2010）。「問題廠商」還是「問題政府」?電子化政府公私合夥協力困境
    之個案分析。**公共行政學報**，34，77-121。

黃東益（2010）。**我國行政院部會政務事務人員互動的潛規則**。論文發表於開南大
    學公共事務管理學系第五屆「全球化與行政治理」國際學術研討會，桃園。

黃東益、陳敦源、余致力（2005）。我國中央政府公共管理者的政治態度。**中國行
    政評論**，14（2），1-32。

黃東益、楊麒翰（2010）。變革中政務首長的願景領導。**研習論壇期刊**，120，
    43-48。

黃琛瑜（2000）。**英國政府與政治**。台北：五南。

黃榮護（1998）。政府公關與行銷。載於黃榮護（主編），**公共管理**（頁
    520-576）。台北：商鼎。

黃榮源（2009）。**英國政府治理：歷史制度的分析**。台北：韋伯文化。

黃臺生（1995）。政務官與事務官體制之區分。**人事行政**，112，3-21。

黃臺生（2003）。**公共管理－英國文官體制的再造**。台北：揚智。

楊日青（2010）。憲政體制的類型。載於陳義彥（編），**政治學**（四版，頁
    175-199）。台北：五南。

詹中原、陳敦源、黃東益、蕭乃沂、Dr. B. Guy Peters、Dr. John Burns、Dr. Akira
    Nakamura、Dr. Bidhya Bowornwathana、Dr. Pan Suk Kim、Dr. M. Shamsul
    Haque、Dr. Newman M. K. Lam（2009）。**亞洲民主政體官僚人員及政治官員
    態度行為比較研究**（RG003-D-06）。台北：國立政治大學公共行政系。

詹天性（1968）。論政務官的懲戒。**中國人事行政月刊**，1（5），7-8。

雷飛龍（2010）。**英國政府與政治**。台北：台灣商務印書館。

熊忠勇（2009）。我國公務倫理的困境與出　：從政務官與事務官的關係談起。**哲
    學與文化**，36（1），45-66。

趙永茂、孫煒、楊戊龍、楊鈞池、陳朝政、吳秦雯（2009）。**中央機關政務領導人
    才之養成**（編號：RDEC-RES-097-015）。台北：行政院研究發展考核委員會委
    託研究報告。

銓敘部（譯）（2005）。European Institute of Public Administration著。**高
    級文官制度－經濟合作發展組織國家十四國高階主管人事發展之比較**。台北：
    銓敘部。

銓敘部（2010）。**中華民國98年銓敘統計年報**。台北：銓敘部。

劉仲冬（1996）。量與質社會研究的爭議及社會研究未來的走向及出路。載於胡幼
    慧（主編），**質性研究-理論、方法及本土女性研究實例**（頁121-136）。台
    北：巨流。

劉宜君（2001）。我國全民健康保險政策分析——國家機關自主性與政策網絡的觀點。**空大行政學報**，11，161-211。

劉昊洲（2001）。建立政務人員法制之研究。**考銓季刊**，28，67-87。

劉昊洲（2002a）。論政務人員的權責規範。**考銓季刊**，30，33-78。

劉昊洲（2002b）。**政務人員法制析論**。台北：五南。

劉嘉甯（1990）。**法國憲政共治之研究**。台北：台灣商務印書館。

劉俊三（1970）。政務官的懲戒問題。**政治評論**，24（10），19-22。

潘明宏、陳志瑋（譯）（2003）。Frankfort-Nachmias, C. & Nachmias, D.著。**最新社會科學研究方法**。台北：韋伯。

潘淑滿（2003）。**質性研究：理論與應用**。台北：心理出版社。

潘麗雲（2005）。先進國家與我國高階文官制度之比較。載於彭錦鵬（主持），**高級文官考選與晉用之研究**（頁163-181）。考試院研究發展委員會委託研究。

蔡允棟（2002）。新治理與治理工具的選擇——政策設計的層次分析。**中國行政評論**，11（2），47-76。

蔡良文（1998）。**行政中立與政治發展**。台北：五南。

蔡良文（2006）。論我國政務人員法制之建構與運作。**考銓季刊**，45，20-42。

蔡良文（2010）。**人事行政學—論現行考銓制度**。台北：五南。

賴維堯（1995）。高級文官的政策制定角色認知。**空大行政學報**，4，21-23。

龍名登（1968a）。政務官的範圍。**幼獅學誌**，7（3），1-17。

龍名登（1968b）。政務官範圍的研究。**法商學報**，4，1-13。

顏秋來（2006）。政務官與事務官體制運作之研究。**國家菁英**，2（1），21-37。

羅志淵（1970）。政務官懲戒問題。**憲政思潮**，11，168-172。

二、英文部分

Aberbach, J.D. & Rockman, B.A. (1976). Clashing Beliefs with the Executive Branch. *American Political Science Review, 70*, 456-468.

Aberbach, J.D. & Rockman, B.A. (2000). *In the Web of Politics- Three Decades of the U.S. Federal Executive.* Washington, D.C.: Brooking Institution Press.

Aberbach, J.D. & Rockman, B.A. (2006). The Past and Future of Political-Administrative Relations: Research from Bureaucrats and Politicians to In the Web of Politics－and Beyond. *International Journal of Public Administration, 29*(12), 977-995.

Aberbach, J.D. & Rockman, B.A. (2009). The Appointments Process and the Administrative Presidency. *Presidential Studies Quarterly, 39*, 38-58.

Aberbach, J.D., Putman, R.D. & Rockman, B.A. (1981). *Bureaucrats and Politicians in Western Democracies*. Cambridge, Massachusetts, London and England: Harvard University Press.

Abramson, M.A. & Lawrence, P.R. (2005). The Biggest Secret in Washington. In A. Abramson and R. Lawrence (Eds.), *Learning the Ropes: Insights for Political Appointees* (pp.1-8). Oxford, UK: Lexington Books.

Beamer, G. (2002). Elite Interviews and State Politics Research. *State Politics & Policy Quarterly, 2*(1), 86-96.

Bingham, L.B., Nabatchi, T. & O'Leary, R. (2005). The New Governance: Practices and Processes for Stakeholder and Citizen Participation in the Work of Government. *Public Administration Review, 65*(5), 547-558.

Bozeman, B. (2000). *Bureaucracy and Red Tape*. Upper Saddle River, NJ: Prentice Hall.

Brewer, G.A. & Maranto, R. A. (2000). Comparing the Roles of Political Appointees and Career Executives in the U.S. Federal Executive Branch. *American Review of Public Administration, 30*(1), 69.

Cabinet Office (2010). *List of Ministerial Responsibilities*. Retrieved from http://www.cabinetoffice.gov.uk/media/416777/lmr100701.pdf.

Caiden, N. & Pfiffner, J.P. (2007). The Institutionalist: A Conversation with Hugh Heclo. *Public Administration Review, 67*(3), 418-423.

Cheng, Tun-jen (1989). Democratizing the Quasi-Leninist Regime in Taiwan. *World Politics*, 41(4), 471-499.

Coxall, B., Robins, L. & Leach, R. (2003). *Contemporary British Politics*. New York: Palgrave Macmillan.

Daley, D. (1984). Controlling the Bureaucracy among the States. *Administration and Society, 15*, 475-488.

Demir, T. & Nyhan, R.(2008).The Politics-Administration Dichotomy: An Empirical Search for Correspondence between Theory and Practice. *Public Administration Review, 68*(1), 81-96.

Denhardt, R.B., Denhardt, J.V. & Aristigueta, M.P. (2002). *Managing Human Behavior in Public & Nonprofit Organizations*. Thousand Oaks, C.A.: Sage Publications.

Derlien, H. U. 1996. The Intelligence of Bureaucracy in a Decentralized Polity, in J. Olsen and G. Peters (eds.), *Lessons from Experience. Experiential learning in*

Administrative Reforms in Eight Democracies (pp. 146-79). Oslo: Scandinavian University Press.

DeSeve, G.E. (2009). *The Presidential Appointee's Handbook*. Washington, D.C.: Brookings Institution.

DeYoung, R. (2002). Practical-Theoretical Approach in the Application of Theory Models of Organizational Behavior. *The Journal of American Academy of Business, 1*(2), 361-364.

Downs, A. (1967). *Inside Bureaucracy*. Rand Corporation.

Dunn, D.D. (1997). *Politics and Administration at the Top- Lessons from Down Under*. University of Pittsburgh Press.

Durant, R. (2009). Getting Dirty-Minded: Implementing Presidential Policy Agendas Administratively. *Public Administration Review, 69,* 569-583.

Etzioni-Halevy, E. (1985). *Bureaucracy and Democracy-A Political Dilemma (Revised Edition)*. London: Routledge & Kegan Paul.

Ferrara, J.A. & Ross, L.C. (2005). Getting to Know You: Rules of Engagement for Political Appointees and Career Executives. In A. Abramson and R. Lawrence (eds.), *Learning the Ropes: Insights for Political Appointees* (pp.37-80). Oxford, UK: Lexington Books.

Fukuyama, F. (2004). *State-Building: Governance and World Order In the 21st century*. Ithaca, N.Y.: Cornell University Press.

Goodsell, C.T. (1983). *The Case for Bureaucracy-A Public Administration Polemic*. New Jersey: Chatham House Publisher.

Green-Pedersena, C. (2004). The Dependent Variable Problem within the Study of Welfare State Retrenchment: Defining the Problem and Looking for Solutions. *Journal of Comparative Policy Analysis, 6*(1). 3-14.

Gregory, R.J. (1991). The Attitudes of Senior Public Servants in Australia and New Zealand: Administration Reform and Technocratic Consequence? *Governance. 4*(3), 295-331.

Hague, R. & Harrop, M. (2001). *Comparative Government and Politics: an Introduction* (5th Ed.). New York: Palgrave.

Heclo, H. (1977). *A Government of Strangers-Executive Politics in Washington*. Washington, D.C.: Brookings Institution.

Huber, G.A. (2007). *The Craft of Bureaucratic Neutrality: Interests and Influence in Governmental Regulation of Occupational Safety*. New York: Cambridge University Press.

Huntington, S.P. (1981). *The Third Wave-Democratization in the Late Twentieth Century*. Norman and London: University of Oklahoma Press.

Ingraham, P. (1987). Building Bridges or Burning Them? The President, the Appointees, and The Bureaucracy. *Public Administration Review, 47*(5), 425-435.

Lee, K. & Raadschelders, J. (2008). Political-Administration Relations: Impact of and Puzzles in Aberbach, Putnam, and Rockmen, 1981. *Governance: An International journal of policy, administration, and institutions, 21*(3), 419-438.

Levine, C.H., Peters, B.G. & Thompson, F.J. (1990). *Public Administration-Challenges, Choices, Consequences*. London: Scott, Foresman and Company.

Lewis, D.E. (2008). *The Politics of Presidential Appointments- Political Control and Bureaucratic Performance*. Princeton and Oxford: Princeton University.

Light, P.C. (1987). When Worlds Collide: The Political-Career Nexus. In C. G. Mackenzie (Eds.), *The In-and-Outers: Presidential Appointees and Transient Government in Washington* (pp.156-173). Baltimore & London: The Johns Hopkins University Press.

Lin, J.J. & Stepan, A. (1996). *Problems of Democratic Transition and Consolidation-Southern Europe, South America, and Post-Communist Europe*. Baltimore and London: The Johns Hopkins University Press.

Mackenzie, C.G. (Ed.) (1987). *The In-and-Outers: Presidential Appointees and Transient Government in Washington*. Baltimore: The Johns Hopkins University Press.

Maranto, R. (1993). *Politics and Bureaucracy in the Modern Presidency: Careerists and Appointees in the Reagan Administration*. Westport, CT: Greenwood Press.

Maranto, R. (2005). *Beyond a Government of Strangers—How Career Executives and Appointees Can Turn to Cooperation*. Oxford, UK: Lexington

McShane, S.L. & Von Glinow, M.A. (2001). *Organization Behavior*. McGraw-Hill Press.

Meier, K.J. & O'Toole, L.J. (2006). *Bureaucracy in a Democratic State: A Governance Perspective*. Baltimore, MD.: Johns Hopkins University Press.

Meier, K.J. (1993). *Politics and the Bureaucracy-Policymaking in the Fourth Branch of Government* (3rd Ed.). California: Wadsworth Publishing Company.

Meier, K.J. (1997). Bureaucracy and democracy: The case for more bureaucracy and less democracy. *Public Administration Review, 57*(3), 193-199.

Michaels, J.E. (1995). A View from the Top: Reflections of the Bush Presidential

Appointees. *Public Administration Review, 55*(3), 273-283.

Mishler, G. & Rose, R. (2007). Generation, Age, and Time: The Dynamics of Political Learning during Russia's Transformation. *American Journal of Political Science, 51*(4), 822-834.

Montjoy, R. & Watson, D. (1995). A Case for Reinterpreted Dichotomy of Politics and Administration as a Professional Standard in Council-Manager Government. *Public Administration Review, 55*(3), 231-239.

Mosher, F.C. (1968). *Democracy and the Public Service.* New York: Oxford University Press.

O'Leary, R. & Bingham, L.B. (2009). Surprising Findings, Paradoxes, and Thoughts another Future of Collaborative Public Management Research. In R. O'Leary & L. B. Bingham (Eds.), *The Collaborative Public Manager: New Ideas for the Twentyfirst Century* (pp. 255-269). Washington, DC: Georgetown University Press.

O'Leary, R., Gazley, B., McGuire, M. & Bingham, L.B. (2009). Public Managers in Collaboration. In R. O'Leary & L. B. Bingham(Eds.), *The Collaborative Public Manager-New Ideas for the Twenty-first Century*(pp. 1-12). Washington, D.C.: Georgetown University Press.

Overeem, P. (2005). The Value of the Dichotomy: Politics, Administration, and the Political Neutrality of Administrators. *Administrative Theory & Praxis, 27*(2), 311-329.

Overeem, P. (2006). In Defense of the dichotomy: a Response to James H. Svara. *Administrative Theory & Praxis, 28*(1), 140-147.

Overeem, P. & Rutgers, M.R. (2003). Three Roads to Politics and Administration: Ideational Foundations of the Politics/Administration Dichotomy. In M.R. Rutgers (Ed.). *Research in Public Administration (volume7)-Retracing Public Administration* (pp.161-184). Oxford, UK: Kidlington.

Peters, B.G. & Pierre, J. (eds.) (2001). *Politicians, Bureaucrats and Administrative Reform.* London: Routledge.

Peters, B.G. (1987). Politicians and Bureaucrats in the Politics of Policy-making. In J E. Land (Ed.), *Bureaucracy and Public Choice* (pp. 235-282). London: Sage.

Peters, B.G. (1988). *Comparing Public Bureaucracies: Problems of Theory and Method.* Tuscaloosa: University of Alabama Press.

Pfeffer, J. & Sutton, R.I. (2006). *Hard facts: Dangerous half-truth & total nonsense.* Mass.: Harvard Business School Press.

Pfiffner, J. P. (1987). Political Appointees and Career Executives: The Democracy-Bureaucracy Nexus in the Third Century. *Public Administration Review, 47*(1), 57-65.

Pfiffner, J.P. (1987). Nine Enemies and One Ingrate: Political Appointments during Presidential Transitions. In C. G. Mackenzie (Eds.), *The In-and-Outers: Presidential Appointees and Transient Government in Washington* (pp.60-76). Baltimore & London: The Johns Hopkins University Press.

Pfiffner, J.P. (1987). Strangers in a Strange Land: Orienting New Presidential Appointees. In C. G. Mackenzie (Eds.), *The In-and-Outers: Presidential Appointees and Transient Government in Washington* (pp.141-155). Baltimore & London: The Johns Hopkins University Press.

Pierre, J. & Peters, B.G. (2000). *Governance, Politics and the State.* New York: St. Martin's Press.

Pierre, J. & Peters, B.G. (2005). *Governing Complex Societies-Trajectories and Scenarios.* New York: Palgrave Macmillan.

Robbins, S.P. & Judge, T.A. (2007). *Organizational Behavior* (12th ed). U.S.: Pearson Prentice Hall.

Rosenbloom, D. (2008). The Politics-Administration Dichotomy in U.S. Historical Context. *Public Administration Review, 68*(1), 57-60.

Sabatier, P.A. & Mazmanian, D. (1981). Relationship between Governing Board and Professional Staff. *Administration and Society, 13*, 207-248.

Safran, W. (1998). *The French Polity* (4th ed.). New York: Longman.

Shafritz, J.M. & Hyde, A.C. (1992). *Classics of Public Administration* (3th ed.). Belmont, California: Wadsworth.

Stanley, D.T., Mann, D.E. & Doig, J.W. (1967). *Men Who Govern: A Biographical Profile of Federal Political Executives.* Washington, D.C.: Broking Institution.

Starling, G. (2008). *Managing the Public Sector* (8th ed.). Boston, MA: Wadsworth Publishing.

Stevens, A. (2003). *Government and Politics of France* (3th ed.). New York: Palgrave Macmillan.

Stoker, R. (1992). *Reluctant Partners: Implementing Federal Policy.* Pittsburgh, PA: University of Pittsburgh Press.

Svara, J. H. (1985). Dichotomy and Duality: Reconceptualizing the Relationship between Policy and Administration in Council-Manager Cities. *Public Administration Review,*

45(1), 221-232.

Svara, J. H. (1998). The Politics-Administration Dichotomy Model as Aberration. *Public Administration Review, 58*(1), 51-58.

Svara, J. H. (2001). The Myth of the Dichotomy: Complementarity of Politics and Administration in the Past and Future of Public Administration. *Public Administration Review, 61*(2), 176-183

Svara, J. H. (2006). The Search for Meaning in Political-Administrative Relations in Local Government. *International Journal of Public Administration, 29*(12), 1065-1090.

Svara, J. H. (2008). Beyond dichotomy: Dwight Waldo and the Intertwined Politics-Administration Relationship. *Public Administration Review, 68*(*1*), 46-52.

U.S. Office of the Federal Register (2009). *U.S. Government Manual 2009/2010.* Retrieved from http://www.gpoaccess.gov/gmanual/browse-gm-09.html.

Vigoda, E. (2002). From Responsiveness to Collaboration: Governance, Citizens, and the Next Generation of Public Administration. *Public Administration Review, 62*(5), 527-540.

Waldo, D. (1981). *The Enterprise of public Administration: A Summary View.* Novato, CA: Chandler and Sharp Publishers.

Wilson, W. (1887). The Study of Administration. *Political Science Quarterly, 2*(2), 197-222.

五南文化廣場

橫跨各領域的專業性、學術性書籍
在這裡必能滿足您的絕佳選擇！

五南全國展售門市

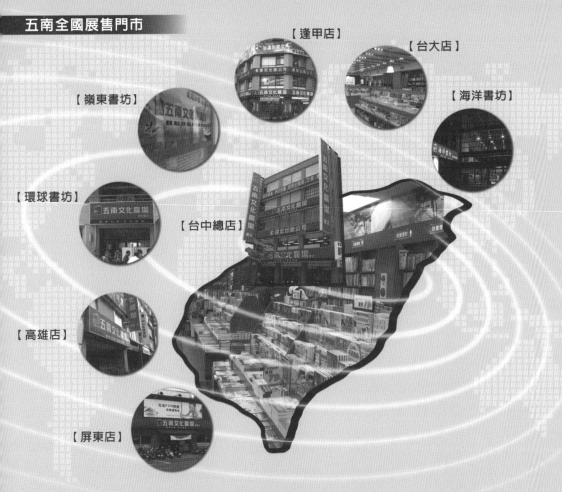

【逢甲店】

【台大店】

【嶺東書坊】

【海洋書坊】

【環球書坊】

【台中總店】

【高雄店】

【屏東店】

海洋書坊：202 基 隆 市 北 寧 路 2號 TEL：02-24636590　FAX：02-24636591
台 大 店：100 台北市羅斯福路四段160號 TEL：02-23683380　FAX：02-23683381
逢 甲 店：407 台中市河南路二段240號 TEL：04-27055800　FAX：04-27055801
台中總店：400 台 中 市 中 山 路 6號 TEL：04-22260330　FAX：04-22258234
嶺東書坊：408 台中市南屯區嶺東路1號 TEL：04-23853672　FAX：04-23853719
環球書坊：640 雲林縣斗六市嘉東里鎮南路1221號 TEL：05-5348939　FAX：05-5348940
高 雄 店：800 高 雄 市 中 山 一 路 290號 TEL：07-2351960　FAX：07-2351963
屏 東 店：900 屏 東 市 中 山 路 46-2號 TEL：08-7324020　FAX：08-7327357
中信圖書團購部：400 台 中 市 中 山 路 6號 TEL：04-22260339　FAX：04-22258234
政府出版品總經銷：400 台中市軍福七路600號 TEL：04-24378010　FAX：04-24377010
網 路 書 店　**http://www.wunanbooks.com.tw**

專業法商理工圖書‧各類圖書‧考試用書‧雜誌‧文具‧禮品‧大陸簡體書
政府出版品總經銷‧中信圖書館採購編目‧教科書代辦業務

國家圖書館出版品預行編目資料

從價值差異到夥伴關係：政務官事務官的互動
管理／黃東益著. －－初版.－－臺北市：五
南, 2013.06
　　面；　公分
ISBN 978-957-11-6241-6 （平裝）
1.公共行政　2.人事制度　3.科層制
572.911　　　　　　　　　　100003407

1PT9

從價值差異到夥伴關係：
政務官事務官的互動管理

作　　　者 — 黃東益(300.8)

發 行 人 — 楊榮川

總 編 輯 — 王翠華

主　　編 — 劉靜芬

責任編輯 — 蔡惠芝

出 版 者 — 五南圖書出版股份有限公司

地　　址：106台北市大安區和平東路二段339號4樓

電　　話：(02)2705-5066　　傳　　真：(02)2706-6100

網　　址：http://www.wunan.com.tw

電子郵件：wunan@wunan.com.tw

劃撥帳號：01068953

戶　　名：五南圖書出版股份有限公司

台中市駐區辦公室/台中市中區中山路6號

電　　話：(04)2223-0891　　傳　　真：(04)2223-3549

高雄市駐區辦公室/高雄市新興區中山一路290號

電　　話：(07)2358-702　　傳　　真：(07)2350-236

法律顧問　林勝安律師事務所　林勝安律師

出版日期　2013年6月初版二刷

定　　價　新臺幣400元